本书系江苏省社科基金青年项目
"马克思主义财产权理论创新与边远地区农民财产权实现问题研究"
（编号：15MLC003）研究成果

西部边远地区农民土地财产权的实现问题研究

莫 凡◎著

人民出版社

序

　　西部边远地区农民土地财产权的实现问题与社会治理问题密切相关。由于我国绝对贫困现象的消除,欠发达地区的发展问题日益凸显出来。与绝对贫困不同,欠发达地区的发展问题所反映的不是一种威胁到生存的物质匮乏现象,而是人们之间的收入差距现象。因此,其在具有一定地域经济差距的西部边远地区尤为突出。那么,如何在这一地区推进社会治理呢?大方向主要有两个:一是劳动收入的提升,二是财产性收入的提升。莫凡老师的这一著作从财产性收入的提升入手,重点考察了农民土地财产权的实现问题,要将法律上的权利转化为经济上的收益,从而以提升财产性收入的方式推动欠发达地区的治理。

　　农民土地财产权的实现,是一个较为复杂的综合性问题。要解决这一问题,需要推进马克思主义财产权理论的创新,在注重体制机制优化完善的同时,实现科技、产业、生态等多个领域的合理政策设计。因此,必须从多个维度协同发力,才有可能不断推进西部边远地区农民土地财产权的实现。莫凡老师正是以"注重协同性与关联性"为方法论基础,将研究的着力点聚焦于"地域边远""财力匮乏""机制孱弱"和"技术不足"四大关联性难题的破解,用"多元协同"的方法构建相应的顶层设计,从而为人们提供了一条可行的实践思路。在此,"多元协同"的直接目的是捋顺土地流转前、中、后三个环节的内在关系,从而为实现土地财产权奠定坚实基础。那么,如何捋顺关系呢?主要是促成生产经营变革、投融资变革、制度变革与技术变革,从而破除土地流转的相关障碍,打通土地财产权实现的各个具体环节。

1

其中,土地流转前、中、后三个环节的关联性应尤其受到重视。在土地流转前,流转资金的短缺在西部边远地区是一个常见的问题。从总体上看,解决这一问题的路径有两个——产业振兴与投融资机制变革。就产业振兴而言,土地要实现流转,需要有流转的动力与需求,而乡村产业的发展,可以较好地增强流转动力,形成流转的客观需求,并积累或吸引土地流转所需要的资金,从而推动流转进程。就投融资机制变革而言,一是要调动各类金融机构参与土地流转的积极性,从政策层面引导资金流向西部边远地区农村;二是要积极引入外来投资,提高投资回报,从而让社会资金参与到西部边远地区的土地流转中来。在土地流转中,流转的制度障碍需要政府部门通过深化改革的方式加以解决。例如,流转过程中出现的各种纠纷、矛盾如何化解?这需要从法治建设、道德建设等多个维度加以解决。在法治建设中,应进一步健全土地流转的程序规范,增强制度规定的可操作性,不断完善实施细则,从而填补漏洞,形成制度闭环,让参与土地流转的各类经济主体有规可循、依规而行。在道德建设中,应积极构建乡村经济伦理,加强经济价值引导,增强经济责任担当,从而缓和土地流转过程中的经济矛盾,促成冲突各方的经济协商,让土地流转过程更为顺畅。又如,如何为参与土地流转的各经济主体牵线搭桥?可以构建专门性的互联网信息平台,发布与反馈土地流转信息,从而规避非正规的信息沟通渠道,让流转信息更为准确、真实。在土地流转后,如何提高土地生产经营的收益,从而反过来进一步促进土地流转?这也是一个十分重要的问题。对此,主要是推动土地生产经营变革和农业技术变革。在土地生产经营变革中,数字农业、智慧农林水利工程、乡村共享经济、创意农业等新事物都是可以利用的积极因素;而在农业技术变革中,应将大数据、物联网、云计算等新兴科技融入土地流转后的农业生产过程,并建设更为普及、效率更高的农业技术推广体系,从而提升西部边远地区农业生产的整体技术水平,提高土地流转后的生产经营效益。总之,只有加强土地流转前、中、后三个环节的关联协同,才能推动土地合理流转,促成农民土地财产权的实现。

以西部边远地区农民土地财产权的实现为突破口,在马克思主义财产权理论创新的过程中,推进欠发达地区的治理,是鲜有学者使用的研究思路。因此,莫凡老师沿着这一思路进行学术探索,本身需要巨大的理论勇气与学术自信。初生牛犊不怕虎,作为青年学者,其通过严谨的研究,提出构建多元主体协同推动农民土地财产权实现的顶层设计、构建西部边远地区农民土地财产权实现的"法德共治"体系、构建西部边远地区农民土地财产的保值增值机制等观点主张,无疑对当前推进欠发达地区治理事业具有显著的参考与借鉴作用。

莫凡老师在整部著作中,引用了大量实证数据,使得该书观点新颖、论证扎实、可读性强。在附录中,其对财产权理论进行了历史回顾与当代考察,从而可以让读者进一步了解"财产权实现"问题的来龙去脉,增强了著作的全面性与系统性。因此,期待该书的出版能引发学界在相关问题上的思想争鸣,推动对我国绝对贫困消除后出现的新情况、新问题的研究。

2021 年 4 月于扬州

目　　录

绪论：唤醒"沉睡的资本"：西部边远地区农民土地财产权的实现问题

　　随着我国绝对贫困的消除,欠发达地区的发展问题在国家发展进程中凸显出日益重要的战略地位。习近平总书记指出,脱贫和高标准的小康是两码事。我们不是一劳永逸,毕其功于一役。[①] 事实上,西部边远地区农村有着一笔"沉睡的资本",那便是"土地"。由于这一地区存在"地域边远""财力匮乏""机制孱弱""技术不足"等不利条件,因而"沉睡的资本"难以唤醒,土地财产权难以转化为现实的经济收益,由此形成了欠发达地区治理过程中的一大问题。因此,必须积极推进马克思主义财产权理论的创新,构建西部边远地区农民土地财产权的实现机制,将"沉睡的资本"转化为"苏醒的财产",从而促进欠发达地区的实践治理。

　　具体而言,西部边远地区农民土地财产权的实现,必须以乡村振兴战略为方法论指导,将其纳入到该战略的顶层设计之中。《中共中央国务院关于实施乡村振兴战略的意见》提出"乡村振兴,产业兴旺是重点"[②]这一基本观点,并在"基本原则"部分提出了若干方法论原则,其中包含"坚持农业农村优先发展"和"坚持乡村全面振兴"两条原则。对于产业兴旺而言,主要是实现"产业振兴";对于农业农村的优先发展而言,"在要素配置上优先

---

　　① 《打好全面建成小康社会决胜之战——习近平总书记同出席全国两会人大代表、政协委员共商国是纪实》,《人民日报》2016 年 3 月 16 日。

　　② 《中共中央国务院关于实施乡村振兴战略的意见》,人民出版社 2018 年版,第 8 页。

满足,在资金投入上优先保障,在公共服务上优先安排"①;而对于乡村全面振兴而言,其要求在这一发展进程中要"注重协同性、关联性,整体部署,协调推进"②。在这一基本观点和两条原则的指引下,笔者立足于土地流转前、中、后三大环节的具体考察,认为"产业振兴"既是破解土地流转前"财力匮乏"难题的重要基础,也是破解土地流转过程中"机制孱弱"难题的实践动力,又是破解土地流转后"边远土地生产经营"难题的必要前提。由此,本书的核心观点在于,推动西部边远地区农民土地财产权的实现,必须围绕"产业振兴"这一核心抓手,协同各方面力量,整体部署,协调推进,不断破解相关难点问题。对这一核心观点的系统论述,不妨从"财产权的实现"概念厘定谈起。

一、"财产权的实现"概念厘定

何谓"财产权的实现"?学界有三类定义方式,一是将其看作是"财产权利的行使",如王岩芳等认为,财产权的实现"是指权利人在法律规定的范围内,通过权利的行使,实现权利享有目的的现象"③。二是将其看作是财产权由"法定状态"向"现实状态"的转化,如张珍芳指出,财产权的实现是财产"权利从法定状态向现实状态运动的过程"④。三是将其具体形式界定为财产的"收益权",如张盾认为"财产权作为一种特殊权利的实现形式就是所谓收益权"⑤。从总体来看,"财产权的实现"包括三大特征:财产权行使、财产权转化和财产权收益。鉴于此,笔者将"财产权的实现"概念界定为"财产权的行使、转化和收益"。由此可见,对于财产权的实现问

---

① 《中共中央国务院关于实施乡村振兴战略的意见》,人民出版社2018年版,第6—7页。
② 《中共中央国务院关于实施乡村振兴战略的意见》,人民出版社2018年版,第7页。
③ 王岩芳、高晓春:《论体育权利的内涵及实现》,《武汉体育学院学报》2006年第4期。
④ 张珍芳:《从"范跑跑"事件看权利实现的道德阻却及其消减》,《法学》2009年第6期。
⑤ 张盾、褚当阳:《从当代财富问题看马克思对蒲鲁东的批判》,《吉林大学社会科学学报》2011年第5期。

题而言,其重心并不在于"财产权"本身,而在于"财产权"如何转化为"真金白银"的现实收益。换句话说,它不是一个法学概念,而是一个经济学概念。

从相关概念来看,与"财产权的实现"紧密联系的是"财产权的保护"概念。"财产权的保护"是一个法学概念,通常被归类为自然人对其财产的一种人权。宪法以及其他很多法律法规,都对财产权的保护有所规定。对于农民的财产权保护而言,当前主要涉及在征地、拆迁过程中,失地农民的合理补偿和生活保障问题。土地是农民最为重要的财产,而对于土地的权利则是其最为重要的财产权。因此,政府以公共利益为本位,为建设公共设施而实施征地、拆迁等工作时,必须优先保护农民的财产权,不让农民的利益有所减损。

与"财产权的保护"概念不同,"财产权的实现"概念并不是关心人们拥有财产的权利如何不被他人侵犯,而是关心财产、资源或经济利益如何被使用,并获得收益。换言之,人们通过财产权实现的收益越多,则财产权实现的程度、水平越高。"财产权的实现"就是要将人们的这些财产权利由"可能"转化为"现实",我们推动财产权的实现,也就是要提升财产权实现的程度、水平。在当代社会,"财产权的实现"是人们除工资薪酬之外的重要收入来源,甚至成为其提升收入水平的主要来源。因此,对于城市居民、农村居民,尤其是西部边远地区的农村居民来说,"财产权的实现"对于提升其经济收入水平具有十分显著的价值与意义。

二、如何唤醒"沉睡的资本":马克思未曾阐释的"财产权实现"问题

马克思对财产权问题有较多论述,进而形成了"马克思财产权理论",本书附录对该理论有详尽的历史回顾。从学界的研究来看,这一理论主要包括三个方面的内容:首先,马克思主要是从国家权力的宏观视角来审视财产权问题的,他说:"无论如何,财产也是一种权力。例如,经济学家就把资本称为'支配他人劳动的权力'。可见,在我们面前有两种权力:一种是财

产权力,也就是所有者的权力,另一种是政治权力,即国家的权力"。① 换句话说,在资产阶级革命的大时代,财产权如果不上升到国家权力层面,资产阶级夺取不了封建阶级的国家政权,资产阶级的财产权就得不到保障。由此,财产权与国家权力构成了一对辩证关系,即资产阶级对大量财产拥有私有财产权是其进一步夺取国家政权的物质基础,而夺取国家政权也成为了资产阶级自身财产权不受封建阶级侵犯的保障。

其次,马克思也从所谓"穷人的权利"的微观视角来审视无产阶级与财产权的关系问题。在资本主义社会,资产阶级掌握着私有财产权,而无产阶级丧失了私有财产权。于是,在资本的逻辑中,无产阶级便无法获得自由、公平等基本权利。正是在这个意义上,洛克、黑格尔等思想家才认为财产权是自由的前提。但是,无产阶级丧失了财产权,自由从哪里来?空想社会主义者往往从道德批判出发,以某种道德原则设定无产阶级的"道德权利"。但是,这样的道德权利如何才能转化为现实呢? 空想社会主义者找不到科学的路径。马克思则与此不同,他的创新之处恰恰在于找到了这一路径,那便是用推动"财产权利变革"的方式来实现无产阶级的道德权利。由此,"财产权"成为了无产阶级必须获得的经济权利。从科学社会主义理论来看,无产阶级获取财产权的途径主要是通过暴力革命的方式来夺取国家政权,从而剥夺资产阶级的财产权。在这里,"财产权"并不是一成不变转移到无产阶级手中,而是要进行财产所有制的变革,重建"个人所有制"或曰"个人财产权"。通过这样的方式,让无产阶级真正掌握财产权利,从而在此基础上拥有自由、公平等基本权利。

再次,在"财产权制度变革"中,所谓"重建个人所有制"的问题。对于马克思在该问题上的基本观点,学界存在若干分歧,有学者认为这事实上就是建立"公有财产权"制度,论证的依据主要是《共产党宣言》中有关"消灭私有制"的论述;另有学者认为马克思所力图重建的"个人所有制"是一种

---

① 《马克思恩格斯全集》第4卷,人民出版社1958年版,第330页。

"社会所有制"，即由社会成员共同占有财产。从大部分学者认可的观点来看，其认为马克思主张生产资料"公有"，而生活资料归个人占有。在笔者看来，所谓"重建个人所有制"，本质上要求劳动者真正占有自己的劳动，而不是被他人所占有。原因在于，财产是劳动的成果，而财产权也就是对于劳动成果的权利。只有劳动者真正占有了劳动过程、劳动资料、劳动成果，才能说他拥有劳动所形成的财产权。而要做到这一点，首先要做到的是通过生产力的发展和生产关系的变革，消灭那种"为赚钱而赚钱""为收益而收益"的资本主义财产权谋得方式，让人们摆脱财产的奴役，真正成为财产的主人，实现对财产"自由自觉"的获取。只有如此，才能为劳动者占有劳动打下坚实的基础。

尽管马克思从宏观和微观的双重视角对财产权理论进行了深刻论述，但是仍有一部分问题没有得到阐明，比如"财产权的实现"问题。当前，中国特色社会主义进入新时代，"财产权的实现"，亦即如何唤醒"沉睡的资本"问题，显然已成为经济领域重要的理论和实践问题，亟须得到解答。因此，必须积极推进马克思主义财产权理论的当代创新，从而用新的理论指导新的实践。

在笔者看来，马克思未曾阐释，需要中国马克思主义者结合自身实际主动探索的"财产权实现"问题，主要包括以下三个层面的内容。

首先，"财产权实现"的难点问题。"财产权实现"难在何处？从我国的空间视角来看，不同地域存在不同的难点问题，东部沿海地区与西部边远地区在农民土地财产权实现过程中的难点问题是有显著差异的。东部沿海地区由于土地多是平原，加之经济较西部边远地区更为发达，因而土地流转较为顺畅。但是，本地小农户将自身土地流转给外来农业企业之后，有时会导致土地生产经营过程中的"高消耗"现象，不利于农地资源的保护，威胁到农民土地财产的保存和维护，不利于财产权的可持续实现。并且，部分"小农户"在通过土地流转变身为"集体农场"之后，其分散生产经营的特点仍然没有消除。刘娥苹在对上海金山区进行农业调查研究之后认为，该地区部分集体农场"仅是数量上的规模化，地域上仍然较为分散，机械化农业生产的效率受到影响"①。由此,往往会导致"换汤不换药"的奇怪现象,表面上是集体农场,但实质上仍然是各自为政的小农户经营。同时,土地资源以"合作社"形式重构之后,购买大型农具、机械的成本也都较高,即使在经济发达的东部沿海地区,这也是农民将财产权利变为经济收益的一道难题。与东部沿海地区不同,西部边远地区由于受到其地形地貌、经济发展水平的限制,无论土地是否流转,农民的生产经营大多仍以"小农户"形式开展,由此带来了诸多弊端,比如其对自然灾害的抵御能力较大农业企业明显低下,同时小农户抵御农产品市场波动的能力也明显不足,这使得其财产权实现面临的风险陡增。又如,小农户较之农业企业,在农业技术支持方面存在天然的劣势,很多大型农业企业都有自己的农业研发团队,而小农户却很难常态化地获得农业技术支持,这使得其生产经营的效率较低。

其次,"财产权实现"的方法论问题。在宏观层面,以什么样的方法论指导农民财产权的实现,这是关系到农民增收全局的大问题。尽管马克思没有对这个问题给出直接答案,但是在马克思主义的指导下,习近平新时代中国特色社会主义思想给出了答案,这就是"系统、整体与协同"。就此而言,"农民财产权的实现"问题不是在单一领域进行努力就可以解决的问题,对这个问题的研究事实上必须要经济学、法学、农学等多学科共同发力,从社会科学与自然科学的叠加视角来加以考察,并得出综合性的结论。从这个意义来说,"农民财产权的实现"并不只是一个经济学问题,而是一个交叉学科的问题。不仅在理论领域是一个综合性问题,其在实践领域也只有从"系统"角度加以推进,才可能得到较为合理地解决。换句话说,要把该问题看作是涵盖整个"三农"领域的系统问题,"三农"工作中的大部分问题都与此相关,因而必须把财产权实现问题的解决与其他"三农"问题的解决统筹考虑,做到各项工作之间的协同推进,共同到达良好的实践效果,正如习近平总书记所说:"在推进改革中,要坚持正确的思想方法,坚持辩证

---

① 刘娥苹:《农民土地财产权实现的创新路径分析——以上海市金山区为例》,《上海农村经济》2015年第4期。

法,处理好解放思想和实事求是的关系、整体推进和重点突破的关系、全局和局部的关系、顶层设计和摸着石头过河的关系、胆子要大和步子要稳的关系、改革发展稳定的关系"①。可以说,推进农民土地财产权实现就是一场财产权问题上的改革,必须坚定地遵循习近平新时代中国特色社会主义思想给我们指明的改革方法论,把农民的事情办好、办实。

再次,"财产权实现"的具体路径问题。在方法论的指导下,应根据各地的实际情况,构建农民土地财产权实现的具体路径。对此,东部沿海地区与西部边远地区也存在差异,但就其共性部分而言,主要有三点:一是如何强化财产权实现的社会化服务,在土地流转的前期、中期和后期三个阶段均清除阻碍农民土地财产权实现的障碍因素,增强农民的土地流转意识,提升其积极性;改善土地流转的各种体制机制,增加流畅性;服务土地流转后的各种生产经营活动,提高土地收益。二是如何强化农业经济主体的培训工作,让出让土地的农民能够全面了解国家及地方推动农民土地财产权实现的各项政策措施,熟悉土地流转的办理流程,提升搜集土地流转信息、创造土地流转机会的素质能力。三是如何在农业技术上加大对流转后土地生产经营的支持力度,实现常态化、针对性的技术指导,从而让获得土地经营权的经济主体能够可持续地获得应有的经济收益,从而反过来促进土地流转的稳步发展,巩固农民土地财产权实现的各项成果。

三、"财产权的实现"对于西部边远地区社会治理的重要意义

在日常话语中,人们过去常常将"西部边远地区"与"贫困地区"混用,而与"东部沿海地区"相对应。究其原因,本质上是由于我国西部边远地区目前经济水平仍然不够高,有待于进一步加大发展力度,将发展潜力转化为发展现实。事实上,无论对于"脱贫"而言,还是对于脱贫之后追求"更富裕的生活"而言,"财产权的实现"都是农民在现有基础上,进一步增加收入的

① 中共中央文献研究室编:《习近平关于全面深化改革论述摘编》,中央文献出版社2014年版,第47页。

主要渠道。从调查数据来看,中国农民的收入自改革开放以来持续增长,但城乡居民的收入差距却没有显著缩小。根据陕西、甘肃、宁夏、新疆以及青海等省区的统计局数据,从 2017 年上半年这些地区城乡居民收入状况来看,尽管城镇居民与农村居民的收入增长率基本持平,但是其绝对量仍然差距较大。陕西城镇居民收入为 15292 元,而同时期农村居民收入为 5164 元;甘肃城镇居民收入为 13148 元,而同时期农村居民收入为 3515 元;宁夏城镇居民收入为 13655 元,而同时期农村居民收入为 3978 元;新疆城镇居民收入为 13868.5 元,而同时期农村居民收入为 1502.12 元;青海城镇居民收入为 13538 元,而同时期农村居民收入为 3921 元。(见表 0-1)

表 0-1 2017 年上半年西北五省区城乡居民收入与增长率[1]

西北五省区	城镇居民收入(元)	增长率(%)	农村居民收入(元)	增长率(%)
陕西	15292	8	5164	8.4
甘肃	13148	8.1	3515	7.9
宁夏	13655	8.3	3978	8.7
新疆	13868.5	7.9	1502.12	8.1
青海	13538	8.7	3921	9.1

资料来源:根据各省区统计局网公布的相关数据整理

党的十九大报告再次阐明了其关于"居民收入"问题的施政原则:"扩大中等收入群体,增加低收入者收入,调节过高收入,取缔非法收入。"[2]要贯彻这一原则,可以从居民"劳动收入"和"财产性收入"两大收入来源入手。但是,根据"皮书数据库"《2017—2018 年甘肃省农业农村经济分析与预测》数据,在 2017 年 1 月至 6 月全国农村居民人均可支配收入分布结构中,工资性收入占 45.41%,经营性收入占 31.69%,转移性收入占 20.26%,

---

① 王福生等:《西北地区经济发展报告》,2018 年 1 月 1 日,见 https://www.pishu.com.cn/skwx_ps/databasedetail? contentType = literature&subLibID = undefined&type = &SiteID = 14&contentId = 9294701&wordIndex = 2。

② 《中国共产党第十九次全国代表大会文件汇编》,人民出版社 2017 年版,第 37 页。

财产性收入仅占 2.64%。(见图 0-1)由此可见,作为"劳动收入"的工资性收入提升空间并不大,而"财产权实现"获得的财产性收入却具有很大的提升空间。因此,如果要进一步推动农民增收,进一步缩小城乡收入差距,必须通过破解"财产权实现"的难点问题来提高农民的财产性收入。

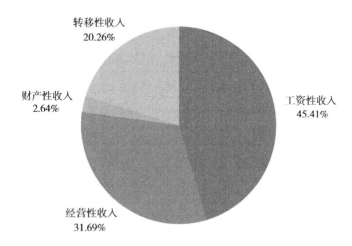

图 0-1　2017 年 1—6 月全国农村居民人均可支配收入分布结构①

从"实证分析"中可以看出,"财产性收入"在未来可能成为农民增收的主推动力,并且从"理论分析"中也可以推导出这一点。如图 0-1 所示,农民的收入通常可分为工资性收入、经营性收入、财产性收入和转移性收入四大来源。首先,农民的工资性收入主要来源于其在农业企业工作或在工业企业打工所得,但是,这部分收入的增长空间虽然存在,但整体上增长速度不快。原因在于,农民进入企业工作后,工资收入必然与其劳动技能紧密联系,而目前大多数农民工的劳动技能仍然不足以让其摆脱分工链条的底端,尽管国家近年来对于农民的职业培训下了很大气力,但要让大部分农民具备高收入劳动技能,这需要一段较长的时间才可能实现。因此,在短时间内,工资性收入的增长难以取得立竿见影的效果。其次,"经营性收入"对

① 姜江:《2017—2018 年甘肃省农业农村经济分析与预测》,2018 年 9 月 22 日,见 https://www.pishu.com.cn/skwx_ps/multimedia/ImageDetail? type = Picture&SiteID = 14&ID = 93880-54&ContentType = MultimediaImageContentType。

于部分拥有资金来源、经营能力的农民而言,的确是其发家致富的重要渠道,但是对于大部分农民,尤其是西部边远地区的部分农民来说,其资金有限、经营能力不强,因而也难以从自己土地的日常经营中获取更大收益。当然,近年来不断兴起的"农家乐""民宿"等乡村旅游模式,为提升农民的经营性收入给予巨大的助推力,但是对于部分西部边远地区农民来说,其地理位置偏远,道路、通讯等旅游基础设施不足,这也给其利用乡村旅游提升经营性收入造成了障碍。再次,"转移性收入"主要是政府利用财政工具,将部分资金转移至西部边远地区农村的收入方式,这一收入本质上不是为西部边远地区"供血",而是要通过具体的致富项目提升其"造血"功能,因而也必然不是农民增收的主要途径。最后,我们来看"财产性收入"。事实上,不少西部边远地区农村也拥有丰富的"资源财产",只不过由于地理位置、交通、基础设施等原因,这些有利资源一时难以产生现实的收益,于是就出现了"守着金山要饭"的状况。换句话说,西部边远地区的"资源财产"是一种"沉睡的财产权"。要让这种"沉睡的财产权"化作"苏醒的财产权",必然要依靠"财产权的实现"这一手段,把潜在的增收能力化作现实的经济收益。就此而言,"财产性收入"理应成为当前西部边远地区农民增收的主要途径之一。从实践来看,国家对此已经进行了探索。《中共中央国务院关于实施乡村振兴战略的意见》明确提出了进一步改革农村土地制度的原则方法:"系统总结农村土地征收、集体经营性建设用地入市、宅基地制度改革试点经验,逐步扩大试点,加快土地管理法修改,完善农村土地利用管理政策体系。"①这给西部边远地区唤醒沉睡的资源财产提供了方法论的指导。总之,"财产权的实现"对于西部边远地区农村居民的增收工作具有重要意义,问题的关键在于如何突破这一地区财产权实现的各种"难点问题",真正让财富涌流出来。

---

① 《中共中央国务院关于实施乡村振兴战略的意见》,人民出版社 2018 年版,第 32 页。

四、乡村振兴中的财产权理论创新：以"财产权实现"推进欠发达地区的治理

党的十九大所提出的乡村振兴战略,本质上是当代中国马克思主义的理论创新与实践创新,其是推动西部边远地区农民土地财产权实现的重要指导。

一方面,乡村振兴战略是习近平新时代中国特色社会主义思想的重要组成部分,与马克思主义一脉相承,是马克思主义关于"三农"问题的理论在新时代的创新与发展。马克思主义关于"三农"问题的理论概括起来主要有三个方面。

第一,马克思恩格斯认为农业生产是整个社会生产系统的基础,只有农业生产的产品能够完全支撑农业本身以及其他行业的生存需要时,以工业为代表的非农行业才得以形成和发展起来。马克思说："社会上的一部分人用在农业上的全部劳动——必要劳动和剩余劳动——必须足以为整个社会,从而也为非农业劳动者生产必要的食物;也就是使从事农业的人和从事工业的人有实行这种巨大分工的可能,并且也使生产食物的农民和生产原料的农民有实行分工的可能。"①的确如此,农业为工业提供食品和原材料,而工业为农业提供机械设备、农药化肥,于是形成了当代人类社会工农之间的辩证关系。第二,马克思恩格斯明确提出了关于"农业合作社"的思想。在二人看来,小农经济是日趋灭亡的农业经济模式。在社会主义社会出现以前,替代这种农业经济模式的,一定是资本主义的规模化生产;而在社会主义社会,土地实现公有之后,合作社经济将替代小农经济,并成为农村经济的主流。合作社经济模式结束了小农经济模式的孤立经营状况,实现了"分"基础上的"合",符合"分"与"合"的辩证关系。从中国的当代实践来看,农村新型合作社正快速发展起来,各种"种植业合作社""渔业合作社""牧业合作社""乡村旅游合作社"陆续建立,正是马克思恩格

①《马克思恩格斯文集》第7卷,人民出版社2009年版,第716页。

斯"三农"思想的生动体现。第三,马克思恩格斯也在其著作中明确提出了消除城乡对立的观点。其从人类的宏观历史出发进行考察,认为城乡领域的二元对立并不是人类社会产生之初就有的现象,而是在社会发展过程中逐渐形成的一种现象,随着生产力的不断提高以及社会形态的历史演进,城乡融合是必然的发展趋势。在马克思恩格斯看来,未来社会的农民也可以从事工业劳动,同时工人也可以从事农业生产,二元割裂的状况会借以消除。

乡村振兴战略继承了马克思主义关于"三农"问题的理论,并在新时代的实践征程中继续创新发展。其提出:"农业农村农民问题是关系国计民生的根本性问题。没有农业农村的现代化,就没有国家的现代化。"①这本质上继承了马克思恩格斯关于"农业生产是整个社会生产系统的基础"的思想,再次确认了"三农"问题的重要地位与价值,并在新的时代条件下作出了新的阐释与发展。乡村振兴战略认为,农村发展具有十分重大的战略价值,其对于国家的发展至关重要。因此,必须筑牢农村发展的基石,健全可持续发展的体制机制,突破各种因素形成的实践障碍,实现整体性的全面振兴。对于合作社问题,乡村振兴战略也有着独到的见解,其将合作社看作是农村生产经营的新型主体,与大型农业企业相并列。同时,对于传统的供销合作社实施系统性改革,运用市场机制增强合作社的生存力与竞争力。由此推之,合作社可以与物联网、人工智能技术相结合,用先进的农业技术装备打造"合作社+"经营模式,已升级成为社会主义新农村发展进步的强大助推器。此外,乡村振兴战略还提出,要让专业合作社成为农民培训的新机构,让掌握农业生产技术的农民手把手向具有技术需求的其他农民进行技术培训,本身就具有创新意义。技术农民身处农业一线,对影响农业生产的各种因素十分熟悉,因而这种培训与指导的针对性极强。对于弥合城乡二元对立问题,乡村振兴战略也有着自己的思考。其认为,要实现城乡融合发展,必须让各种生产要素在城市与乡村之间有序流动起来,打通城市与乡

---

① 《中共中央国务院关于实施乡村振兴战略的意见》,人民出版社 2018 年版,第 2 页。

村之间资源互补的关节点,做到城乡相辅相成、互为支撑。为做到这一点,必须打出政策组合拳,形成施政体系,让协同性的各项措施相互协作、共同起效。其中,最为关键的是发挥市场的功能,让城市与乡村共同构成统一的大市场。总之,乡村振兴战略基于新时代农村发展的实际状况,继承和发展了马克思主义关于"三农"问题的理论,并由此成为这一理论新的组成部分。

另一方面,乡村振兴战略在继承和发展马克思主义"三农"理论的基础上,为西部边远地区农民土地财产权的实现问题提出了原则性的方法论指导。其认为,必须以"产业振兴"为抓手,在推进农民土地财产权的实现过程中,基于新时代"三农"问题的现实状况,以出台协同性政策的方式促成城市与乡村的融合发展,与此同时,要注重发展的生态效应,在实现农民土地财产权的同时,让土地财产保值增值,不被土地流转后的生产经营活动所破坏。在此基础上,乡村振兴战略提出:"坚持因地制宜、循序渐进。不搞一刀切,不搞形式主义,久久为功,扎实推进。"[1]换句话说,要分类指导、分类施策,不但要掌握农民土地财产权实现的共性规律,也要尊重农民土地财产权实现的个性特点,尤其是西部边远地区农民土地财产权实现的鲜明特征。事实上,在笔者看来,乡村振兴战略对农村发展整体上的战略性、系统性规划正好契合了"财产权实现"问题的广义性、综合性与协同性特征,也就是说,只有用整体性的思维方式才能解决整体性的实践难题。需要注意的是,乡村振兴战略的这种宏观视角一定要与"因地制宜"的微观视角结合起来,才符合马克思主义一贯主张的方法论原则,才符合辩证法的要求。在顶层设计中,首先,应形成先导性、前瞻性的战略规划,这一战略规划涵盖与西部边远地区农民土地财产权实现相关的各类因素,然后巩固边远地区农民土地财产权实现的法治德治保障,用乡村法治与乡村德治相结合的方式化解财产权利益冲突,从而打通土地财产权实现的"经脉"。其次,用制度性供给的方式,改善土地财产权实现的体制与机制,从而用制

---

① 《中共中央国务院关于实施乡村振兴战略的意见》,人民出版社 2018 年版,第 8 页。

度的形式将土地财产权实现的好方法、好做法固定下来,推动其可持续发展。最后,以重大行动为支撑,实施推动西部边远地区农民土地财产权实现的各项措施,从而采用产业振兴的方式来促进土地流转和土地财产权的实现。

第一章　西部边远地区农民土地财产权
实现的当代难点问题

问题是研究的向导。党的十九大报告指出:"必须清醒看到,我们的工作还存在许多不足,也面临不少困难和挑战。主要是:发展不平衡不充分的一些突出问题尚未解决"①,习近平新时代中国特色社会主义思想明确了"新时代我国社会主要矛盾是人民日益增长的美好生活需要和不平衡不充分的发展之间的矛盾"②。西部边远地区农民土地财产权实现的难点问题,是我国发展不平衡不充分问题与矛盾的典型代表。推动西部边远地区农民财产权的实现,第一步应该考察,该地区当前在农民土地财产权实现中面临哪些难点问题? 根据笔者的调查研究,主要存在四大难点问题,即"地域边远""财力匮乏""机制羸弱"与"技术不足"。

第一节　地域边远难题

西部边远地区由于"地域边远",导致了三大后果:一是西部边远地区地形地貌不适合大型农业企业集中生产,于是大型农业企业将土地流转过来经营的主观意愿便不强;二是西部边远地区基础设施难以满足现代农业发展要求,导致以农业合作社的方式实现土地财产权的难度加大;三是西部

---

① 《中国共产党第十九次全国代表大会文件汇编》,人民出版社 2017 年版,第 7 页。
② 《中国共产党第十九次全国代表大会文件汇编》,人民出版社 2017 年版,第 15 页。

边远地区农村土地经营价值较低、流转机会少,造成金融机构以此为抵押发放贷款的主观意愿较低。

一、西部边远地区地形不适合规模化农业生产,阻碍土地流转集中

在我国,边远农村的地形地貌难以适应大规模农业生产的需求。原因有三:其一,相对于连片耕地类型,西南边远农村的狭小地块限制了大规模农业耕作的开展;其二,对西北边远农村而言,其荒漠化地貌也限制了土地效能的发挥;其三,西部边远地区农村的地形地貌不但限制了规模化农业生产的实施,更约束了规模化农业经营的开展。

从第一个层面来说,河南、江苏等以平原地形为主的省份,往往适用于大规模农业生产的开展,但是,在广西、贵州等省份的西部边远地区,地形地貌以狭小地块为主,如果照搬平原地区农业生产经验,便难以提升农业生产效率,从而制约着农村土地财产权的实现进程。因此,如果要打破这一瓶颈,必须对边远农村财产权实现的"地域边远"难点有充分认识,如此才能寻找进一步破解这一难点问题的方法与路径。事实上,已有学者对这一问题提出了相应的观点与主张,如李家春、赵红梅在《成县耕地质量评价》中以"成县"地区为例,指出:"成县土壤的地理分布不但受地带性因素支配,而且还深受地貌、地形和水文地质条件的影响。"[1]由此可见,狭小地形地貌不适合大规模农业生产,已成为西部边远地区农村财产权实现的共性问题,由"成县"地区的调查研究可见一斑。就此而言,如果要深化对这一问题的理解,还应进一步找到西部边远地区农村地形地貌不适合大规模农业生产的深层原因。笔者认为,主要源于大型农业机械的使用限制。在以往的研究当中,大规模农业生产的典型特征,往往是大规模农业机械的使用,如大型播种、收割、田间管理机械的规模使用。但是,边远农村地形地貌的特点决定了其难以适用这些大型机械,只能将小型农业机械作为其耕作生产的主力装备。就目前的技术水平而言,这些小型农业机械主要是手扶拖拉机、

---

① 李家春等:《成县耕地质量评价》,甘肃科学技术出版社 2015 年版,第 3 页。

小型喷灌设备等机械产品。然而，从目前的农业生产状况来看，这些小型农业机械的种类、数量还无法满足西部边远地区农村狭小地块耕作的需要。原因在于，很多特殊地块，不但有地形的限制，更有土质、水分、微生物等方面的差异与区别，不能用同一种小型农业机械"单打一"地进行粗放型生产，应将具有"不同性能特点"的农业生产机械与具有"不同土质状况"的边远土地"对应结合"，从而实现农业机械的"订单式生产"。换句话说，有什么样的土地，就生产什么样的机械，而不是用同一种机械"万变不离其宗"地耕作具有"多样性特质"的土地。具体而言，每一大类的农业机械都应当具有一种基础性载体，这一载体是统一模式生产出来的，但是，在后期的运用过程中，可以根据地形地貌、土质特征的不同，在其上添加针对性的差异化功能，从而在节省成本的同时，适应多样性狭小地形的耕作要求。然而，就当前的农业机械发展路径而言，这一思路尚不成熟，有待于研究者进一步探讨和分析，并通过政策实践的方式使其成为现实。

从第二个层面来说，西北边远农村与西南边远农村的地形地貌存在着一定的区别与差异。如果说后者的地形地貌以狭小地块为主的话，那么前者的地形地貌则以荒漠化地块为主。在这里，荒漠化地块是如何形成的呢？主要源于气候因素。少雨、干旱等西北地区典型的气候特征，导致了其西部边远地区荒漠土地形态的形成。杨春峰说："由于降水稀少，常受极地干燥冷气团控制，蒸发强烈，相对湿度低，干旱指数明显地高过全国其他地区，从而使干旱成为西北地区农业经常威胁。"[①]因此，西北边远地区的农业在生产方式上既要区别于东中部平原，也要区别于西南山地。要建构具有针对性的西北农业生产方式，可以从灌溉技术入手。由于水源问题的影响，东部地区大规模灌溉的做法难以实施，所以可以借鉴"滴灌"做法，从而改进农田的补水技术。但是，问题在于，"滴灌"技术是否存在水土不服的问题？一方面，"滴灌"技术的掌握与实施，必须有专业科技人员的指导与协助，然而，西北西部边远地区发展较慢的农业高等教育限制了现代农业技术的推

---

① 杨春峰：《西北耕作制度》，中国农业出版社1996年版，第10页。

广与普及。从农业实践来看,农业科技人员的培养必须有较多的生源数量和较高的生源质量。以西北农林科技大学为例,尽管其早已位列985高校行列,同时也成功入选国家第一批一流大学建设高校。但是,其招生状况较东中部农业高校仍有一定差距。以其理工类专业最低录取分数线为例,其在海南2013年、2014年的最低录取分数线分别为641和630,①但是,身处东中部地区的华中农业大学,其为国家211工程大学,国家第一批一流学科建设高校,其在海南2013年、2014年的最低录取分数线分别为645、638。②因此,由于地域的差别,西北地区农业科技人员的培养受到一定制约。由此可见,诸如"滴灌"这样的现代农业技术要想在西北边远地区全面普及,尚有一定难度。另一方面,"滴灌"技术设备的全面普及尚需时日。设备的普及并不是简单的"购买—应用"公式,而涉及设备的成本、价格、安装、调试、售后服务等各个环节。这些环节的成功应用,需要系统化、常态化、制度化的农业科研成果转化机制,以便让最新的灌溉技术及时运用于边远农村的耕地。当前这一机制尽管已初见端倪,但尚未成熟,需要进一步探索和完善。因此,西北边远农村亟须建立一整套符合自身地形、科技、教育特点的农业生产方式,以满足边远农村土地财产权实现的客观需要。

从第三个层面来说,无论是在西南边远农村,还是在西北边远农村,规模化农业经营均面临一定的问题和局限。在西南边远农村的农业经营过程中,"土地空间分散"导致的"经营主体碎片化"使得规模化农业经营难以正常展开。如果说"狭小地块"导致了西南边远农村农业生产的分散化,那么在农业经营方面,也难以形成企业化、整体性的经营模式。所谓"农业生产的企业化",是指将分散的小农经营行为整合为整体性的农业企业经营行为。这种农业经营的转型发展,不是简单的拼接过程,而是系统化的重构过程。农业企业从订单的争取、种苗的采购、生产过程的管理、农产品的销售

---

① 参见《高校数据查询》,2019年8月26日,见 http://gkcx.eol.cn/schoolhtm/schoolTemple/school332.htm。

② 参见《高校数据查询》,2019年8月26日,见 http://gkcx.eol.cn/schoolhtm/schoolTemple/school332.htm。

等方面均参照工业化标准流程,实现各个环节的无缝链接,从而最大限度地节约成本、畅通销售。但是,西南边远地区的农业经营当前由于各种因素,大型农业集团式企业较为缺乏,导致其经营体制重构面临瓶颈。在西北边远农村的农业经营过程中,"销售难题"在一定程度上困扰着各类经营主体。与西南边远农村相比,大部分西北边远农村并不存在"狭小地块"的问题,但是由于地理位置、交通基础设施等方面的原因,其"销售难题"始终难以得到根治。从地理位置来看,中国农产品的需求区域主要集中于人口密集的东中部地区,西北农产品要运往这一区域,的确需要充足的交通运能。而就当前中国的交通基础设施建设而言,甘肃、青海、新疆、宁夏的建设水平显然低于东中部地区,甚至低于西南地区。正如《2015中国双向投资发展报告》所指出的:"宁夏对外运输通道不足,无法形成运输合力,交通运输网络规模偏小,综合运输能力不足,铁路发展缓慢。"①因此,在运输时间和运输成本的叠加效应下,其"销售难题"逐渐生成,需要在政府和各类社会组织的协同参与下得到有效解决。

二、西部边远地区基础设施难以满足现代农业发展要求,影响土地流转后的经济效益

基础设施是现代农业发展的物质载体,因而其建设水平的高低,直接影响着农业发展速度的快慢。但是,从我国西部边远地区农村的基础设施状况来看,其难以满足现代农业持续发展的要求。一方面,直接用于农业生产的基础设施在西部边远地区农村不够完善。这类基础设施主要包括为农业生产、管理、交易等活动直接提供服务的各种设施、场所,事实上,由于历史原因,西部边远地区农村基础设施的发展较滞后,难以满足土地财产权的实现需求。从广西的农业基础设施来看,李伯兴等认为:"农村基础设施整体仍较薄弱,生产生活条件尚需进一步改善。"②因此,基础设施的完善与提

① 徐绍史主编:《2015中国双向投资发展报告》,机械工业出版社2016年版,第185页。
② 李伯兴等:《广西农村公共服务体制建设研究》,电子科技大学出版社2008年版,第226页。

升,必然成为农民土地财产权实现的有力抓手。从农业直接基础设施的建设过程来看,现存问题是如何形成的呢? 第一,基础设施在整体上存在的不完善之处,主要源于自然条件的不利因素与政策扶持的效果不足。就前者而言,边远农村的自然条件相比东部平原地区,不利因素更多。从基础设施的建设难度而言,无论是西北荒漠化地貌,还是西南狭小地块,要在其上兴建引水渠、堤坝等农业设施,都具有一定施工难度。以引水渠为例,平原地区的水渠及配套设施建设成本显然要低于高原山地的建设成本。在高原山地的引水渠建设过程中,水渠常常需要高架,这在平原地区的施工中并不常见。并且,在边远复杂地形地貌之上建设灌溉工程,其所用技术以及所费材料,都有着特殊的要求,这给施工带来了若干负面影响。与此同时,要在西北荒漠化地貌上建设引水渠及配套设施,也必须克服水源枯竭、沿线蒸发等难题,其施工难度也必然高于东中部平原地区。因此,自然条件的差异造成了基础设施建设水平的差异,如何在此差异前提下,实现农业基础设施的优化设计与科学施工,这成为农业及工程科技人员必须面对的问题。就后者而言,在不利自然条件存在的前提下,合理的政策扶持对西部边远地区农村基础设施的建设就有着重要的价值和意义。但是,由于农村治理模式、水平、具体方法上的相对滞后,政策扶持的力度难以达到应有的效果,所以,这一问题需要引起相关部门足够的重视,以加速西部边远地区农村农业生产的发展。第二,西部边远地区农村农业基础设施的建设在各个具体领域有着不同程度的滞后状况。在水利设施的建设进程中,如前所述,与东中部地区尚有差距;而在农业机械的生产与运用上,由于资金、技术、人员的相对不足,造成了农业机械化程度的差距。事实上,西部边远地区农村农业生产对农业机械的需求在一定程度上要高于东中部地区,这与土壤肥力、地形、水文条件等客观因素具有直接的联系。从土壤肥力来看,西部边远农村的红土、黄土面积占据较大,而东部农村的黑土面积显然要大于西部农村。因此,如何更为便捷地将农业机械用于耕地土壤改良,就成为边远农村实现土地价值必须思考的问题。从水文条件来看,农业灌溉用水必须遵循边远农村的水文规律,以克服复杂水文条件给农业生产带来的消极影响。就此而言,针对水文条件的农业科学研究应当获得更为充分的重视。由此可以看出,西部边远地区农村农业直接基础设施建设存在的若干问题,并不是由单一因素生成,而是来源于多样化因素,这成为今后农业研究及管理人员解决该领域问题的前提条件。

另一方面,间接用于农业生产的基础设施也需要进一步优化。这类设施主要是指用于农业生产者住宿、生活、教育等方面用途的各种设施、场所。与直接用于农业生产的基础设施相似,间接用于农业生产的基础设施在建设、发展上也存在若干难以克服的问题,需要理论探索与实践尝试。例如,现代农业发展要求农业劳动力具有充沛的智力和体力状况,这需要其在日常生活中得到足够的智力、体力补充。于是,间接用于农业生产的基础设施中的生活条件,必须能够满足农民的基本物质和精神需求,从而实现农业间接基础设施与直接基础设施的有机衔接,达到促进农业生产的目的。从农民的精神需求来看,杨军昌指出:"西部农村文化建设薄弱,精神文明发展滞后。"①因此,在这样的文化基础设施之下,农业生产的可持续发展难以有效推进,需要进一步提升其建设水准,以有利于西部边远地区农村土地财产权的实现。那么,形成这种状况的原因何在呢? 一是历史原因。农村文化组织的常态化缺失,在西部边远地区农村的发展历史上并不鲜见。在这些地区,由于文化理念、文化体制的误区,常态化的文化活动常常被乡村管理者忽视,从而造成了西部边远地区农村文化生活的相对单调。在文化理念方面,无论是管理者,还是普通农民,其对农村文化建设的看法与观点均存在一定偏颇之处。例如,部分管理者往往习惯于只从农村"硬件"设施的建设上考虑问题,而轻视农村"软件"设施的建设。于是,这些地区尽管在乡镇企业、GDP、收入水平等方面可能有若干进展,但是由于以文化设施为代表的"软件"基础设施相对滞后,难以实现"硬件"要素的"可持续"发展。事实上,学界已对此观点达成一定共识,但在政府施政过程中,仍需要进一

---

① 杨军昌主编:《人口·社会·法制研究》2013 年卷 2,知识产权出版社 2015 年版,第 20 页。

步细化政策工具及配套措施,以取得较好建设效果。二是现实原因。例如,在农村题材文化作品的创作方面,部分创作者常常缺乏"接地气"的勇气与智慧,更愿意从事城市题材文化作品的创作,而不愿深入到田野、乡村中去,了解农村生活的现实状况,并升华出富有农村特色的文化产品。就此而言,农村文化基础设施的完善与提升,必须始终以"文化作品"为抓手,在"提质量""强效果"上下功夫,由此才能不断推进农村文化事业的发展与进步,从"软"的方面促进农业生产。同时,以"文艺团体"为代表的文化团体在深入农村演出、服务等方面仍存在着可以拓展的空间。当前,"文艺下乡"活动尽管已存在一些常态化做法,如"心连心"演出的经常性开展、"移动电影放映"的走村串户,但是,这些做法的完善发展还有待于进一步加强,是否能够创新出更多的"文化下乡"形式?怎样调动更多文化工作者参与到农村文化建设中来?这些问题都需要在农村文化实践中逐步探索与解答。总之,目前西部边远地区农村的直接及间接基础设施在满足现代农业发展要求上均存在着一定不足之处,由此成为边远农村财产权"地域边远"难点的组成部分之一。

三、西部边远地区农村土地经营价值较低、流转机会少

在西部边远地区农村的财产权"地域边远"难点中,土地经营价值较低、流转机会少也是重要的构成要素。一方面,就土地的经营价值较低而言,主要有农作物产量较低、多样化经营难度较大、经营主体能力参差不齐等方面的因素。其一,就西部边远地区农村的农作物产量而言,其产出水平较低,因而导致这类土地的经营价值偏低。从政治经济学理论来看,农产品价值的形成,主要有两个来源:一是从土地本身转移到农产品中的价值,二是农民劳动形成的新价值。西部边远地区农村的土地肥力往往有限,从而造成其转移到农产品中的价值也十分有限,最终导致农产品的经营价值较低。同时,在西部边远地区农村,农民所掌握的生产力水平通常不高,导致其从事农业劳动所形成的新价值也受到一定限制。因此,从价值来源的构成角度,可以从理论上回答边远农村土地经营价值低的问题。那么,在实践

中,这一状况又有何表现呢?以甘肃、青海等地的"沙化土地"为例,土地本身的肥力需要花费很大人工才能得以形成,相反,如果人力资源投入不足,土地本身就难以形成有效肥力,农作物产出便无法实现。于是,从土地价值形成的两个来源来看,"沙化土地"的土地肥力来源要严重依赖人工劳作来源,而在甘肃、青海等西部省份,农民的科学知识、技术水平相对东中部省份相对较低,由此容易造成"沙化土地"经营价值低下的结果。其二,就土地的多样化经营而言,边远农村也存在着较大的困难。就此而言,土地经营通常有生产、租赁、抵押、转移等四种方式。边远农村除去"土地生产"这种土地经营方式,租赁、抵押、转移的实现水平较低。以租赁为路径实现土地财产权,其前提是租赁土地的一方拥有可以盈利的经营方式,而边远农村在这一方面,前人的成功经验较少,难以对当前的土地租赁市场形成有效参考。以抵押的方式来经营土地,这套做法尽管已日益成熟,但是,在抵押的过程当中,如何打通各种体制机制的阻塞环节,实现财产权的畅通实现,也是一个无法回避的问题。以土地开发转移为指向的土地经营活动,在边远农村往往受到政策因素的干预,容易造成土地转移收益的不公平现象,这也是其土地经营价值较低的诱发因素之一。在广西的土地经营过程中,就存在着这些现象和状况。一是农民的土地实际收益较低,正如沈建新所说:"征地补偿金分配被层层截留,村级留用管理不规范,农民享受不到土地增值带来的好处。"①二是土地转移的价格标准不明确。这些农民生存所依赖的土地究竟要以何种标准来支付给农民呢?是以土地本身的价格,还是以土地用途的价值来核算呢?尚存在不小的争议。三是土地转移后的社会效应问题。在土地合法转移之后,农民的生计问题便关系着其社会效应的强弱。原因在于,要实现土地转移的"正效应",必须充分考虑农民转移土地之后的生存问题;而土地转移"负效应"的形成,则往往是对这一问题的忽视。所以,社会效应的掌控程度,对土地经营效果也常常具有至关重要的制约作

---

① 沈建新:《广西土地征收补偿机制的完善与保护失地农民利益》,《经济与社会发展》2007 年第 6 期。

用。其三,就边远农村的土地经营主体而言,由于缺乏"职业化、专业化"系统培训,由此造成农民的农业耕作水平停留在口耳相传的水平之中,难以达到现代农业所要求的程度与水平。总之,当前边远农村的土地经营面临着诸多困难,"土地经营价值较低"是其中较难克服的困难之一。

再一方面,就土地流转机会少而言,主要包括农民意愿不强、土地价值较低、土地经营渠道狭小、流转管理不规范等方面的因素。首先,在农民实施土地流转行为的过程中,其主观意愿的强弱与其"风险—收益"比例具有直接联系。如果土地的流转可以给农民带来较大收益,而由失去土地带来的生活保障缺失风险也同时得到化解的话,那么农民的土地流转意愿较强;反之,如果土地的流转造成了农民生活"安全感"的下降,收益也无法达到预期水平的话,其土地流转意愿则会相应下降。因此,"风险—收益"的合理比例是农民进行土地流转的主要参考因素。但是,在边远农村的土地流转过程中,时常会由于流转过程的行政化干预等问题,产生风险水平上升或收益水平下降的状况。于是,农民意愿不强在这种情况下成为了边远农村土地流转机会较少的诱因之一。其次,在土地经营方面,边远农村农民开展经营活动的渠道不多。由于农产品的保鲜期、运输成本等方面的原因,其销售的地域范围往往集中于产地的周边地区。但是,在这一地区内,同类农产品的成熟、上市时间往往重合,由此造成了影响其销售的众多不利因素。诚然,由于农村市场经济的发展,集采摘、餐饮、住宿、娱乐为一体的"农家乐"已日益成为拓宽土地经营渠道的有效方法,但是,如前所述,西部边远地区农村的交通基础设施存在不足之处,由此对其"农家乐"的经营行为产生不利影响。再次,在土地流转的管理领域,管理过程与手段的不规范问题也较为突出。具体而言,主要是流转信息共享、流转风险防控、流转跟踪服务等方面的误区与不足。从土地流转信息共享来看,农民获取此类信息的途径存在不规范现象。一些流转信息不是通过官方途径发布出来,而是由农民自身通过民间渠道获取,从而降低了流转的效率与质量;同时,信息共享平台的缺失,也增加了土地流转交易的社会成本,不利于土地市场的健康发展。从流转风险防控来看,如何既让"失地农民"获得持续的生活保障,又能不断激活土地流转市场？这成为西部边远地区农村土地流转工作必须解决的两难问题。于是，"防控"和"化解"成为了应对土地流转风险的关键词。当前，相应的风险防控措施还不健全，该问题应引起足够的重视。从流转跟踪服务来看，服务措施难以满足"流转后"土地的经营需求，不利于农业经营主体开展土地交易积极性的提升，正如陈志盛在分析宁夏隆德县的土地市场状况时所指出的："流转区域不断扩大，但政府作为有限，促进土地流转服务制度有待完善。"①事实上，除了土地本身的利用价值之外，土地"流转后"的政府配套服务在很大程度上决定着土地经营收益的大小，于是，有针对性地提升该项服务，可以进一步规范边远农村的土地流转活动，健全相关制度安排。

第二节　财力匮乏难题

西部边远地区农民土地财产权实现的"财力匮乏"难点问题，导致西部边远地区地方政府支持农民土地财产权实现的财力不足，进而造成推动财产权实现的各项配套措施不足；当地农民自主投资推动财产权实现的能力较弱，导致财产权转让交易的频度较低；西部边远地区农村的外来投资较少，导致土地流转市场较为冷淡。

一、西部边远地区地方政府支持农民土地财产权实现的财力不足

在西部边远地区农村，地方政府的财力状况是农民土地财产权实现的一个不利因素。从财政学的角度来看，地方政府的财政状况主要取决于其税收、债务、管理等方面。那么，在西部边远地区农村，社会的整体经济发展水平不及核心区域，从而导致其税收收入尚有不小的提升空间。在这一方面，税收的来源主要是经营、劳务、投资等经济活动，其可以从国内和国际两

---

① 陈志盛：《隆德县农牧业土地经营权流转管理服务体制的问题与建议》，《养殖技术顾问》2013年第4期。

个方面来分析。就西部边远地区地方政府的国内税收而言,首先,各种所有制企业的税收贡献度均呈现不足状况。当前,在西部地区,私营企业的投资意愿不断增长,不少企业愿意在西部边远地区兴建厂矿,从而在一定程度上推动着地方财力的增强。例如,《中国民营经济发展报告》在谈及广西的税收构成时指出:"私营企业纳税增速比全区非公有制企业税收增长高 3.8 个百分点,比全区全部税收增长高 3.27 个百分点。"[1]由此可见,由于西部边远地区私营企业的迅速发展,其税收来源业已呈现出日益多元化的发展趋向,税收支柱主体已由公有制企业不断向非公有制企业转移。其次,由劳务产生的税收收入正逐渐成为地方政府税收的主体之一。这类税收主要是以个人劳务为征收对象的个人所得税,在我国,尤其是西部边远地区,此类税种的征收仍存在着各种机制上的障碍与不足。例如,此类税收的实际实施效果与制度设计的初衷仍存在不小差距,正如孙飞所说:"目前个人所得税制度存在'逆向调节'的问题,工薪阶层成了实际的纳税主体。"[2]不仅如此,漏缴、偷逃该类税收的行为也屡见不鲜,严重影响着地方政府的实际收入。可见,劳务税收的规范化发展,理应成为未来财政体制改革的重要一环。再次,来于于政府、公司、个人的投资性税收,也是地方财政的重要支撑。就此而言,无论是投资于实体企业,还是投资于债券、股票等金融市场,针对性的税收收入都在财政收入中占比显著。尤其是对金融市场的投资进行征税,这在税收学中属于行为课税,由于当代金融市场的长足发展,此类行为课税在上海、深圳等金融业发达地区十分普遍,但是在西部边远地区的发展程度较低,因而需要进一步提升金融交易的活跃度,进而夯实该地区行为课税的纳税人基础。

就西部边远地区地方政府的国际税收而言,第一,如果经济主体来自于国外,其在国内从事公司、企业等组织的经营活动,那么他必须缴纳税法所规定的相应税款。铁卫指出:"国际税收涉及的纳税主体是指跨国的纳税

---

① 王钦敏主编:《中国民营经济发展报告 No.12(2014—2015)》,中华工商联合出版社 2016 年版,第 329 页。

② 孙飞主编:《中国经济热点问题》,首都师范大学出版社 2015 年版,第 286 页。

人,包括跨国自然人和跨国法人。"①要获得更多的此类税收,无疑要争取更多的国外投资。在现有国内经济格局下,有意愿向西部边远地区转移的外资企业,常常是难以达到东中部环保标准的耗能性企业。但是,由于绿色GDP、生态文明建设等理念的提出和实践,这类企业要在西部边远地区立足也较为困难。所以,如何既吸引外资,实现此类国际税收的增长,又达到环境保护的相关要求,这是摆在西部边远地区地方政府面前的一道槛。第二,如果经济主体来自于国内,其在国外有营利性经营活动。那么,他便有义务缴纳相应的税费。但是,由于其对国外税收机构也同样担负着缴税义务,这就涉及重复征税的免除问题。事实上,此类问题在境外投资额巨大的沿海发达省份早已是常态性问题,但是,对于西部边远地区而言,仍然需要突破一些机制上的不合理之处,从而更有利于社会经济发展与政府财政收入的增长。第三,随着我国开放程度的进一步提升,国际"劳务输出"成为一个不可逆的发展趋势,由此,关于国际劳务的税收收入也会在整个政府财政收入的大盘子中占据一定份额。这类劳务输出通常以国外大型工程的施工人员为主体,因而在其劳动过程当中,应当以工作量、工作时段、工作地段等因素为标准缴纳相应的税费。从经济发展的实践来看,此类税收在西部边远地区并不罕见,很多当地居民在接受必要的职业培训之后,走上跨国劳务的谋生道路,由此成为该地区政府税收的一大来源。但是,国际劳务活动在这些地区仍然需要得到进一步的规范,尤其是相关法律法规的支持和贯彻,这也成为今后地方政府施政过程中不容忽视的一项工作。

与此同时,西部边远地区地方政府的财政状况如何,还取决于其债务状况。从地方经济的发展动力来看,"政府负债"并不完全是负面事件,在经济发展乏力的社会阶段,政府可以通过增加负债额,用财政赤字的方式来推动经济发展,从而使负债问题具有了正面的价值和意义。但是,在运用此类政策的过程当中,债务风险问题必须引起足够的重视。如果政府债务风险

---

① 铁卫等主编:《税收学》第2版,西安交通大学出版社2013年版,第60页。

化解不当,必然引发债务危机,从而不利于经济发展,并导致财政收入的下降。魏裕林等"将我国地方政府债务分为直接显性债务、直接隐性债务、或有显性债务、或有隐性债务四类"①。在部分西部边远地区,尤其是以农业人口为主的西部边远地区,政府债务状况对其财政收入的影响十分巨大。这种影响涉及债务数量的大小、债务信息的公开程度、债务决策的科学性等诸多方面,从而形成一系列典型的债务风险,成为地方政府增加财力必须克服的"顽疾"之一。

此外,边远农村地方政府的财力状况还同其管理水平直接相关。从财政学的角度来看,尽管财政管理涉及多个领域,但是,其主体部分也十分明确,正像胡乐亭所指出的那样:"财政管理体制的核心内容是划分财政收支范围和财政管理职权"②。因此,应当从收入、支出以及职权等多个方面来考察这一问题。总体而言,边远农村地方政府在这些方面的管理水平还有待于进一步地提高,以满足当前乡村振兴战略的实践要求。

二、西部边远地区农民自主投资推动土地财产权实现的能力较弱

与沿海发达地区相比,西部边远地区农民自主性投资的能力相对较弱,这种状况与西部边远地区农村的投资环境、风险、工具、资金等密切相关。

第一,从投资环境来看,不可否认,金融市场是当代社会主要的投资场所,这一场所把过去用于居民、企业储蓄的很多资金都吸纳了过来,由此构成了社会投资的主要资金来源。在这里,与西部边远地区农村密切相关的投资市场,更多地体现在"货币"和"资本"领域。就货币投资而言,由于国债本身的性质与特点,西部边远地区的国债发行与东中部地区并无明显差距。但是,银行短期贷款的投放水平由于银行经营能力、农户

---

① 魏裕林、李雪梅:《加强地方政府债务管理之思考——以云南楚雄州为例》,《财会月刊》2012年第29期。

② 胡乐亭主编:《财政学》,中国财政经济出版社2002年版,第414页。

还贷能力的差异,与东中部地区相比仍有一定差距。要实现银行短期贷款的良性发展,必须捋顺农户与银行之间的短期信贷关系,在农户的信用度评价和信贷的申请、审核、合同等方面下功夫,由此才能缩短差距、提升水准。

第二,从投资风险来看,边远农村的投资风险具有更强的不确定性。朱平辉说:"投资风险是风险现象在投资过程中的表现。"①的确如此,由于我国边远农村在自然环境、社会结构、科技水平等诸多方面存在着显著的差异性,从而造成了程度各异的风险状况。就此而言,内蒙古的自然环境以草原为典型特征,新疆的自然环境以沙漠为典型特征,西藏的自然环境则以高原为典型特征,因此,无论对于外来投资者,还是对于本地农户而言,这些地区的投资风险都应引起足够的重视。然而,由于西部边远地区农村的经济学知识普及工作远未到达应有的水平,理论的缺失造成了实践的困境,因而农民自主性投资能力较弱的问题自然就凸显了出来。

第三,从投资工具来看,边远农村农民的投资工具相对单一,这一点从目前农村金融服务体系的状况就可以看出。(见表1-1)从服务农民的金融机构可知,这些机构比较重视为农户"融资",相比之下,开辟农户"投资"渠道的意愿较弱。无论"政策性",还是"商业性"的金融机构,其主要经营针对农户的贷款业务;而就合作性金融机构而言,其服务对象很大程度上是乡镇企业,对普通农户从事农业生产的帮助较少。普通农户在开展金融投资时,往往要借助于"民间金融"渠道,这类金融渠道的规范性程度还有待于进一步提升,目前仍具有较大的金融风险,不利于农民财产权的实现。值得注意的是,"互联网金融"的兴起有可能改变这样的状况,其以"P2P"模式为主导,政府为农户之间的直接借贷提供平台便利,从而在畅通"融资"渠道的同时,拓宽"投资"渠道,有利于农民财产权的实现。然而,目前这一渠道仍不成熟,需要相关部门加强建设,从而不断完善网络投融资机制。

---

① 朱平辉主编:《投资风险管理》,厦门大学出版社2007年版,第5页。

表1-1 我国农村金融体系分类①

类型	代表机构	主要情况简介
政策性金融机构	中国农业发展银行	中国农业发展银行是直属国务院领导的中国唯一的一家农业政策性银行,成立于1994年11月。主要职责是按照国家的法律、法规和方针、政策,以国家信用为基础,筹集资金,承担国家规定的农业政策性金融业务,代理财政支农资金的拨付,为农业和农村经济发展服务①
商业性金融机构	中国农业银行	中国农业银行是我国最大的涉农商业银行,"三农"的信贷业务一直是其业务重点。该行针对农户、中小企业、农业产业化龙头企业和农民专业合作社等,推出了一系列特色产品和服务,在实践中获得了广泛应用。如,"公司+农户"保证担保贷款、农民专业合作社流动资金贷款、农业龙头企业季节性融资贷款等新产品
	中国邮政储蓄银行	中国邮政储蓄银行成立于2007年,坚持把"三农"金融服务放在优先保障位置。全行拥有3.9万个网点,其中70%分布在县域,构建"延伸城乡金融服务最后一公里",截至2013年底,邮储银行累计发放小额贷款8300多亿元,发放小微企业贷款1.7万亿元,有效解决了800多万户,1200万户小微企业的经营资金短缺困难。其中,涉农贷款余额达到3882亿元,同比增长106%,增幅居银行业第一位
	地方性农村商业银行	农村商业银行是由辖区内农民、农村工商户、企业法人和其他经济组织共同入股组成的股份制的地方性金融机构。截至2014年底,已组建农村商业银行约300多家、农村合作银行约210家,农村银行机构资产总额占全国农村合作金融机构的四成。虽然近些年来各地成立的农村商业银行(农商行)得到了长足的发展,但其在资产规模、机构数量和人员总数等方面还远不能同国有商业银行与股份制商业银行相比

---

① 李勇坚、王弢:《中国"三农"互联网金融发展报告》2016版,2016年8月1日,见 http://www.pishu.com.cn/skwx_ps/databasedetail? SiteID=14&contentId=7299806&contentType=literature&subLibID=。

续表

类型	代表机构	主要情况简介
合作性金融机构	农村信用合作社	农村信用社是由辖区内农户、个体工商户和中小企业入股组成的社区性地方金融机构,是农村金融的主力军和联系农民的金融纽带。股权设置上,农村信用社采取社员一人一票制;法人治理上,推行"三会"制度,即社员代表大会、董事会、监事会;服务重点上,其服务对象面向农民,服务区域面向农村,服务目标则是为了促进农村经济发展和社会稳定[②]
合作性金融机构	农村合作银行（村镇银行）	村镇银行是指经中国银监会依据有关法律、法规批准,由境内外金融机构、境内非金融机构企业法人、境内自然人出资,在农村地区设立的主要为当地农民、农业和农村经济发展提供金融服务的银行业金融机构。村镇银行属一级法人机构,其机构设置在县、乡镇,市场定位主要在于两个方面:一是满足农户的小额贷款需求,二是服务当地中小型企业。截至2014年12月,全国共有村镇银行1547家,遍及全国31个省份,覆盖1083个县(市),占县(市)总数的六成以上
农村民间金融（非正规金融或非正式金融）		农村民间金融主要包括农村合作基金会、当铺、私人钱庄、私人借贷、邀会和高利贷等。我国非正规金融长期受到制度抑制,在农村市场上由于无法组织化和正规化,基本上属于零打碎敲,在地下或半公开状态下活动,存在着诸如存贷款利率普遍较高、较大的金融风险等问题
小额信贷组织	小额信贷组织	小额信贷是指通过特定的小额信贷机构为具有一定潜在负债能力的贫困人口提供信贷服务,以帮助他们摆脱贫困的特殊信贷方式。我国的农村小额贷款开始于1994年,以选择和国际合作并以扶贫扶弱模式建立起来。其基本运作模式是根据农户的经济状况和信用程度,在核定的额度和期限内,由农村信用社向农户发放的无须抵押、担保的信用贷款

类型	代表机构	主要情况简介
	互联网金融机构	网络借贷(P2P)指个体和个体之间通过互联网平台实现的直接借贷,属于民间借贷范畴,受《合同法》《民法通则》等法律法规以及最高人民法院有关司法解释规范。其业务是以互联网为主要渠道,为借款人和出借人实现直接借贷提供信息搜集、信息公布、资信评估、信息交互、借贷撮合等服务。其本质是信息中介而非信用中介,不得吸收公众存款、归集资金设立资金池、不得自身为出借人提供任何形式的担保等

资料来源:①中国农业发展银行官网,http://www.adbc.com.cn。
②刘健:《我国农村信用社发展的制度与实证分析:以山东省为例》,山东大学博士学位论文,2008年。

第四,从用于投资的资金来看,西部边远地区农村的资金潜能较弱,资金来源渠道单一,主要为自身积蓄和土地经营性收入,因而难以形成稳定、可靠的资金流。事实上,从东部发达地区的农村金融实践来看,农村"土地"与"产业"的结合,才是积累资金的有效渠道。很多东部省份在推进城乡一体化的进程中,注重引导"产业一体化"的实现,从而将城市的产业资源引向农村,并与农村的土地资源结合起来,从而开辟出一条可行的乡村振兴之路。总之,当前边远农村农民的自主性投资能力仍然较弱,成为制约其财产权实现的主要因素之一。

三、西部边远地区农村外来投资较少

西部边远地区农村的财力匮乏状况,还体现在其外来投资较少方面。就全国的情况而言,如果从农村公共产品投资的优先次序来看,尽管不同学者给出了不同的答案,(见表1-2)但"科技发展性投资"被大多数学者放在了投资项目的首位,可见这一投资类型的重要意义。然而,西部边远农村的"科技发展性投资"相比东部省份显然较少,这一点可以从农业院校的数量、科研机构的分布、科技成果转化的效率比较中得出结论。并且,从表1-2来看,大多数学者把"农村教育投资"放在了投资序列的第二位,说明

"教育投资"对于该地区经济社会发展具有重要意义。但是,教育投资者在投资民办学校、培训机构时,对东部地区的投资意愿往往要强于西部边远地区,从而不利于外来投资渠道的拓宽。

表 1-2　农村公共产品投资排序①

排序	1	2	3	4	5
樊胜根、张林秀、张晓波①	农业科研的经济回报率最高,对农业增长贡献最大	农村教育对扶贫的效果最为显著	农村基础设施增加非农就业机会和提高农村工资率	灌溉对农业生产增长和扶贫的影响都不明显	扶贫效果最小
陈俊红、吴敬学、周连第②	农村医疗和社会保障	教育和科技	农村规划	农村基础设施建设	
方银水③	农业科研	农村扶贫	农业综合开发	支援农业生产	农业基本建设
刘义强④	农业科技知识	外出打工所需的职业技能和信息	农产品市场供求信息	农田水利建设	道路、通信、自来水等基础设施建设

资料来源:① 樊胜根、张林秀、张晓波:《经济增长、地区差距与贫困——中国农村公共投资研究》,中国农业出版社 2002 年版。
② 陈俊红等的研究针对北京市,所提出的公共产品投资优先序也是在对北京市的调查研究基础上所得出的结论。陈俊红、吴敬学、周连第:《北京市新农村建设与公共产品投资需求分析》,《农业经济问题》2006 年第 7 期。
③ 方银水:《中国农村公共产品政府提供结构的优先序研究——一个生产函数绩效分析框架》,《理论与改革》2008 年第 1 期。
④ 刘义强:《建构农民需求导向的公共产品供给制度——基于一项全国农村公共产品需求问卷调查的分析》,《华中师范大学学报》(人文社会科学版)2006 年第 2 期。

与此同时,相关学者把农村基础设施投资放在了较为显著的位置,从而认可了基础设施投资对农业生产的直接促进作用。例如,樊胜根等人将基础设施建设放置在第三位,陈俊红等人将农村基础设施建设放置在第四位,方银水将基础设施建设放置在第五位,刘义强将水利建设放置在第四位。

① 张鸣鸣:《农村公共产品效率的检验与实践》,2015 年 5 月 1 日,见 http://www.pishu.com.cn/skwx_ps/multimedia/ImageDetail? type = Picture&SiteID = 14&ID = 6876064&ContentType = MultimediaImageContentType。

因此,该领域可以成为农村外来投资的主要领域之一。但是,如前所述,西部边远地区农村在吸纳基础设施投资时,往往存在收回周期长、建设难度大、投融资机制弱等问题,因而外来投资的资金量也存在着明显的不足与局限。

第三节 机制孱弱难题

西部边远地区推动农民土地财产权实现的"机制孱弱",表现在三个方面:其一,西部边远地区农村土地经营的市场化机制不健全,导致土地流转不畅;其二,西部边远地区农村土地经营激励、分配机制不尽合理,导致经济主体投资该地区土地的意愿不强;其三,边远地区农村财产权纠纷的化解机制不足,容易导致农民土地财产权实现过程中的各种矛盾冲突得不到及时化解。

一、西部边远地区农村土地流转经营的市场化机制不够健全

西部边远地区农村实现农民财产权的体制机制尚存不足,土地经营的市场化机制仍不健全。"土地市场"是土地经营市场化的核心概念,根据陆红生的界定,"从狭义上讲,土地市场是指以土地作为交易对象进行交易的场所;从广义上讲,土地市场是指土地这种特殊商品在交易过程中发生的经济关系的总和"①。在这里,笔者所理解的"土地市场"更倾向于广义上的界定。土地经营要实现高程度的市场化,必须盘活、开拓"土地市场",不断发展土地经济关系的主干与枝叶,由此才能补足西部边远地区农村经济发展的短板。那么,当前边远农村的这块短板"短"在何处呢?由于"土地流转"是农村土地市场交易的主要形式,因而笔者以此为切入点展开分析。

首先,我们从全国的情况来看,以 2019 年为例,全国农户家庭承包耕地流转情况良好。根据农业农村部政策与改革司统计数据,当年流转承

---

① 陆红生主编:《土地管理学总论》,中国农业出版社 2016 年版,第 241 页。

包耕地的农户为 7321 万户,农户家庭承包耕地流转入企业 5762 万亩,流转入其他主体 5967 万亩;农户家庭承包耕地以股份合作形式流转 3308 万亩。可见,我国农村的土地流转实践保持了较好的发展势头。(见表 1-3)

表 1-3 2019 年全国农户家庭承包耕地流转情况

时间	品类	指标名称	地区	周期	单位	数值
2019 年	流转出承包耕地的农户	户数	全国	年	万户	7321
2019 年	家庭承包耕地流转入企业	总面积	全国	年	万亩	5762
2019 年	家庭承包耕地流转入其他主体	总面积	全国	年	万亩	5967
2019 年	农户家庭承包耕地以股份合作形式流转	总面积	全国	年	万亩	3308
2019 年	家庭承包耕地流转入农户	总面积	全国	年	万亩	31177
2019 年	农户家庭承包耕地以出租(转包)形式流转	总面积	全国	年	万亩	44601
2019 年	农户家庭承包耕地流转入专业合作社	总面积	全国	年	万亩	12591
2019 年	农户家庭承包耕地以互换形式流转	总面积	全国	年	万亩	2798
2019 年	农户家庭承包耕地以转让形式流转	总面积	全国	年	万亩	1687
2019 年	农户家庭承包耕地流转	总面积	全国	年	万亩	55498
2019 年	农户家庭承包耕地以其他形式流转	总面积	全国	年	万亩	3104
2019 年	流转用于粮食作物种植	总面积	全国	年	万亩	29505
2019 年	签订流转合同的耕地流转	总面积	全国	年	万亩	36412

续表

时间	品类	指标名称	地区	周期	单位	数值
2019 年	签订耕地流转合同	份数	全国	年	万份	5741

数据来源:农业农村部政策与改革司。

其次,从西部边远地区的情况来看,以广西壮族自治区为例,截至 2019 年,"全区流转土地面积 1066 万亩,占二轮承包地面积的 31.93%"①。就这一比例情况而言,尽管其土地流转比例大幅度提升,但是由于体制机制上的不足,相比全国仍然不够高。原因何在? 一是土地流转的行政干预仍然较强,这是市场化程度不够高的表现之一。通常而言,广西的土地经营效益同东中部地区的土地经营效益相比较,尚存在一定差距,但是,由于政绩考核等因素的影响,地方政府不得不强力推进"土地流转",由此造成了"收益率"与"流转率"的悖论。换句话说,在收益率较低的状况下反而用行政手段获得较高的"流转率",从而在一定程度上削弱了市场机制的作用。二是"土地确权"工作的不足之处。赋予农民以"土地的权利",这是确权工作的主要目标。但是,在此过程当中,由于历史、法规方面的原因,确权工作遇到较大阻力。在历史方面,部分地区农民土地承包经营的划分存在模糊地带,从而加大了政府部门在确定其权属时,划分其界限的难度。而在法规方面,确权的实施细则与当地土地状况存在不契合、不配套的状况,需要进一步制定、完善。三是在现有"市场化机制"下,土地流转后的"非农化"使用较为普遍。原有耕地往往在流转后,常常用于经营花卉、林木等非粮产业。这些现象凸显出西部边远地区农村土地流转的部分监管问题,需要用制度化的方式进一步加以解决。总之,同全国的状况相比,以广西为典型的边远农村土地流转工作还需要进一步加强和改进,尤其是土地经营的市场化机制问题亟须得到地方政府相关部门的高度重视。

---

① 广西农业农村厅:《自治区农业农村厅 2019 年工作绩效展示》,2019 年 12 月 10 日,见 http://www.gxny.gov.cn/xxgk/jcxxgk/tzgg_43/t595894.html。

二、西部边远地区农村土地流转经营的激励、分配机制不尽合理

目前,我国西部边远地区农村的土地经营激励机制和分配机制不尽合理。一方面,从"激励机制"来看,尽管市场对土地经营者的正面激励不断加强,但是这种激励作用需要得到进一步的规范。孙鹏等认为:"土地制度不再是政府单一强制性决策所可控制的,市场化所引起的利益激励参与其中,宅基地制度必然呈现出一定的诱致性变迁倾向……难以阻挡市场的魅力,宅基地私下交易屡禁不止。"[1]可见,随着市场经济的不断发展,土地经营尽管难以抹去行政干预的影子,但政府不再是唯一的经营决策主体,农业企业、合作社、普通农户作为新的经营决策主体也参与其中。(见表1-4)从7个省份的土地经营主体状况来看,在西部边远地区当中,陕西的农户比例为52.63%,合作社比例为23.68%,企业比例为8.95%;广西的农户比例为61.96%,合作社比例为18.48%,企业比例为7.44%,与东中部基本持平。这表明,在主体多元化方面,西部边远地区的推进速度较快。

表1-4　2014年流转土地的经营主体分布[2]　　　　（单位:%）

省份	农户	专业合作社	企业	其他主体
河北	60.34	10.05	8.15	21.46
陕西	52.63	23.68	8.95	14.74
辽宁	53.33	20.67	12.67	13.33
浙江	67.69	12.31	9.23	10.77

---

①　孙鹏等:《集体建设用地流转的风险控制与法律构造》,华中科技大学出版社2016年版,第136页。

②　李光荣主编:《中国农村土地市场发展报告2015—2016》,社会科学文献出版社2016年版,第14页。

省份	农户	专业合作社	企业	其他主体
四川	61.33	16.00	13.33	9.34
湖北	51.33	16.67	18.67	13.33
广西	61.96	18.48	7.44	12.12
整体	58.33	18.33	11.67	11.67

在快速推进经营主体多元化的进程中,新的土地利益格局逐渐形成,其要求有新的土地经营激励机制浮出水面。但是,目前机制的不完善,导致企业、农户在土地经营过程中,催生多重风险。例如,在土地转让的过程中,口头约定会导致毁约风险,激励机制实施过程中的盲目性会导致土地经营风险,土地转包的合同规范性问题会导致土地效益风险,"反租倒包"过程中农业企业减少"本地用工"会导致农民利益受损的风险,等等。总之,土地财产权实现的激励机制的不足之处,容易导致业已存在的土地经营风险陡增。

另一方面,从"分配机制"来看,西部边远地区农村土地经营的分配机制仍不尽合理。以"征地"过程中的利益分配为例,从郝树声等在甘肃的调查数据可知,甘肃农民对征地拆迁的"满意"频数为19人,结构为10.1%;"比较满意"频数为48人,结构为25.4%;"不满意"频数为81人,结构为42.9%;"很不满意"频数为41人,结构为21.6%。就调查数据而言,对征地拆迁"不满意"的频数较高、结构占比较大,同时,"很不满意"的频数与结构虽然低于"比较满意",但是数值也较大。由此可见,甘肃农民对关系切身利益的征地问题解决状况评价不高。(见表1-5)就其原因,主要源自"利益分配"中农民利益的保护问题、少数征地工作人员的腐败问题、征地程序问题、补偿标准问题等。这些问题由西部边远地区农民财产权实现的机制屡弱所导致,并制约着财产权的顺畅实现。

表 1-5　甘肃农民对征地拆迁的整体评价①

态度	满意	比较满意	不满意	很不满意
频数(人)	19	48	81	41
结构(%)	10.1	25.4	42.9	21.6

注:数据源自专题问卷统计结果。

三、西部边远地区农村土地财产权纠纷的化解机制不够健全

西部边远地区农村土地财产权纠纷的化解机制仍存在不足之处,集中体现为无约、违约、监管不足、违法经营等现象造成的财产权纠纷没有得到有效治理。从"无约"情况来看,财产权转让、使用过程中的"非正式"约定容易导致条款不清、权责不明等问题,造成各种事后矛盾、冲突。从"违约"情况来看,在土地承包经营过程中,发包方往往占据优势地位,在承包合同中对承包方的约束较多,而对自身的约束较少,从而极易导致后期土地经营过程中的"违约"状况。从"监管不足"来看,主要体现在监管人员的队伍建设、监管技术的创新运用、监管机构的整合发力等方面的不足之处,需要地方政府部门在信息透明、多层次监督、监管标准等方面予以改进与完善。从"违法经营"来看,少数经济主体在农村土地的经营活动中,存在着"违规设立各类园区、房地产项目、违法圈占土地、土地非法入市和有法不依、执法不严等问题,导致农村土地违法案件层出不穷、花样翻新"②。毫无疑问,这也会导致各类财产权纠纷的生成、激化。

那么,造成这些财产权纠纷治理难题的原因何在呢? 主要是"土地使

---

① 陈双梅等主编:《甘肃舆情分析与预测 2013》,社会科学文献出版社 2013 年版,第 260 页。

② 王磊荣:《当前我国农村土地违法案件存在的原因和对策》,《农业经济问题》2007 年第 6 期。

用权流转市场内部的权利配置方式和运行机制差异较大,各个利益主体之间为实现各自利益的最大化相互博弈"①。具体而言,首先,土地经营的"权、责、利"划分存在不足。这里的"权、责、利"问题,主要指的是边远地区农村在贯彻执行土地"三权分置"政策之后,参与土地经营活动的各个经济主体,存在着如何划分所有权、承包权、经营权以及由此带来的责任和收益的问题。目前,农村土地确权工作正在逐步开展的过程当中,"权、责、利"划分的模糊领域也不断浮出水面,由此导致的难点问题需要地方政府相关部门加以重视与解决。

其次,土地经营机制的具体运行存在不足。对农村土地的经营活动,国家已有顶层设计,但是,我国边远地区农村在具体实施、运行这样的顶层设计过程中,仍然存在巨大的改进空间。根据"皮书数据库"相关数据,"进入21世纪以来,农村富余劳动力进城务工已成社会常态……为此,大量农村耕地处于撂荒状态,严重威胁了农业生产与粮食安全……农户的经营规模很小,且细碎化严重"②。从当前农业实践来看,这些问题是我国农村发展所面临的问题,并且其在边远地区农村较为突出。

再次,对经济主体最大化实现经济利益的规范与约束存在不足。以2019年王力和于滿对广西壮族自治区的调研数据为例,与土地流转密切相关的农地确权纠纷状况不容乐观。(见表1-6)在征收补偿案件中,广西、贵州部分地区的征地补偿兑现程度不高;云南部分政府机构在征地过程中存在违规改变土地用途的问题。在补偿款分配案件中,陕西少数农村干部存在私吞、挪用补偿款的现象;在群体性纠纷案件中,云南个别农户因不愿拆迁而遭遇强拆。尽管在市场经济条件下,经济主体的利益最大化诉求无可厚非,但是必须用合理的监管手段对其进行规范、约束,这样才能有效化

① 廖宏斌:《集体供给型土地使用权市场利益冲突:问题、成因与对策》,2015年11月1日,见 http://www. pishu. com. cn/skwx_ps/databasedetail? contentType = literature&subLibID = &type =&SiteID = 14&contentId = 6661705&wordIndex = 3。
② 乜琪:《土地与权利福利:承包经营权流转时期》,2016年12月1日,见 http://www. pishu. com. cn/skwx_ps/databasedetail? SiteID = 14&contentId = 7654201&contentType = literature&sub-bLibID =。

解边远地区农村的财产权纠纷,从而突破财产权实现的机制瓶颈。总之,西部边远地区农村须进一步健全财产权纠纷化解机制,从经营主体"权、责、利"划分、经营机制具体运行、经济主体利益诉求约束等方面着手,推动财产权实现难点问题的解决。

表1-6　广西壮族自治区受访农民对农地确权纠纷的看法和态度①

问题	答案	样本数（个）	比例（%）	问题	答案	样本数（个）	比例（%）
Ⅰ当地确权过程中,农地纠纷的频率如何	很多	5	4.24	Ⅱ您认为农地纠纷的趋势如何	会很快解决	28	23.73
	比较多	23	19.49		将持续减弱	43	36.44
	不是很多	33	27.97		会拖延很久	19	16.10
	极偶尔	21	17.80		会更加严峻	2	1.69
	没有	19	16.10		不清楚	21	17.80
	不清楚	13	11.02		缺失值	5	4.24
	缺失值	4	3.39	Ⅵ您认为当地政府对农地纠纷的处理及时有效吗	很及时有效	51	43.22
Ⅲ您认为法律知识调解农地纠纷是否有效	很有效	25	21.19		及时但无效	26	22.03
	比较有效	49	41.53		有效不及时	16	13.56
	一般	30	25.42		无效不及时	19	16.10
	不太有效	7	5.93		缺失值	6	5.08
	根本无效	2	1.69	Ⅳ您认为大力宣传法律知识对土地纠纷的调解是否必要	很必要	72	61.02
	缺失值	5	4.24		比较必要	28	23.73
Ⅵ如果纠纷发生在您周围人身上,您是否会参与调节	会	70	59.32		一般	9	7.63
	不会	15	12.71		没有必要	2	1.69
	看情况	31	26.27		不清楚	4	3.39
	缺失值	2	1.69		缺失值	3	2.54
样本总数		118	100	样本总数		118	100

① 王力、于潇:《"三权"分置背景下的农地确权与纠纷化解》,2019年4月1日,见 https://www.pishu.com.cn/skwx_ps/databasedetail? SiteID=14&contentId=10855360&contentType= literature&type=&subLibID=。

第四节 技术不足难题

西部边远地区农民土地财产权实现的"技术不足"难点问题,表现为:首先,现有农业机械难以满足西部边远地区农村生产的特殊需要,导致接手流转土地的农业经营主体在农业生产中面临一定困难;其次,现有农业科研体制对西部边远地区农村提供的技术支持不足,导致农业经营主体的科技支撑不足,缺乏转入西部边远地区土地的主观动力;再次,现有农业科技人员的知识结构不足以支撑边远地区农村技术服务,导致农业经营主体从事日常农业生产的人才储备不足。

一、现有农业机械难以满足西部边远地区流转后农地生产的特殊需要

"技术不足"是西部边远地区农民财产权实现的又一个难点问题。当前,现有农业机械难以满足边远地区农村的特殊需要。以西藏地区2016年至2019年的农村拖拉机数量为例,尽管在此期间,拖拉机的总体数量得到了提升,但是同西藏地区广袤的土地相比,仍然难以满足其需求。在2016年,西藏农用大中型拖拉机数量为122300台,小型拖拉机数量为134000台;2019年,前者为68202台,后者为207840台。(见图1-1)

可见,该地区的拖拉机数量与耕地面积并不对称,有待于进一步增加农机具的绝对量。需要指出的是,西藏地区拖拉机数量的不足,虽然有资金上的诱因,但是"技术不足"也是一大成因。由于西藏地区农业机械技术力量相对薄弱,其难以生产出适合其地形、地貌、土质的特殊农机具。因此,由于农机具需求与农机具供给的不对称现象,普通农户并没有意愿购置和使用更多农机、农具,转而继续维持传统的耕作方式,使得农业生产的技术水平很难得到根本性提升。

与此同时,评价现有农业机械满足西部边远地区农村需要的程度与水平,还存在着另外一个重要指标,那就是与拖拉机相关的配套农具数量。通

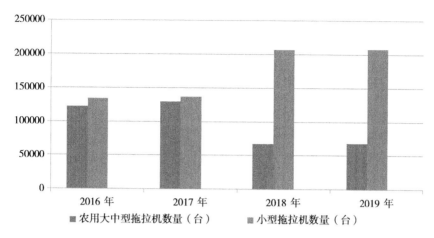

图 1-1　2016—2019 年西藏拖拉机拥有量

资料来源：国家统计局。

常而言,一台拖拉机所对应的农具数量越多,说明其机械化程度越高,满足农业生产需求的程度也就越高。以 2016 年至 2017 年西藏地区拖拉机配套农具的拥有量为例,大中型拖拉机配套农具在 2016 年为 130300 部,在 2017 年为 134900 部;小型拖拉机配套农具在 2016 年为 82200 部,在 2017 年为 88600 部。(见图 1-2)从总体上看,其在两年间变化不大,这说明西藏地区农业机械化水平还不足以满足农业生产快速发展的需要。

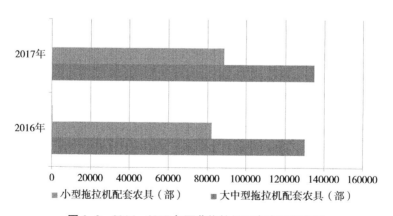

图 1-2　2016—2017 年西藏拖拉机配套农具拥有量

数据来源：国家统计局。

二、现有农业科研体制对西部边远地区流转后农地生产的技术支持不足

在"技术不足"难点问题中,现有农业科研体制对边远农村提供的技术支持也存在着不足之处。以 2017 年部分省份农业领域改建和技术改造投入金额为例,山东为 14063.64 亿元,广东为 3747.12 亿元,湖南为 5812.76 亿元,贵州为 698.33 亿元,西藏为 159.44 亿元,甘肃为 280.55 亿元,青海为 277.90 亿元,宁夏为 273.73 亿元,新疆为 617.18 亿元。(见表 1-7)从以上数据可知,西部边远地区农业领域改建和技术改造投入金额要明显低于东部和中部地区。

表 1-7　2017 年部分省份改建和技术改造投入金额

时间	品类	指标名称	地区	周期	单位	数值
2017	改建和技术改造	金额	江西	年	亿元	3063.48
2017	改建和技术改造	金额	山东	年	亿元	14063.64
2017	改建和技术改造	金额	河南	年	亿元	1547.66
2017	改建和技术改造	金额	湖北	年	亿元	4213.81
2017	改建和技术改造	金额	湖南	年	亿元	5812.76
2017	改建和技术改造	金额	广东	年	亿元	3747.12
2017	改建和技术改造	金额	广西	年	亿元	3571.91
2017	改建和技术改造	金额	海南	年	亿元	89.42
2017	改建和技术改造	金额	重庆	年	亿元	1540.94
2017	改建和技术改造	金额	四川	年	亿元	5950.19
2017	改建和技术改造	金额	贵州	年	亿元	698.33
2017	改建和技术改造	金额	西藏	年	亿元	159.44
2017	改建和技术改造	金额	陕西	年	亿元	1207.59
2017	改建和技术改造	金额	甘肃	年	亿元	280.55
2017	改建和技术改造	金额	青海	年	亿元	277.90
2017	改建和技术改造	金额	宁夏	年	亿元	273.73
2017	改建和技术改造	金额	新疆	年	亿元	617.18

数据来源:国家统计局。

那么,这种状况是由什么导致的呢?农业科研体制中的不合理因素是其主要原因。以广西为例,一方面,在农业科技人员的配备方面,"经济相对发达地区,如玉林、贵港等地基本确保了村村都有技术员;而经济发展相对落后的百色地区,则只有半数左右的村庄拥有农民技术员"①。可见,边远地区农村的农业科技队伍力量有限,难以完全承担服务农业生产的任务。另一方面,在农业科研机构的设置方面,现有科研机构有的存在政企不分、权属模糊等现象,导致农业科研成果转化为农村经济效益的效率较低,难以有效推动农业生产力的持续提升。农业科研机构大多直接隶属于政府科技管理部门,但其中又有一部分具有自负盈亏的企业属性;具有农业科研实力的高等农业院校大多隶属于政府教育管理部门,但其下属的部分农业研究机构也同时是农业市场中的普通经济主体;诸如种子站之类的农技推广机构既是普通农业企业,又有一部分是政府农业管理部门的直接下属单位。由此推之,容易导致农业科技服务农业生产工作在分工、合作上的不协调,力量难以整合,步调难以统一,从而直接影响着西部边远地区农民财产权的实现程度。

与此同时,对于农业科研体制对西部边远地区农村提供的技术支持不足问题而言,不仅有科研体制本身的原因,还存在着技术支持路径不畅等方面的因素。具体来说,主要是像农业技术协会这样的社会组织的力量尚未充分调动,导致技术支持路径较为单一,难以形成"多渠道"共同推动农业科技成果转化的局面。从以往的经验来看,农业生产的技术支持向来是政府发挥主要作用,社会组织的作用并没有充分发挥出来。政府部门为推动农业技术支持工作的展开,不断完善、健全各级、各类农业推广机构,从而形成了"大而全"的农业技术支持体系。但是,由于资金投入等方面的原因,政府"单打一"式的农业技术支持体系在新时代农业生产中的作用仍然有限,因此必须通过"支持路径改革"的方式来进一步优化此项工作。其中,如何更好地发挥农业技术协会、农业发展智库等社会组织的作用,已成为一

---

① 苑鹏:《创新体制 创新机制 加速农业科技成果转化——广西农业技术推广问题研究》,2001 年 5 月 1 日,见 http://www.pishu.com.cn/skwx_ps/databasedetail? contentType = literature&subLibID =&type =&SiteID = 14&contentId = 2850219&wordIndex = 3。

项亟待解决的课题。从农业技术协会的角度来看,其服务领域往往局限性较大,多半集中于特色农产品等较易实现经济效益的领域,但是,对于其他经济效益相对较低的重要领域,如水稻、小麦等粮食作物,农业技术协会的服务相对较少,需要进一步提升服务水平。同时,参与农业技术协会的农民人数也有限,农业生产中的种植、养殖专业户参与的较多,而普通农户参与度较低,从而影响了受益农民群体的扩大。从农业发展智库的角度来看,农业技术转化与推广的专业智库体系尚未真正建立,一些农业发展智库还存在各自为政的问题,因而必须以农业生产实践为抓手,不断发展农业技术支持型智库,早日建立起完善的专业智库体系。并且,从支持农业生产的技术性成果来看,农业发展智库对地区差异性的重视程度尚需进一步提高。如前所述,西部边远地区农村的农业生产科技需求与其他地区有显著差异,而部分农业发展智库的科研成果"共性"突出,而"个性"不足,从而影响着这些成果的具体转化进程。总之,在当前的农业实践中,现有农业科研体制无论就体制本身而言,还是就技术支持路径而言,均存在较大优化空间,需要各利益相关者不断发挥自身作用,充实、填补这一空间领域。

三、现有农技人员的知识结构难以完全支撑西部边远地区流转后农地生产的技术服务

除了"农业机械""科研体制"等外在因素以外,现有农业科技人员的"知识结构"等内在因素的不足,也是西部边远地区农村技术支持服务工作的难点之一。农业科技人员的"知识结构",很大程度上形成于农学专业的教育与学习,而在该专业的教学过程中,问题与不足还存在。宋瑞凤、邓世媛等指出,农学"课程体系以经典的作物栽培学和作物育种学及其相关的课程为主,很少涉及现代生物技术……综合性和设计性的实验……研究性、探索性、时论式和双语教学,以及基于互联网的自主性学习"[①]。首先,现代

---

① 宋瑞凤等主编:《农学专业综合改革与实践——以华南农业大学为例》,华南理工大学出版社 2014 年版,第 19 页。

生物技术尚未与农业生产全面结合,导致边远地区农村难以有效利用最前沿的农业科技成果。原因在于,农学专业教育的生物技术缺口,造成了相关领域"产、学、研"链接纽带的断裂,无法有效支撑农业生产实践。专业教育的不足,最终会影响研发能力的提升,而研发能力不足,则直接弱化了现代生物技术的运用。在边远地区农村,由于农业企业生物技术的研发能力相比东中部地区较为孱弱,因而其农产品附加值的提升也就不可避免地受到一定束缚。但是,相比东中部地区,边远地区农村的生物资源更为充分,因此,如何进一步运用现代科学技术开发这些生物资源,成为了未来农学学科需要重点探讨的问题。

其次,在农学专业教学中,对于"实验"部分的考核存在若干问题。一是考核的"指标体系"对于实验"设计性"的要求不足,较为忽视学生"自主设计问题""自主设计方法"的考核指标。二是考核者的设置也不尽合理,教师往往成为唯一的考核者。尽管在过去"非设计性"的部分实验考核中,这并无不当之处,但是对于"设计性"实验而言,对"创意"的考核就不能以教师的观点为唯一标准了,必须引入"学生互评""校外技术人员参评"的机制,这样才能提高实验考核的实效。三是考核结论的运用途径单一,往往只是实验课程成绩的体现。事实上,实验考核结论如果能通过"反馈",让学生知晓自身实验技能的优缺点,从而进一步激励学生发挥自身长处,弥补实验技术上的不足,是可以取得更好教学效果的。当前,在农学专业实验教学的实施过程中,"创造性设计""创新性方法"还不够强,需要不断充实和提升。于是,农学实验教学的缺点有可能导致农村技术服务的水平无法得到有效提升,削弱技术服务的经济效益与社会效益。

再次,农科学生的"网络自主学习"意识不强,不利于其"知识结构"的完善与更新。根据《新媒体与社会》的调研数据,文科学生以"互联网"为认知渠道的比例为74.1%,理科学生的相应比例为73.5%,工科学生的相应比例为75.1%,医科学生的相应比例为71.5%,相比之下,农科学生以"互联网"为认知渠道的比例为64.5%,在各专业中为最低。(见表1-8)可见,农科学生在认知社会、学习知识时,较其他专业学生较少使用互联网工具,有可能延缓其进行知识更新的认知速度,不利于专业学习与人生成长。

表1-8　各专业大学生认知渠道分析① （单位:%）

	文科生	理科生	工科生	农科生	医科生	其他
电视	45.1	38.0	37.7	38.3	40.8	23.8
报纸	9.5	7.1	6.7	6.0	9.4	9.5
杂志	22.3	16.0	17.1	19.1	20.7	23.8
广播	5.1	5.8	4.9	6.0	5.1	14.3
书籍	8.3	8.4	7.9	9.3	6.6	33.3
影视作品	12.1	8.6	9.2	9.8	12.0	19.0
互联网	74.1	73.5	75.1	64.5	71.5	76.2
户外广告	20.4	16.9	16.2	16.9	16.2	19.0
口耳相传	45.0	38.4	36.1	35.0	42.6	38.1
亲自体验	35.1	30.4	31.4	32.2	32.9	19.0
其他	0.7	0.3	0.7	1.1	0.6	4.8

此外,农学专业的研究性教学还处于探索阶段,尚未成熟。一是案例教学如何与研究性教学相结合的问题。当前,案例教学往往更为重视案例内容的选取,对案例教学实现手段的探索不足,导致研究性案例教学设计操作性不强,提升教学实效不明显。因此,应当将"研究性案例教学"与"创新创业教育"紧密结合,让学生在创新创业实践中深化专业知识的学习,提升创新意识和创造能力。二是在"研究性教学"中,"应用型人才"培养导向尚不明确的问题。如何改变过去的单一教学模式,引入多种教学方式,实现"阶段性"研究性教学向"全程"研究性教学的递进,将学生锻造成为优秀的应用型人才,已成为农学专业教师考虑的重要教学课题。三是农学专业研究性教学的"教学评价"问题。从"教"的角度来看,如何对"研究性教学科研"予以必要支持、完善研究性教学质量评估指标体系是亟须解决的重要问题;从"学"的角度来看,如何运用好"学生科研平台"、见习、实习等传统

---

① 谢耘耕等主编:《新媒体与社会》第9辑,社会科学文献出版社2014年版,第88页。

学习路径,并将其与研究性教学紧密结合,也是目前需要解决的实践问题。总之,农学专业的研究性教学对完善农业科技人员知识结构的推动作用仍然需要得到进一步的提升,以支撑、优化西部边远地区农村的农业技术服务。

第二章 基于乡村振兴战略的西部边远地区
农民土地财产权实现方法论创新

方法论创新是马克思主义财产权理论创新的灵魂。党的十九大报告指出："实践没有止境，理论创新也没有止境。世界每时每刻都在发生变化，中国也每时每刻都在发生变化，我们必须在理论上跟上时代，不断认识规律，不断推进理论创新、实践创新、制度创新、文化创新以及其他各方面创新。"①基于乡村振兴战略的理论和实践创新，笔者归纳出西部边远地区农民土地财产权实现的四条方法论原则，即注重政策的协同性与关联性、推动城乡融合发展、实现绿色发展、"因地制宜"与"循序渐进"相结合。

第一节 注重政策的协同性与关联性

注重政策的协同性与关联性，是西部边远地区农民土地财产权实现最为基础的方法论原则。《中共中央国务院关于实施乡村振兴战略的意见》指出："注重协同性、关联性，整体部署，协调推进。"②要贯彻这一方法论原则，应挖掘边远地区农村多种功能，提升财产权转让价值；统筹谋划边远农村"五位一体"建设，增强财产权转让的吸引力。

---

① 《中国共产党第十九次全国代表大会文件汇编》，人民出版社 2017 年版，第 21 页。
② 《中共中央国务院关于实施乡村振兴战略的意见》，人民出版社 2018 年版，第 7 页。

一、挖掘边远农村多种功能，提升财产权转让价值

根据乡村振兴的战略要求，西部边远地区农村的财产权实现应遵循科学的方法论原则，其中，"注重政策的协同性与关联性"是首要的方法论原则。那么，如何才能做到"协同"与"关联"呢？应挖掘乡村的多种功能和价值。从"财产权实现"问题的视角来看，乡村的功能主要有三：生产功能、生活功能和生态功能。所谓"生产功能"，是指乡村可以进行一二三产业的生产活动，从而让农民获得相应的经济效益。在乡村生产过程当中，家庭农场与休闲旅游可以协同发展。"家庭农场是以农户家庭为基本组织单位，以家庭成员为主要劳动力，从事农业规模化、集约化、商品化生产经营，并以农业收入为家庭主要收入来源的新型农业经营主体。"①家庭农场并不是传统意义上的农户个体生产模式，而是注重"集约化"和"协同性"的新型生产模式。家庭农场在"集约化"生产中并不是一味地求大、求多，而是追求农业产品的品质提升，以绿色农业、有机农业产出高质量的农产品，从而提升产品价格，增加其附加值。同时，正是由于"家庭农场"的生成方式满足了生态保护的相关要求，因而在日常农业生产基础上，"家庭农场"可以从事休闲旅游的经营活动。但是，要推动乡村休闲旅游的发展，必须注意各因素之间的关联性。以黔西南布依族苗族自治州贞丰县纳蝉村为例，根据孙兆霞等人撰写的调查报告，该村发展乡村旅游涉及多个因素：其一，该村的"优势"在于拥有丰富的文化资源，如草龙、山歌、古歌等，并且还有手工纺织、刺绣等工艺技艺。其二，该村的"机会"在于，周边地区居民的生活水平有所提升，生成了出门进行乡村旅游的可能性；由于西部大开发政策的深入贯彻，更多商人积极寻求旅游项目上的合作共赢。其三，该村的"劣势"在于，自身经济基础较为薄弱，水质较差，传统文化保护力度不足，道路狭小，通行困难，卫生状况不佳，生活垃圾处理不当。其

---

① 康保苓：《家庭农场与乡村旅游协同发展研究》，《中南林业科技大学学报（社会科学版）》2014年第3期。

四,该村的"威胁"在于,周边已有先期开展休闲旅游的村庄,因而具有一定竞争对手;旅游开发导致的征地行为可能对村民生计产生影响;资金、管理经验不足。(见表2-1)正是由于边远地区农村发展乡村休闲旅游面临多种因素影响,所以才应注意这些因素的关联性,注重政策的协同性,发挥好乡村的生产功能。

表2-1 纳蝉村发展乡村旅游的 SWOT 分析①

Strengths(优势)	Weaknesses(劣势)
文化资源有草龙、山歌、古歌、服装、舞蹈、八音坐唱、丧葬文化等; 手工纺织、刺绣、染布等; 离双乳峰景区近; 紫色河、溶洞、田园风光、秋夏温度适宜; 600 年的悠久历史	经济落后; 山好水差; 年轻人大量外出,传统文化面临消失; 通村主路比较窄,不利于大客车通过; 离县城近,现代文化对传统文化的冲击大; 环保意识不强,村庄环境卫生较差; 村内通组路还没全部改造,排水沟没有修缮; 缺少回收生活垃圾的站点
Opportunities(机会)	Threats(威胁)
生活水平提高,外出休闲观光的人增加; 国家西部开放战略的实施,公司寻找投资旅游项目; 惠兴高速通车,方便游客进村; 离县城近	其他村也开展乡村旅游,面临同业竞争; 随着旅游开发,可能会征地,影响农民的生计; 搞旅游开发,资金缺乏; 管理能力不足,缺少强有力的领导班子,内部不够团结

注:2013 年 2 月 22 日上午,在岩鱼博爱小学内,根据村庄非正式领导集体访谈资料整理。

从乡村的生活功能来说,其与生产功能息息相关。在一定意义上,边远农村的"生产""生活""生态"这"三生"共处于同一个空间范围内,已形成事实上的共同体关系。因此,如何利用三者之间的关联关系,做好统筹和协调,最大化地发挥其协同效应,就成为边远农村的管理者必须解决的问题。在乡村生活功能的优化当中,席建超等人提出:"扩大乡村聚落区内的人们

---

① 孙兆霞等:《第四只眼:世界银行贷款贵州省文化与自然遗产保护和发展项目(中期)"社区参与工作"评估以及重点社区基线调查》,2014 年 7 月 1 日,见 https://www.pishu.cn/skwx_ps/multimedia/ImageDetail? SiteID = 14&type = Picture&ID = 3802420&ContentType = MultimediaImageContentType&isHost = null&wordIndex = 1。

（包括当地社区和旅游者）可以自由进入并进行各种交流的公共场所,如乡村聚落寺庙、戏台、祠堂、集市等。"①这本质上推动了乡村生活功能与乡村生产功能的协同发展,这是由于,乡村的诸多公共场所既是生活空间,也是生产空间,因而既会产生社会效益,也会产生经济效益。同时,这种协同发展,不仅在于公共场所的扩大,也在于公共活动的增多,如传统民俗活动的继承与恢复、乡村节庆活动的举办与宣传等。通过一系列生活活动的开展,边远地区农村可以在丰富文化生活的同时,取得较高的旅游收入。

从与此相关的乡村调查来看,当前农村生活质量与城市生活质量相比,仍然具有不小的差距。例如,根据谭清香和张斌的《农村居民住房满意度及其影响因素分析——基于全国 5 省 1000 个农户的调查》,农村居民平均住房满意度分值分别为:贵州 4.57,宁夏 5.81,江西 5.83,江苏 7.03,辽宁 7.39;农村居民平均生活满意度分值分别为:贵州 5.51,宁夏 6.83,江西 6.66,江苏 7.20,辽宁 7.44。（见表 2-2）从总体上看,东部和中部地区农村居民的住房满意度和生活满意度要高于西部边远地区,西部边远地区农村的生活质量仍有待于进一步提高。由此可见,当前乡村生活功能的发挥仍然具有很大的局限性。这需要我们充分贯彻乡村振兴战略中"注重政策协同性与关联性"的方法论原则,将乡村生活与乡村生产紧密结合,发挥协同效应,获得关联效益。在以上调查报告中,农村"基础设施条件差"所带来的,不仅是生活质量的不足,更是生产发展的阻力。因此,改善农村基础设施,既是生活质量的提升路径,也是生产条件的提升路径。同样,"农业太辛苦,挣钱太少"也是一个不争的事实。这需要我们不断提升农业生产的科技含量,让机械劳动更多地替代人的劳动,并创造出更大的利润空间,使得农民能够成为一个让人羡慕的职业。与此同时,"教育、医疗等公共服务落后"的现象在西部边远地区农村也存在。笔者认为,所谓"财产权的实现"决不仅仅是财产性收入的提高,更是生活水平的整体前移。例如,基础

---

① 席建超、王首琨、张瑞英:《旅游乡村聚落"生产—生活—生态"空间重构与优化——河北野三坡旅游区苟各庄村的案例实证》,《自然资源学报》2016 年第 3 期。

教育质量的提升、基层医疗条件的改善等与农民生活息息相关的各种公共服务的优化,也应当是财产权实现的重要标志。

表 2-2　各地区农村居民住房满意度和生活满意度[1]

省份	样本量(个)	平均住房满意度	平均生活满意度
贵州	198	4.57	5.51
宁夏	191	5.81	6.83
江西	202	5.83	6.66
江苏	199	7.03	7.20
辽宁	198	7.39	7.44
合计	988	6.13	6.73

注:住房满意度和生活满意度均采用被调查者自我报告形式获得,0分代表"一点也不满意",10分代表"完全满意",分数越高代表满意度越高。

从乡村的生态功能来说,生态保护必须与经济生产、日常生活协调发展。原因在于,财产权的实现,很大程度上要依赖于经济生产的发展。但是,乡镇企业的传统发展模式往往是粗放型的,高投入与低产出并行,对自然资源的开发依赖程度相当高,因而极易对环境造成污染、损害。基于乡村振兴战略,乡村的生产、生活、生态理应实现辩证统一,乡村一二三产业的生产不应以破坏环境为代价,而乡村生活水平的提升也不应以过度消耗自然资源为代价,应做到三者发展的关联、协同、可持续。王光军等认为:"人类社会生存和发展所需的物质和环境都是由乡村生态系统提供的,比如森林提供了木材、药材、洁净的空气等;草原提供了饲料,为畜牧业产品生产发展提供了保证;河流提供了生产和生活所需要的清洁的水源。"[2]因此,实现各类自然资源之间的协同保护,不同生产部门之间的协调、集约发展,也就是边远地区农村在实现农民财产权过程当中必须一以贯

①　谭清香、张斌:《农村居民住房满意度及其影响因素分析——基于全国5省1000个农户的调查》,2017年9月1日,见 https://www.pishu.com.cn/skwx_ps/multimedia/ImageDetail?type=Picture&SiteID=14&ID=10297718&ContentType=MultimediaImageContentType。

②　王光军等主编:《城乡生态规划学》,中国林业出版社2015年版,第250页。

之的基本原则。

二、统筹谋划边远地区农村"五位一体"建设,增强财产权转让的吸引力

基于乡村振兴战略,落实西部边远地区农村"注重政策协同性与关联性"的"财产权实现"方法论原则,除了"挖掘乡村多种功能和价值"以外,还包括"统筹谋划农村'五位一体'建设和党的建设"这一原则。农村"五位一体"建设,并不是笼统地将五个方面的建设内容归结为一个方面,而是"多元社会治理模式"基础上的"协同一体建设"。其中,"多元治理"是基础,"协同一体"是升华。雷晓康等认为:"多元社会治理模式就是指在处理社会事务的过程中,政府与社会等多主体共同努力,共同配合,共同进行一些公共资源分配及事务解决的模式。"①就边远地区农村的财产权实现问题而言,经济领域的问题如果只由经济主体自身来解决,其很难得到有效化解;同样,政治、文化、社会、生态领域的问题如果单由政治主体、文化主体、社会主体或生态主体来解决,也很难达到预期效果。因此,在破解边远农村财产权难点问题时,引入"多元社会治理模式"就有着显著的必要性。例如,边远农村"财力匮乏"的问题就显然是一个经济领域的问题,但这一问题的解决必须从经济、文化、生态等多个向度来共同发力。

在经济向度上,如前所述,这一问题包含着三个子问题:一是边远农村地方政府财力不足;二是边远农村农民自主性投资能力较弱;三是边远农村外来投资较少。这三个密切关联的问题就涉及三个主体,亦即地方政府、农民和外来投资商。如果从"多元社会治理模式"的角度来审视这一问题,我们可以采用"三方协同"的方式来化解难题。首先,地方政府层面设立针对边远农村的融资担保基金,让该类地区的经济发展项目拥有融资担保,从而

---

① 雷晓康等:《西部地区社会治理研究报告》,2017 年 8 月 1 日,见 https://www.pishu.com.cn/skwx_ps/databasedetail? contentType = literature&subLibID = &type = &SiteID = 14&contentId = 8948706&wordIndex = 1。

具备从各种资金来源筹集资金的物质基础;同时,积极促成行业内资金整合,推动行业间资金统筹,并将二者相互衔接起来。其次,农户层面积极向各类金融机构申请小额信用贷款,以用于自身的生产活动。再次,对投资商而言,应及时把握乡村振兴的难得机遇,积极投资有发展潜力的边远地区农村,在实现经济效益的同时获得相应的社会效益。

在文化向度上,其解决了先期资金初步到位基础上如何寻找发展项目的问题。对边远农村而言,"文化"并不是一种停留于纸面的纯粹精神性产物,而是根植于乡土实际的"物质性产业"。这一产业既可以丰富边远农村居民和乡村旅游者的文化生活,更可以带来可观的经济收益,从而充实财力,推动"财产权实现"的财力匮乏难点的破解。根据王亚南的《中国文化产业供需协调检测报告(2018)》相关数据,在宁夏,无论是在城市,还是在乡村,居民文教领域消费的总量和人均值都保持了良好的发展态势。从"乡村人均值"来看,1996 年为 82.63 元,2001 年为 132.35 元,2016 年达到 1077.45 元;从"城镇人均值"来看,1996 年为 262.57 元,2001 年为 542.39 元,2016 年达到 2415.66 元;从"乡村总量"来看,1996 年为 3.096 亿元,2001 年为 4.924 亿元,2016 年达到 32.003 亿元;从"城镇总量"来看,1996 年为 3.737 亿元,2001 年为 10.113 亿元,2016 年达到 90.446 亿元。(见图 2-1)由此可见,在这样的增长态势之下,边远农村可以充分利用城乡居民文教消费的迫切需求,发展文化创意和旅游产业,从而在满足群众需求的同时获得良好的经济收益。

在生态向度上,边远农村的文化产业开发,应将乡土人文资源与其固有的自然生态资源紧密结合,协同发掘、共同发展。根据时雨晴的《中国陆地边境县(市)旅游竞争力的提升途径研究》,西藏边境地区代表性旅游资源主要有珠穆朗玛峰生物圈保护区、玛旁雍错湿地、雅砻河风景名胜区、土林—古格风景名胜区等。(见表 2-3)可见,在西部地区,基于自然生态的旅游资源要多于"自然与文化融合"的旅游资源,因此,在西部地区的边远农村,大力推进人文旅游与自然旅游的融合发展具有较为重要的价值与意义。

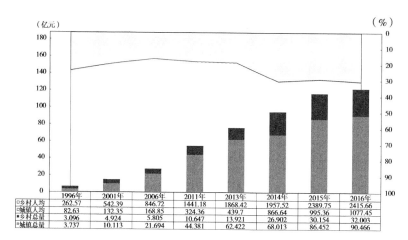

	1996年	2001年	2006年	2011年	2013年	2014年	2015年	2016年
乡村人均	262.57	542.39	846.72	1441.18	1868.42	1957.52	2389.75	2415.66
城镇人均	82.63	132.35	168.85	324.36	439.7	866.64	995.36	1077.45
乡村总量	3.096	4.924	5.805	10.647	13.921	26.902	30.154	32.003
城镇总量	3.737	10.113	21.694	44.381	62.422	68.013	86.452	90.466

图 2-1　宁夏城乡文教消费总量和人均值增长态势①

表 2-3　西藏边境地区代表性旅游资源②

分类	旅游资源
世界生物圈保护区网络	珠穆朗玛峰生物圈保护区(定日县)
国际重要湿地名录	玛旁雍错湿地(普兰县)
国家重点风景名胜区	雅砻河风景名胜区(洛扎县)、土林-古格风景名胜区(札达县)
国家 4A 级旅游景区	珠穆朗玛国家公园(定日县)、神山圣湖(普兰县)
国家森林公园	玛旁雍错国家森林公园(普兰县)、班公湖国家森林公园(日土县)
国家地质公园	札达土林国家地质公园(札达县)
国家级自然保护区	珠穆朗玛峰(定日县、定结县、吉隆县、聂拉木县)、雅鲁藏布大峡谷(墨脱县)、羌塘自然保护区(日土县)、察隅慈巴沟(察隅县)

---

① 邓云斐:《宁夏:弥合城乡比增长目标测算第 8 位》,2018 年 3 月 1 日,见 https://www.
pishu.com.cn/skwx_ps/databasedetail? SiteID = 14&contentId = 9561269&contentType = literature&su-
bLibID = undefined。

② 时雨晴:《中国陆地边境县(市)旅游竞争力的提升途径研究》,2018 年 10 月 1 日,见
https://www.pishu.com.cn/skwx_ps/multimedia/ImageDetail? type = Picture&SiteID = 14&ID = 1106-
1485&ContentType = MultimediaImageContentType。

分类	旅游资源
省级自然保护区	搭格架喷泉群(萨嘎县)、玛旁雍错湿地(普兰县)、札达土林(札达县、普兰县)、班公错湿地(日土县)
国家重点文物保护单位	吉堆吐蕃墓群(洛扎县)、色喀古托寺(洛扎县)、门塘·得乌琼石刻(洛扎县)、曲德寺(吉隆县)、卓玛拉康(吉隆县)、大唐天竺使出铭(吉隆县)、科迦寺(普兰县)、古格王国遗址(札达县)、托林寺(札达县)
中国非物质文化遗产	藏医药(洛扎县、错那县、浪卡子县)、羌姆(洛扎县)、定日洛谐(定日县)、陈塘夏尔巴歌舞(定结县)、藏族金属锻制技艺(仲巴县)、旦嘎甲谐(萨嘎县)、普兰果尔孜(普兰县)、藏族服饰(普兰县、墨脱县、察隅县)、宣舞(札达县)

总之,只有统筹谋划边远农村的"五位一体"建设,用"弹钢琴"而不是"单打一"的方式推进农民财产权的实现,才能取得较好的实践效果。不仅如此,边远农村党的建设也要和"五位一体"建设融合开展。《中共中央国务院关于实施乡村振兴战略的意见》指出:"统筹推进农村经济建设、政治建设、文化建设、社会建设、生态文明建设和党的建设,加快推进乡村治理体系和治理能力现代化,加快推进农业农村现代化,走中国特色社会主义乡村振兴道路"①。因此,实施乡村振兴战略,推进边远农村财产权实现,必须坚持党的全面领导,各项建设协同推进,不断提升乡村治理的能力和水平。

第二节　推动城乡融合发展

破解西部边远地区农民土地财产权实现的难点问题,必须贯彻"城乡融合发展"的方法论原则。《中共中央国务院关于实施乡村振兴战略的意见》指出:"坚持城乡融合发展……加快形成工农互促、城乡互补、全面融合、共同繁荣的新型工农城乡关系。"②对此,应当进一步推动城乡要素的自

---

① 《中共中央国务院关于实施乡村振兴战略的意见》,人民出版社2018年版,第4页。
② 《中共中央国务院关于实施乡村振兴战略的意见》,人民出版社2018年版,第7页。

由流动与平等交换,捋顺财产权转让的市场机制;推动新型工业化、信息化、城镇化与农业现代化同步发展,增强财产权实现动力;加快形成新型工农城乡关系,推进土地流转规范化。

一、推动城乡要素的自由流动与平等交换,捋顺财产权转让的市场机制

如果说"注重政策的协同性与关联性"是促进边远农村财产权实现的首要方法论原则的话,那么"推动城乡融合发展"则是这一方法论原则的延伸和拓展。推动城乡融合发展,首先要推动城乡要素的自由流动与平等交换。何为"城乡要素"? 从这个概念的内涵来看,主要指城市和乡村的生产要素。而就生产要素而言,高帆认为,它是"指人们进行社会生产经营活动时所需要的各种资源,或维系国民经济运行及市场主体经营过程所必需的基本因素的统称"①。因此,要推动城乡要素的自由流动与平等交换,就必须促进城市和乡村生产经营过程中的各类资源自由流动与平等交换。如何做到这一点呢?

首先,以"土地"为核心建设城乡一体化生产要素市场。该类市场既包括拥有现实交易场所的实体性市场,也包括基于互联网交易平台的虚拟性市场。从实体性市场来看,政府部门应对该类市场的发展提供政策、资金、场地等方面的支持,让其不断扩展业务规模,提升土地等生产要素交易的频次。与此同时,要不断降低实体性市场在进行土地交易时的成本水平,简化交易流程,让交易人在信息获取、协商谈判、协议签署方面获得便利。尤其是在协商谈判和协议签署环节,市场部门应做好相关服务工作,让交易人的交易活动更为顺畅。从基于互联网交易平台的虚拟性市场来看,市场的运营部门应积极采用当前最为先进的 5G 等数字技术,构建高效运行的互联网土地等生产要素的交易平台,这事实上需要高等院校、科研院所、高科技

---

① 高帆:《中国城乡要素交换关系完善的理论研究与市政分析》,上海人民出版社 2016 年版,第 53 页。

公司的大力支持,尤其是高科技公司可以直接为此类市场提供网络平台的设计与维护服务。总之,要"线上"与"线下"相结合,不断打造城乡一体化的土地及其他生产要素的交易市场,实现城市与乡村之间资源要素的自由流动。事实上,从实践来看,我国西部边远地区的城乡一体化水平尽管近年来不断提升,但是,同东中部地区相比,仍然有不小的差距,还有不少工作要做。根据《中国城乡发展一体化指数》数据,2006 年我国西部地区的城乡一体化指数分值是 0.2656,2008 年为 0.3404,2010 年为 0.3953,2011 年为 0.4401,2012 年为 0.4764,2013 年为 0.5029,各个年份的指数水平均低于东中部地区。(见表 2-4)

表 2-4　中国及各大区域城乡发展一体化总指数分值①

区域	2006 年	2008 年	2010 年	2011 年	2012 年	2013 年
全国	0.3834	0.4603	0.5119	0.5513	0.5929	0.6216
东部	0.5529	0.6262	0.6819	0,7188	0.7698	0.7990
中部	0.3117	0.3954	0.4388	0.4795	0.5150	0.5470
西部	0.2656	0.3404	0.3953	0.4401	0.4764	0.5029
东北	0.3934	0.4765	0.5193	0.5449	0.5861	0.6148

其次,运用关联性产业政策,培育城乡共享土地等生产要素的能力与机制。涉及城市与农村的关联性产业政策对于城乡融合发展,提高流转后土地的经济收益至关重要。过去,城市与农村的产业政策常常分开设置,导致城乡产业脱节,无法共享生产要素资源。实施乡村振兴战略之后,应进一步加强城乡之间土地等生产要素的"共享机制与平台",让农村的生产经营主体与城市的生产经营主体在生产要素水平上实现"同等待遇"。这种"共享机制与平台"本质上是公共基础设施,因而可以纳入城乡基础设施建设的总盘子,对此,政府部门应加大投资力度,并引入各类社会资本共建该类平

---

① 朱钢等:《中国城乡发展一体化指数——2006—2013 年各地区排序与进展》,2015 年 10 月 1 日,见 https://www.pishu.com.cn/skwx_ps/multimedia/ImageDetail? type = Picture&SiteID = 14&ID = 7002870&ContentType = MultimediaImageContentType。

台。与此同时,农民自身也应当积极参与"共享平台"的建设,主动向政府部门提出自己的意见与建议,推动共享平台早日建成、完善。从实践来看,这也涉及如何调动农民的积极性问题,只有共享机制与平台真正发挥应有的作用、功能,用流转后土地所实现的经济收益来反推土地流转的实效,让农民尝到财产权实现的甜头,这一平台才能吸引越来越多农民的广泛参与,越建越好,真正成为城乡融合发展的利器。

再次,落实农民平等参与现代化进程的经济权利。一方面,在现代化进程中,应充分赋予农民参与现代化进程的"经济话语权"。"经济话语权"是农民在经济活动中的基本经济权利之一,涉及其基本利益的保护和实现。过去,在农村征地、拆迁的过程中,失地农民的话语权往往不充分,由此造成了农民经济利益的损失。因此,在现代化、城镇化过程中,如何将农民的意志和意愿融入城乡发展政策,就成为必须解决的课题。需要指出的是,对农民经济话语权的保障必须"制度化",也就是建立一整套完善、合理的制度安排规范、疏通农民的话语表达,从而让农民的意见与建议及时被反映到政策层面,从而及时解决一些"共性"的农村经济问题,并化解、防范可能出现的社会矛盾。另一方面,科技管理部门、高等院校、科研院所应及时将"科技现代化"的成果输送到西部边远地区农村,将这些科技成果及时转化为农业发展的新动力。例如,5G、大数据、云计算、人工智能如何与农业现代化进程进一步紧密连接,这是需要研究和解决的问题。可以说,科技的现代化是国家现代化的引领力量,而农业和工业的现代化则是国家现代化的落脚点。因此,在现代化进程中,必须让科技落地生根,扎入到西部边远地区农村的广阔天地里,发挥其提升农业生产力水平、服务乡村振兴的应有功能。

二、推动新型工业化、信息化、城镇化与农业现代化同步发展,增强财产权实现动力

推动城乡融合发展的一个重要方面,是推动新型工业化、信息化、城镇化与农业现代化的同步发展。这里涉及四个概念,即"新型工业化""信息化""城镇化"与"农业现代化"。事实上,从城乡融合发展的角度来看,关键之处并不在于这四个概念的自身实现,而在于四个领域"同步发展"理念的实现。当前,我国西部边远地区的"农业现代化"水平还不够高。以部分省份农村水电站建设情况为例,根据国家统计局数据,2018 年农村水电站个数:甘肃为 598 个,青海为 251 个,宁夏为 3 个,新疆为 366 个;农村水电站发电装机容量:甘肃为 279.20 万千瓦,青海为 109.70 万千瓦,宁夏为 0.60 万千瓦,新疆为 213.80 万千瓦。(见表 2-5)这一建设水平还不能满足西部边远地区经济发展的需求,因此,我们应从如下几个方面提升其发展速度,增强财产权实现的外在推动力。

表 2-5   部分省份农村水电站建设情况

时间	品类	指标名称	地区	周期	单位	数值
2018	农村水电站发电装机容量	数量	陕西	年	万千瓦	157.80
2018	农村水电站个数	数量	陕西	年	个	693
2018	农村水电站发电量	数量	陕西	年	万千瓦时	422839
2018	农村水电站个数	数量	甘肃	年	个	598
2018	农村水电站发电装机容量	数量	甘肃	年	万千瓦	279.20
2018	农村水电站发电量	数量	甘肃	年	万千瓦时	1094117
2018	农村水电站发电装机容量	数量	青海	年	万千瓦	109.70
2018	农村水电站发电量	数量	青海	年	万千瓦时	521638
2018	农村水电站个数	数量	青海	年	个	251
2018	农村水电站个数	数量	宁夏	年	个	3
2018	农村水电站发电量	数量	宁夏	年	万千瓦时	690
2018	农村水电站发电装机容量	数量	宁夏	年	万千瓦	0.60
2018	农村水电站个数	数量	新疆	年	个	366
2018	农村水电站发电量	数量	新疆	年	万千瓦时	766399
2018	农村水电站发电装机容量	数量	新疆	年	万千瓦	213.80

数据来源:国家统计局。

其一,推动新型工业化与农业现代化的同步发展。从本质上说,这是要实现新型工业化与农业现代化的"动态平衡发展",同时让二者功能互补,相互促进。新型工业化的速度往往要快于农业现代化,于是,要保持"动态平衡发展",就要让其成为农业现代化的先导力量,不断带动农业现代化的发展进步。问题的核心在于,"新型工业"如何与"现代化农业"相结合。这事实上涉及两个层面的内容:一是政府部门的"机制建设",二是科研机构的"科技研发"。前者要求政府部门必须在制度安排上打通工农之间的壁垒,实现工农相互支撑;后者要求科研机构必须创造出能够满足农业生产需要的新型工业装备,以及满足新型工业发展需要的农业产品。总之,所谓"同步发展"并不是工业与农业彼此调整自己的发展步伐以实现"静态同步",而是通过优势互补、相互支持,实现"动态同步"与良性循环。

其二,推动信息化与农业现代化的同步发展。二者的同步发展要求信息技术融入到农业生产当中。当前,"物联网"运用于农业,形成"农业物联网",已经处于应用阶段,应大面积推广。这事实上是一种精细农业技术,将农业生产当中的各个要素用信息网络加以连接,实现统一管理,具有高效、高产、优质的特点。构建这样的农业模式,是"智慧农业"的必然要求。其中,更新软、硬件条件,在整个农业生产进行过程管理占据十分重要的位置。这种管理模式同时具有节能环保的特性,能够充分运用生产环节中的各类资源,减少浪费,实现农业集约化生产。例如,关于农业物联网的建设,"在蔬菜水果方面,全国先后建立了'山东蔬菜可追溯信息系统'、'山东深加工食品安全监管追溯系统'、'新疆吐鲁番哈密瓜追溯信息系统'及'江西脐橙产品溯源信息系统'等。这些系统均尝试在农产品的种植、管理、采收、包装、运输、销售等供应链全环节建立有效信息标识,提高产品的质量控制和流通效率"[①]。由此可见,只要政府部门用政策有效引导,科研机构用技术融入生产,金融机构提供必要的融资服务,农民、农业企业积极参与,农业物联网很快就可以建立起来。并且,其近期的目标理应是全国范围内的"农业大物联",让"信息化"真正走进农村、走进农业生产。

其三,推动城镇化与农业现代化的同步发展。当前,城市与农村的现

---

① 曹祎遐:《创新城市与智慧生活》,上海人民出版社 2015 年版,第 27 页。

代化进程仍然不平衡,但是,这恰恰说明发展农村经济、实现农业现代化有很大的空间可为。随着城镇化的逐步深入,应积极将城镇的消费潜力引入周边农村进行释放,带动农村新型农业产业的发展,这也必将推动农村土地的有效流转,激活农民土地财产权的实现。正是在这个意义上,农村的产业发展与城镇化水平紧密相连,前者为后者提供产业、资源的支撑,后者为前者提供发展的动力。因此,推动城镇化与农业现代化的同步发展,本质上是推动乡村经济"多重转型"的问题。既有城市的政策引导工作要做,也涉及乡村自身多元经济资源的开放问题。只有通过经济发展模式转型,西部边远地区才能摆脱地理位置偏远造成的不利影响,提升土地利用价值,提升土地流转频次,提高土地收益,最终更优质地实现土地财产权。

三、加快形成新型工农城乡关系,推进土地流转规范化

所谓"新型工农城乡关系",无疑是指新的"工业""农业""城镇""乡村"四者之间的关系,更具体地说,主要是新型的"工农关系"和新型的"城乡关系"。

一方面,应加快形成新型"工农关系"。在经济发展过程中,工业与农业的关系并不是天然合理的,在土地资源的争夺、水资源的调配以及人力资源的获取等诸多方面存在竞争与冲突关系。因此,如何协调工业与农业在资源分配当中的关系,成为了加快形成新型"工农关系"主要要解决的问题。在笔者看来,基于乡村振兴战略,要解决这一问题,必须首先淘汰工业领域各种高耗能、低产出的落后产能,腾出的资源可用于工农融合的绿色新兴产业,如信息化的制造业、优质型的服务业等。这样看来,新型产业的发展是实现工农融合的关键,也是有效提升流转后土地收益,从而反过来保障农民土地财产权实现收益的关键。关于这一点,可以学习重庆市九龙坡区的相关经验。"首先要加大银信部门的贷款支持力度,对运用土地流转进行规模经营、进行优势产业和新兴产业立项开发的,银信部门应积极给予贷款支持。其次要加强技术和信息服务……再次要积极向上争取专项资

金……对利用流转土地搞农业规模经营的优先投放资金。"[1]基于这些实践经验,应从政策、资金、技术三个方面推动土地向新兴、新型产业流转,在推动农民土地财产权实现的过程中促进乡村振兴,弥合工业与农业之间的冲突与分离。

具体而言,关于土地资源在工业与农业之间合理配置的问题,可以通过建立合理、可引导的土地流转市场机制来解决。土地资源和其他生产性资源类似,在市场经济条件下,也必须由市场来调节。对于这种调节,政府可以用政策扶持、资金支持等方式来引导。通过合理引导,让土地资源真正集中于有利于建立新型工农关系的领域,并发挥其经济功能,让出让土地的农民实现增收。关于水资源在工业与农业之间合理配置的问题,首先应严格禁止重度污染企业侵占农村水资源,从而保护农民土地财产不贬值,实现可持续发展;其次应建设打通城市和农村的"一体化水资源网络",让不同质量的水资源在不同的工业或农业领域发挥各自的作用,之后实现循环利用,减少水资源的浪费,提高水资源利用效率。关于人力资源在工业与农业之间合理配置的问题,主要是通过"适销对路"的人力资源培训,满足工业和农业生产的需要。原因在于,相对于产业发展,我国的人口数量仍然是充足的,问题的要义在于如何让"人口"转变为"人力资源"。这需要各级各类培训机构充分运用现有手段,分门别类地、根据工农生产一线的具体需要培训人才,由此便可以解决人力资源在工农之间的冲突、争夺问题。

另一方面,应加快形成新型的"城乡关系"。从现有数据来看,城乡之间的收入差距仍然较大,因而当前的任务仍然是确保农业持续、稳定发展,逐步弥合城乡"二元结构"。以青海省为例,根据国家统计局数据,其居民人均可支配收入在 2016 年为 17302 元,2017 年为 19001 元,2018 年为 20757 元,2019 年为 22618 元,2020 年为 24037 元;城镇居民人均可支配收入在 2016 年为 26757 元,2017 年为 29169 元,2018 年为 31515 元,2019 年

---

① 中共重庆市九龙坡区委政策研究室编:《重庆市九龙坡区 2002—2006 年调研成果汇编》,中共重庆市九龙坡区委政策研究室 2007 年,第 14 页。

为 33830 元,2020 年为 35506 元;农村居民人均可支配收入在 2016 年为 8664 元,2017 年为 9462 元,2018 年为 10393 元,2019 年为 11499 元,2020 年为 12342 元。(见图 2-2)由此可见,西部边远地区的城乡收入还存在一定差距。因此,加快形成新型的"城乡关系"就成为了西部边远地区的一项迫切任务。

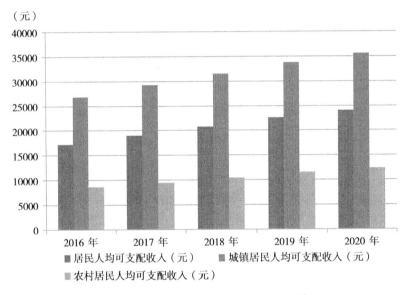

图 2-2 青海省城乡居民人均可支配收入情况

数据来源:国家统计局。

要加快形成新型的"城乡关系",关键是要在新型"工农关系"的基础上,打破农村居民增收较城市居民更为困难的"魔咒",拓展农民的增收途径。其中,"土地财产权的实现"与"新型城乡关系的形成"是在实践中辩证统一的一对范畴。"土地财产权的实现"可以通过释放土地活力,促成农民增收,从而弥合城乡差距,推动"新型城乡关系的形成";而"新型城乡关系的形成"可以进一步优化西部边远地区的产业结构、社会结构、市场结构,从而推动"土地财产权的实现"。因此,必须从现实问题入手,塑造二者之间的良性循环,推动"土地财产权的实现"与"新型城乡关系的形成"的共同发展。

具体而言,加快形成新型的"城乡关系"应从两个层面着手:一是从"优化市场机制"切入,提升城市与乡村之间资源分配的公平程度。过去,由于传统市场机制的问题,城市往往在资源享有中占据优势地位,较农村更容易获取优质资源。因此,今后的城乡改革应纳入"市场机制"变革的目标,让市场更公平,更多地发挥市场在城乡建设中的积极作用,避免出现其消极作用。二是进一步构建"城乡关系"的顶层设计,也就是今后一段时间城市和乡村面貌的整体规划。关于这一点,乡村振兴战略已有系统论述,问题在于必须将这些论述细化、具体化,从而真正让农民对更加富裕的生活有盼头、收益更多的土地有想法。

第三节　实现绿色发展

"实现绿色发展"是破解西部边远地区农民土地财产权实现难点问题的又一条方法论原则。《中共中央国务院关于实施乡村振兴战略的意见》提出"以绿色发展引领乡村振兴"[①]。要做到这一点,必须落实节约优先、保护优先的方针,注意财产权实现的生态效应;统筹山水林田湖草系统治理,提升农民财产的生态价值;严守生态保护红线,确保农民生态财产不贬值。

一、落实节约优先、保护优先的方针,注意财产权实现的生态效应

要实现绿色发展,必须落实节约优先、保护优先的方针。一方面,落实"节约优先"的方针。之所以确立这一方针,是由于各种生态资源已面临"相对短缺"的局面。例如,水资源短缺已成为一个日益严重的问题,这种稀缺性与粮食生产用水密切相关。根据《中国统计年鉴2015》数据,在2005年至2014年期间,我国"用水总量"和"农业用水量"整体上呈现出不断增长的趋势。2005年"用水总量"为5632.98亿立方米,其中"农业用水量"为3580亿立方米;2009年"用水总量"增长到5965.15亿立方米,其中"农业

[①]　《中共中央国务院关于实施乡村振兴战略的意见》,人民出版社2018年版,第8页。

用水量"为 3723. 11 亿立方米;2014 年"用水总量"又增长到 6094. 86 亿立方米,其中"农业用水量"为 3868. 98 亿立方米。(见表 2-6)

与水资源的状况类似,土地资源也处于"相对短缺"状况,因而在土地财产权实现的过程中,也应落实"节约优先"的方针。事实上,人们开放土地应本着高效利用的原则,避免土地资源的浪费,从而规避财产权实现的"负面生态效应",使得西部边远地区农村的发展可持续。何为"高效利用"?一个重要的方式就是构建"高标准农田"。"高标准农田建设,往往分为水田和旱地,提出地形部位、自然条件等选点要求,灌溉、排水、田间沟渠、田间机耕道等的工程技术要求,建立合理的水旱轮作制度、秸秆还田和种植绿肥、增施有机肥料、适量补充化肥等耕作培肥技术要求。"[1]因此,该农田类型基本可以实现旱涝保收,当前农村土地流转集中是"高效利用"的一种重要方式。总之,只有实现了土地资源的"高效利用",才能满足"节约优先"的原则要求,发挥财产权实现的"正面生态效应"。

表 2-6　农业用水量及比例变化情况[2]　　　　(单位:亿立方米、%)

年份	用水总量	农业用水量	农业用水比例
2005	5632. 98	3580	63. 55
2006	5794. 97	3664. 45	63. 24
2007	5818. 67	3599. 51	61. 86
2008	5909. 95	3663. 46	61. 99
2009	5965. 15	3723. 11	62. 41
2010	6021. 99	3689. 14	61. 26
2011	6107. 2	3743. 6	61. 3
2012	6141. 8	3880. 3	63. 18
2013	6183. 45	3921. 52	63. 42

① 张永红编著:《宁夏土地整治工作手册》,宁夏人民出版社 2015 年版,第 164 页。

② 魏后凯等:《中国农村经济形势分析与预测 2015—2016》,2016 年 4 月 1 日,见 https://www.pishu.com.cn/skwx_ps/multimedia/ImageDetail? type = Picture&SiteID = 14&ID = 6681045&ContentType=MultimediaImageContentType。

续表

年份	用水总量	农业用水量	农业用水比例
2014	6094.86	3868.98	63.48

资料来源:《中国统计年鉴2015》。

另一方面,落实"保护优先"的方针。之所以要落实这一方针,是由于土地等生态资源的"脆弱性",在土地开发中一定要做好"保护"工作,特别是防止土地"荒漠化"的蔓延。在我国西部边远地区,荒漠化仍然是一个严重的问题,根据2015年《中国荒漠化和沙化状况公报》数据,我国荒漠化土地"主要分布在新疆、内蒙古、西藏、甘肃、青海5省(自治区),面积分别为107.06万平方公里、60.92万平方公里、43.26万平方公里、19.50万平方公里、19.04万平方公里,5省(自治区)荒漠化土地面积占全国荒漠化土地总面积的95.64%;其他13省(自治区、直辖市)占4.36%"。[1]（见图2-3）这些地区的土地荒漠化是一个普遍性、长期性的问题。

从西部边远地区土地荒漠化的现状可知,推动农民财产权的实现,不能以荒漠化程度的继续加剧为代价,要注意财产权实现的生态效应,在创造"金山银山"的同时,留住"绿水青山"。原因在于,西部边远地区农民的土地财产是其实现财产权、增加收入的根本性基础,如果这个基础遭受破坏,农民的财产权实现就不具有可持续性,效果会大打折扣。那么,既然在土地利用中要防止荒漠化,应如何做好保护措施呢？首先必须明确荒漠化形成的根源,"干旱土地的过度放牧、粗放经营、盲目垦荒、水资源的不合理利用、过度砍伐森林、不合理开矿等是人类活动加速荒漠化扩展的主要表现。乱挖中药材、毁林开荒等更是直接形成土地荒漠化的人为活动。另外,不合理灌溉方式也造成了耕地次生盐渍化"[3]。因此,在土地财产权实现过程

---

[1]　国家林业和草原局:《中国荒漠化和沙化状况公报》,2015年12月29日,见http://www.forestry.gov.cn/main/65/20151229/835177.html。

[2]　国家林业和草原局:《中国荒漠化和沙化状况公报》,2015年12月29日,见http://www.forestry.gov.cn/main/65/20151229/835177.html。

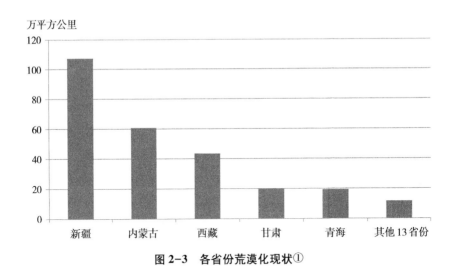

万平方公里

图 2-3　各省份荒漠化现状①

中,要防止土地荒漠化,必须遏制以上具有极大负面影响的行为,从而保护西部边远地区农民的土地财产不贬值。

二、统筹山水林田湖草系统治理,提升农民财产的生态价值

要提升农民财产的生态价值,必须统筹山水林田湖草的系统治理。如何深入研究这一问题呢?首先必须知晓人类的何种活动威胁到山水林田湖草的可持续发展。从当前的环境保护实践来看,采矿行业如果不注意其活动的生态效应,很容易造成环境整体质量的降低。从统计数据来看,西部边远地区的采矿企业与东部沿海地区相比,其在"绿色经营管理""绿色产品和技术""节能环保绩效"等方面均存在诸多不足。由《中国企业绿色发展报告(2015)》可知,位于北京的采矿企业"中国神华"的绿色发展评价"综合指标"为 0.617,"绿色经营管理"为 0.274、"绿色产品和技术"为 0.188、"节能环保绩效"为 0.156;与此同时,位于青海的采矿企业"西部矿业"的绿色发展评价"综合指标"为 0.333,"绿色经营管理"为 0.162,"绿色产品和技术"为 0.090,"节能环保绩效"为 0.081,与北京的"中国神华"相比,具

---

① 孙秀玲主编:《建设项目水土保持与环境保护》,山东大学出版社 2016 年版,第 68 页。

有较大差距。（见表2-7）

表2-7　采矿业企业绿色发展评价结果①

行业排名	总排名	代码	企业名称	综合指标	绿色经营管理	绿色产品和技术	节能环保绩效	省份
1	12	601088	中国神华	0.617	0.274	0.188	0.156	北京
2	31	601699	潞安环能	0.529	0.226	0.150	0.153	山西
3	51	601899	紫金矿业	0.494	0.191	0.165	0.138	福建
4	56	002340	格林美	0.484	0.182	0.150	0.152	广东
5	58	600497	驰宏锌锗	0.482	0.222	0.170	0.090	云南
6	88	601666	平煤股份	0.438	0.150	0.135	0.153	河南
7	206	601101	昊华能源	0.347	0.116	0.090	0.141	北京
8	218	002128	露天煤业	0.339	0.170	0.075	0.094	内蒙古
9	229	601168	西部矿业	0.333	0.162	0.090	0.081	青海
10	261	600123	兰花科创	0.319	0.148	0.070	0.101	山西

正是由于人类活动会对生态环境产生各种影响和作用，因而统筹山水林田湖草的系统治理必须充分考虑到对于生态资源开发的治理与管控。其中，地方政府部门的管理工作尤为重要。"一是要管环境保护方针；二是要管环境保护法规政策；三是要监督管理环境源头即环境规划、环境影响评价；四是监管污染物总量减排；五是管理环境技术标准、环境监测、环境质量评定；六是监管环境执法；七是管理环保能力及体制机制建设；八是监督管理环境目标责任考核与落实；九是监督管理环境安全。"②基于日常管理的强化，健全、完善统筹山水林田湖草系统治理的常态化机制，为农民拥有"足值"的土地财产做好工作。

---

① 李红玉等：《中国企业绿色发展报告 NO.1》，2015 年 8 月 1 日，见 https://www.pishu. com.cn/skwx_ps/multimedia/ImageDetail？type = Picture&SiteID = 14&ID = 5833981&ContentType = MultimediaImageContentType。

② 曾晓东：《NGO 的积淀与发展》，海洋出版社 2016 年版，第 156 页。

具体而言,主要要做好三个层面的治理工作:其一,政府层面的总体性引导。环境治理的核心方法并不是传统意义上的"封堵",而是当代意义上的"疏导"。虽然对于重污染企业的违法行为应予以强力"封堵",给予最严厉的处罚,但是不容忽视的是,地方政府在日常治理中,也应积极为有环保风险的企业做好服务工作。例如,帮助其评估环保风险的大小、程度与水平,协助其做好风险治理工作,并给予必要的政策支持。这本质上是一种"疏导"的做法,让企业的环境保护工作得到外界有力的支撑,从而避免其滑向违法的泥潭。所以,政府层面的总体性引导对于山水林田湖草的系统治理十分重要,必须有规划、有项目、有资金,从而充分发挥政府与市场的双重作用对环境治理工作产生最大化的正面影响。其二,生产经营主体层面的积极配合。在地方政府积极引导的前提下,包括企业、农户在内的多种生产经营主体应积极配合环境治理行为,加大资金投入、精力投入,把环境治理工作做好、做实。尤其值得注意的是,一些大型农业企业在其规模化生产过程当中,一定要对环境治理工作充分重视,将企业利润的一部分用来保护环境和排污处理,从而实现企业经营的社会效益。其三,科研机构层面的环保技术研发。当前,很多学者、大众认识到,"第四次工业革命"已经来临,是否可以借助科技的力量来提供环境治理的效率? 这应该成为环境科研机构考虑的问题。事实上,通过技术改造,企业可以用较低的成本达到较高的环境治理效果,从而激发其治理环境的动机与信心,从而提高环境治理工作的整体效果。因此,摆在科研机构面前的环保技术研发工作仍然是十分繁重的,为了资源财富不贬值,必须加强这项工作的开展。

三、严守生态保护红线,确保农民生态财产不贬值

在实现农民财产权,发展西部边远地区经济的同时,应严守生态保护红线,确保农民生态财产不贬值。以土地为代表的生态财产是农民安身立命之本,所以必须保护好土地资源,合理开发、利用土地。对此,生态文明建设意义重大。但是,西部边远地区生态文明建设的发展速度却不容乐观。根

据《中国生态文明建设发展报告 2015》的相关数据,在 2015 年,内蒙古生态文明建设发展速度在全国的排名为第 9 位,发展速度为 6.24%,发展速度变化率为 4.81%;宁夏生态文明建设发展速度在全国的排名为第 22 位,发展速度为 1.44%,发展速度变化率为 -11.79%;青海生态文明建设发展速度在全国的排名为第 16 位,发展速度为 3.89%,发展速度变化率为 3.66%;西藏生态文明建设发展速度在全国的排名为第 19 位,发展速度为 2.74%,发展速度变化率为 6.23%;新疆生态文明建设发展速度在全国的排名为第 26 位,发展速度为 -1.76%,发展速度变化率为 -4.16%;广西生态文明建设发展速度在全国的排名为第 23 位,发展速度为 0.88%,发展速度变化率为 -1.28%;云南生态文明建设发展速度在全国的排名为第 7 位,发展速度为 6.75%,发展速度变化率为 11.38%;贵州生态文明建设发展速度在全国的排名为第 8 位,发展速度为 6.32%,发展速度变化率为 5.67%。(见表2-8)由此可见,西部边远地区的生态文明建设发展速度参差不齐,个别省份亟待提速。

那么,在生态文明建设当中,如何做到严守生态保护红线呢? 主要有三个方面的内容:首先,改革、完善西部边远地区的土地等资源财产权制度,"对水流、森林、山岭、草原、荒地、滩涂等自然生态空间进行统一确权登记,明确国土空间的自然资源资产所有者、监管者及其责任,形成归属清晰、权责明确、监管有效的自然资源资产产权制度。完善自然资源资产用途管制制度,明确各类国土空间开发、利用、保护边界"①。确认资源财产所有者的目的,是让其真正知晓对自己资源财产的权利与义务,用利益机制引导其保护这些资源财产不受破坏;确认资源财产监管者的目的,是让其清晰地认识到其所管辖的生态资源,做好日常管理工作,让生态资源不流失。由此,可以将土地等生态资源的财产权分解到各个利益主体,形成针对性管理、保护的局面。

---

① 宋俭主编:《中国梦之中国道路》,武汉大学出版社 2015 年版,第 490 页。

表 2-8　2015 年民族八省区生态文明建设发展速度及速度变化率①

（单位:%）

地区	总体发展速度排名	生态保护	环境改善	资源节约	排放优化	总体发展速度	发展速度变化率
全国平均值	—	0.39	3.69	-0.55	6.63	2.54	-0.74
内蒙古	9	0.51	7.39	-10.56	27.61	6.24	4.81
宁夏	22	-0.30	1.99	0.95	3.13	1.44	-11.79
青海	16	0.15	3.20	6.67	5.55	3.89	3.66
西藏	19	31.52	-1.24	9.89	-29.20	2.74	6.23
新疆	26	0.52	-0.63	-5.10	-1.84	-1.76	-4.16
广西	23	0.39	0.08	-2.56	5.61	0.88	-1.28
云南	7	0.01	2.45	13.18	11.38	6.75	11.38
贵州	8	-0.11	4.43	12.70	8.27	6.32	5.67

资料来源:严耕主编:《中国生态文明建设发展报告 2015》,北京大学出版社 2016 年版,第 3、21、23 页表格。

其次,在土地财产权流转、实现过程中,建立生态风险评估机制。所谓"生态风险评估机制",是指评估、预测农村土地流转后产生生态问题的可能性概率的模式与平台。建设这一机制,一是要求政府部门要有专项资金、项目的投入与支撑,让平台能够建起来、用得好;二是需要高科技公司的加入,其可以解决平台构建的技术问题,并负责平台的日常维护、运营;三是需要土地流转的利益相关者积极提供数据参数,以便让评估结果更科学、准确。总之,土地流转的生态风险评估机制可以防止为图一时经济利益,而牺牲农民长远利益的"负面"流转行为,真正把西部边远地区农民土地财产权实现当作一项长期的事业来做,让农民的财产性收入增长真正做到可持续、常态化。

再次,在土地大规模流转之前,做好土地财产权实现的整体性规划。在

————————

　　①　张姗:《中国民族地区生态文明建设报告》,2017 年 12 月 1 日,见 https://www.pishu.com.cn/skwx_ps/databasedetail? SiteID = 14&contentId = 9254851&contentType = literature&subLibID = undefined。

这样的规划中,要事先划分好城镇用地的红线以及生态最为脆弱的地区和生态较为脆弱的地区,形成一整张土地流转控制的规划图。这样,便可以把工作做到前面,争取土地流转工作的主动权,让生态保护红线真正成为土地财产权实现的前提因素,在获取经济利益之前,首先考虑流转土地所处的生态区域位置,从而决定交易的可行性与方式。这样,就可以避免土地流转"散、乱、污"的状况,规避分散流转所带来的后续环境污染、破坏问题。事实上,这就是西部边远地区农民财产权达到"绿色实现"目标的顶层设计。所谓财产权的"绿色实现",是指不图短期利益,而从长远出发,在保护生态的前提下的财产权实现。这一理念要求各利益相关者,如地方政府、企业、农民,都从自己的权责出发,相互配合、协作,达到生态保护与收入增加的双赢效果。

第四节 "因地制宜"与"循序渐进"相结合

推动西部边远地区农民财产权的实现,必须坚持"因地制宜"与"循序渐进"相结合的方法论原则。《中共中央国务院关于实施乡村振兴战略的意见》指出:"坚持因地制宜、循序渐进。……不搞一刀切,不搞形式主义,久久为功,扎实推进。"①具体而言,一是要把握乡村差异性和发展走势的分化特征,提高农民土地财产权实现的地区针对性;二是要规划先行、突出重点、分类施策、典型引路,扎实推进农民财产权的实现。

一、把握财产权实现形式的差异性和分化特征,提高政策针对性

要做到"因地制宜"与"循序渐进"相结合,必须科学把握乡村差异性和发展走势的分化特征。例如,农民对土地资源拥有财产权,但是这些权利的状况却千差万别,具有不同的特点。从流转方式来看,"土地流转时,转移的产权可能是物权性质的——如转让、互换、抵押方式转移的产权,也可能

---

① 《中共中央国务院关于实施乡村振兴战略的意见》,人民出版社2018年版,第8页。

是债权性质的——如出租、转包方式转移的产权,也有的几乎不发生地权流转——如代耕"①。从这一总结出发,流转方式可以概括为六类,这六种类型的土地流转方式彼此之间也有着密切的联系,必须从整体上加以把握。

其一,从"转让"来看,通常的概念界定是,"土地转让就是土地使用权转让,指土地使用者将土地使用权再转移的行为,包括出售、交换和赠与"②。由于我国的土地是国家所有,农民个人只拥有土地的使用权,所以只存在使用权的转让,而不存在所有权的转让。但是,这种转让也是有收益的,如果是出售行为,那么就有买卖土地使用权的收益,主要是货币收入;如果是交换行为,那么就是用其他土地的使用权来与之进行交换,获取的是实物收入;如果是赠与,这是一种例外情况,行为主体是没有收益的。对于不同的转让方式而言,其特征、要求、渠道是存在差异的,因而在构建相应的政策时,也应差别对待,在共性的基础上体现出个性,由此更好地推动西部边远地区农民财产权的实现。

其二,从"互换"来看,这事实上也是一种"转让"行为,只不过没有直接的货币收入,而是直接取得对方的土地使用权。这种互换通常有一个前提,那便是交换土地的双方必须同处于一个农村集体经济组织之内,这本质上有利于小型地块转化为大型地块,进而有利于高标准农田的构建。在合理的互换之后,可以促进西部边远地区农村的规模化生产经营,建立更为集约、现代的农业生产模式。由此推之,在土地"互换"的基础上,也可以进一步采取土地"并地"的措施,实行"联耕联种",从而适度扩大土地的规模,构建土地合作机制,让有条件的西部边远地区从分散经营走向联合经营。

其三,从"抵押"来看,这本质上是一种融资行为,就具体概念界定而言,"土地抵押指债务人以土地使用权担保债务履行的法律行为。土地抵押是不动产抵押的最基本形式"③。在这里,提供担保的不是土地的所有

---

① 石冬梅:《基于非对称信息的农村土地流转问题研究》,中国农业出版社 2015 年版,第 29 页。

② 韦军主编:《行政执法实务》,广西人民出版社 2015 年版,第 304 页。

③ 黄安永等主编:《物业管理辞典》,东南大学出版社 1999 年版,第 340 页。

权,而是土地的使用权,但是仍然是一种不动产性质的抵押行为,具有十分重要的财产权实现和融资的作用。在农业生产中,农民有时会遭遇资金瓶颈,如果不加以解决,会造成其农业扩大再生产的障碍,于是,寻找一条有效的融资途径,便成为了需要考虑的问题。就此而言,土地"抵押"是一条很好的途径,农户可以借此筹措到充足的资金开展农业生产,从而实现增收。但是,问题的症结在于,由于西部边远地区土地价值偏低,银行等金融机构往往并不乐于将贷款借贷给农户,其会担心一旦贷款无法收回,土地的"变现"将成为一大难题,容易产生坏账、呆账。但是,这一问题也是可以解决的,关键在于地方政府部门的政策引导,打消金融机构的顾虑,让土地流转真正"活起来",从而让西部边远地区农民的土地财产权更易实现。

其四,从"出租"来看,这事实上涉及土地的经营权问题,基于此,还有一个更为创新的做法,也就是"经营权入股"。它实际上是土地出租的衍生形式,个体农民作为"股东",将自己土地的经营权作为股份,投入到"合作社"的生产经营中去,并定时按合作社盈利分红。在笔者看来,这一土地流转方式极其符合当前我国西部边远地区农村的土地状况,可以逐步在该区域推广这样的做法。地方政府对此可以加强分类引导,推动这一财产权实现形式的普及。

其五,从"转包"来看,"即土地的承包者将自己承包的土地全部或部分,以一定的条件发包给第三者,由第二份合同的承包人向第一份合同的承包人履行,再由第一份合同的承包人向原发包人履行合同的行为"①。这一方式也有利于土地适度集中,构建更具规模的大型地块,提高农业生产效率。

其六,从"代耕"来看,主要是将闲置土地利用起来,给有余力的农民替代其进行耕作,这种形式的土地流转形式十分灵活,只要双方签订相应的代耕合同,即可实现这种土地财产权。

---

①　孙家骥主编:《社会主义市场经济新概念辞典》,中华工商联合出版社 1996 年版,第768 页。

总之,必须根据财产权实现形式的差异性和分化特征,提高农民土地财产权实现政策的针对性,从而提高决策的科学性与效率。

二、规划先行、突出重点、分类施策、典型引路,扎实推进农民财产权的实现

在加速推进农民土地财产权实现工作的过程中,应注重规划先行、突出重点、分类施策、典型引路。第一,要"规划先行"。推进西部边远地区农民土地财产权的实现工作,必须事先有"顶层设计",根据西部边远地区农村的独有特点,制定出相应的规划方案,然后按步骤实施。过去存在一个问题,很多农民土地流转之后,成立了土地合作社,但是只是名义上的"合作",并没有实质性的联合生产经营,直接的动因是获取政府部门的农业补贴。因此,这种名义上的合作社缺乏整体性的长远规划,没有生产经营目标与方案。在未来的农业实践中,应改变这种"怪象",让土地流转形成的专业合作社有规划、有蓝图,一步步达到共同富裕的目标。

第二,要"突出重点"。这一做法本质上十分契合马克思主义的方法论原则,马克思说:"应当时刻牢记主要的东西"①。换句话说,做事情应"抓重点"。在推动西部边远地区农民土地财产权实现的工作过程中,我们也应以马克思主义重点论为指导,突出重点领域的工作,以主要矛盾的解决带动次要矛盾的解决,从而有针对性地突破财产权实现的实践障碍。那么,在实际工作中,应当抓哪些重点呢? 在笔者看来,主要是克服西部边远地区农民土地财产权实现的难点问题,包括地域边远难题、财力匮乏难题、机制孱弱难题、技术不足难题等。并且,在克服这些难点问题的过程中,也要注意抓"重点中的重点"。例如,对于地域边远难题而言,主要是地理位置偏远和地形地貌狭小两个问题。就前者来说,可以采用"现实"和"虚拟"两种解决方法。"现实"的解决方法是加强农村基础设施建设,架桥修路,拉近西部边远地区与东中部地区的空间距离,从而推动土地价值的增值,营造农民

---

① 《马克思恩格斯全集》第 38 卷,人民出版社 1972 年版,第 270 页。

土地财产权实现的有利条件。"虚拟"的解决方法是运用互联网和物联网技术,加强西部边远地区的数字农业建设,以数字化克服地域边远难题。对于财力匮乏难题而言,主要是多种融资渠道的开拓,既包括政府层面的渠道,也包括民间层面的渠道。政府层面要设立针对西部边远地区农民土地财产权实现的专门融资项目,简化融资程序,降低融资成本,并以这些项目引导、推动民间资本的注入。可以预见,如果西部边远地区的土地流转经营存在较大利润空间的话,民间资本是有大量注入的可能性的。对于机制羸弱难题而言,主要是土地流转机制和土地流转纠纷调解机制的创新问题。前者直接关系到土地流转的效率,可以充分运用市场手段,建立政府调控与市场配置相结合的新型土地流转机制,在信息传递、流程管理方面优化现有机制,从而解决西部边远地区农村土地流转机制羸弱的问题。后者本质上是法制建设的问题,要健全、完善西部边远地区农村有关土地流转的法律制度,并建立与之配套的纠纷调解机构,从而从法律途径与调解途径两个方面"双管齐下"化解土地流转过程中的各种纠纷矛盾。对于技术不足难题而言,主要是加强科研机构的农业科技研发和高等院校的农业人才培养。前者要求科研机构从西部边远地区的特有地质、地貌出发,研发农用装备;后者要求高等院校培养人才队伍时要"适销对路",能够满足西部边远地区农业生产的客观需求。总之,只要注意突出西部边远地区农民土地财产权实现工作的重点,就可能达到事半功倍、水到渠成的效果。

第三,要"分类施策"。所谓"分类施策",在这里是指根据西部边远地区农民土地财产权实现的类型差别和地域差别,实施不同的工作策略。对于财产权实现的类型差别,上文已有所论述;而对于地域差别,主要是指同处西部边远地区,但有可能地理位置、地形地貌存在巨大差异。例如,新疆和贵州同处于西部边远地区,但前者处于西北部,以沙漠为其地质特征;而贵州则处于西南部,以山地为其地质特征。那么,在财产权的实现过程中,就必须考虑到这些差异与区别,从而实现精准施策。

第四,要"典型引路"。列宁在谈到用具有代表性的典型公社来引领全体公社发展时说:"这样我们就能够而且一定会使榜样的力量在新的苏维埃俄国成为首先是道义上的、其次是强制推行的劳动组织的范例。"①因此，所谓"典型"，在这里主要是"榜样"。推进西部边远地区农民土地财产权实现工作，新的政策措施可以在一些地区展开试点，在获得成功后，再根据"典型引路"的原则在其他地区逐步铺开。要做好"典型引路"，关键在于两点：一是选择好试点地区，要选择那些适合新政策实施的地区首先开展，这需要实践工作者做好预先调研，摸清试点地区的实际情况，以免陷入"盲人摸象"的误区；二是在试点地区中选择好"引路"的"典型"，作为其他地区学习的榜样，这需要对试点效果进行综合评估，通过数据统计和问卷调查，最终得出试点效果的结论，从而确定该地区是否可以作为新政策全面铺开的典型。总之，"典型引路"和规划先行、突出重点以及分类施策一样，都是扎实推进农民土地财产权实现的科学方法论，有助于把工作做好、做优。

---

① 《列宁全集》第34卷，人民出版社1985年版，第136—137页。

第三章　基于生产经营变革的财产权实现 理论创新与地域边远难题的破解

农业生产与自然环境息息相关,马克思说:"撇开社会生产的不同发展程度不说,劳动生产率是同自然条件相联系的。"①因此,地域边远难题造成了边远地区农业生产经营的滞后性,从而导致土地流转的低效率,最终阻碍着农民土地财产权的实现。针对边远农村地形地貌不适合大规模农业生产、边远农村基础设施难以满足现代农业发展要求、边远农村土地经营价值低与流转机会少的"地域边远"难题,要推动西部边远地区农民财产权的实现,必须发展数字农业,弥补地域劣势;兴建智慧农林水利工程,完善基础设施;同时,构建乡村共享经济、创意农业,提升土地价值。

第一节　发展数字农业,弥补地域劣势

破解地域边远难题,首先必须发展数字农业,弥补地域劣势。《中共中央国务院关于实施乡村振兴战略的意见》提出"大力发展数字农业"②,因此,在推动西部边远地区农民土地财产权实现的过程中,要开展数字农业的平台建设、数字农业的技术更新、数字农业的生产应用等工作。

---

① 《马克思恩格斯全集》第23卷,人民出版社1972年版,第560页。
② 《中共中央国务院关于实施乡村振兴战略的意见》,人民出版社2018年版,第10页。

一、加强数字农业平台建设,夯实流转后土地的生产经营基础

地域上的劣势,导致西部边远地区农村土地财产价值不高,由此形成土地财产权实现上的难题。因此,发展数字农业,对于提升土地财产价值,提高土地利用效率,增加流转机会具有十分重要的意义。"数字农业……是指将遥感、地理信息、全球定位系统以及电脑、通信和网络、自动化设备等高新技术与地理学、农学、生态学、植物生理学、土壤学等基础学科有机结合,对农作物发育生长、病虫害发生、水肥状况变化以及相应的环境因素进行实时监测,定期获取信息,建立动态空间多维系统,模拟农业生产过程中种种现象。"[①]具体而言,可分为以下几个方面:第一,将"遥感"技术运用于流转后土地的农业生产。从实践来看,"遥感"技术主要是对农田进行远程、非接触的观测与观察,获取第一手的数据资料,并反馈给农业生产者,从而指导现代农业生产。在评判"遥感影像"的时候,可以综合运用很多学科的知识与技术,如地理学可以从地质结构方面指导相关评判过程,并结合农学的专业知识,就可以得出相对科学的观测结论。

第二,将"地理信息"技术运用于流转后土地的农业生产。从本质来看,这事实上是基于现代化观测手段,最大限度地获取关于农田等生产要素的空间信息,通过信息的多维分析,可以服务于一线农业生产。不仅如此,由于"时序性"是"地理信息"的一大特点,因而运用这一技术可以掌握不同时间段内农田、水源、气象以及基础设施的不同状况,从而为农业生产经营过程中的决策提供最为精准的依据。由此可见,这一技术作为数字农业的重要组成部分,在整个"技术库"中占据着十分重要的地位。

第三,将"全球定位系统"运用于流转后土地的农业生产。关于"全球定位系统",目前主要是 GPS 和"北斗"两种类型,在后者全面组网成功后,会逐步替代前者,成为中国数字农业生产的主力定位装备。例如,"全球定位系统"可以为从事西部边远地区农业生产的农业机械,提供高精度的定

---

① 刘明勇主编:《经济工作实用词解》,经济管理出版社 2008 年版,第288页。

位服务。定位的目的是为了导航,引导这些农业机械开展精确化的农业深耕、播种等活动,从而提高工作效率。

第四,将"电脑"运用于流转后土地的农业生产。"电脑"的运用在现代农业生产经营中十分普遍,一是体现在"生产"环节,二是体现在"经营"环节。在"生产"环节,电脑可以作为农业生产的控制终端,获取各种农业生产数据,并加以分析、整理,最后反馈给农业生产管理者,以提高农业生产的效率。在"经营"环节,电脑可以作为农产品的销售工具,农民在此化身为"农业电商",通过互联网销售其所生产的农业产品,从而打开销路,实现经济效益。前者本质上是将电脑作为了物联网的"内核",而后者是将电脑作为农业互联网销售途径的一个环节。总之,由于数字农业本身的特点和特性,使得电脑在其中具有十分重要的地位,因而必须注重电脑类型的选择与更新,及时升级硬件与软件,创造出更大的数字农业收益。

第五,将"通信和网络"技术运用于流转后土地的农业生产。"通信和网络"在这里主要是互联网与物联网。互联网是人与人相联,而物联网是物与物相联,所以很容易得出结论,互联网管销售,物联网管生产,前面已有所论述,不再赘述。

第六,将"自动化设备"运用于流转后土地的农业生产。"自动化设备"事实上是数字农业最为鲜明的特征和优势,没有这种设备的农业就不能称之为数字农业。例如,"目前最成熟的农业自动化机器,当属奶牛的自动饲养和自动挤奶设备。奶牛的牛奶产量并不是稳定的,它会随着奶牛的生理状态而改变。在不同的时段,要给奶牛喂养不同数量的精饲料来提高成本收益比,而每天两到三次的挤奶工作也可以由机器来代劳"[1]。因此,如果西部边远地区土地流转后,组成的是养殖合作社,就可以大量采用这种自动化设备,不仅可以提高牛奶的产量,还可以节省人力、节省成本,如果加之物联网的运用,则可以远程控制,全面提升养殖效率和经济效益。

总之,加强数字农业平台建设,对于弥补西部边远地区农村的地域劣

---

① 董春利编著:《机器人应用技术》,机械工业出版社 2015 年版,第 296 页。

势,夯实流转后土地的生产经营基础大有益处,可以根据各地区的经济、技术条件逐步展开这项农业技术升级工作,从而从生产端有效地推动农民土地财产权的实现。

二、加强数字农业技术创新,降低流转后土地的生产经营风险

西部边远地区发展数字农业,不仅体现在平台建设上,还体现在技术更新中。西部边远地区农村相比东中部地区农村,在地域的利用价值上大多存在劣势,因此,发展并及时更新数字农业技术,就成为了其将潜在的土地财产权化为现实的经济收益的重要措施。

要实现数字农业技术的及时更新,关键是构建一整套技术更新的科学机制。首先,要构建数字农业技术更新的协同机制。什么是"协同"?"其概念来自自然科学,是存在于系统演化过程中的一个普遍原理。德国著名物理学家赫尔曼·哈肯(Herman haken)把'协同'定义为系统的各部分之间相互协作,使整个系统形成微个体层次所不存在的新质的结构和特征。"①因此,从本书的视角出发,"协同"理应是各个农业经济主体建立在协作基础上的重新整合。那么,如何通过协作来重新整合农业经济主体,从而推动数字农业技术更新呢?一方面,从技术本身来讲,必须让"技术研发者"与"技术应用者"处于同一研发平台之中,由此提升技术更新的针对性。在这个平台上,"技术应用者"会把自己所需要的技术类型、指标、用途发布出来,而各类"技术研发者"可以及时下载、获取这些信息,然后开始技术研发。在研发过程中,"技术研发者"可以通过平台随时询问"技术应用者",以便让产品更契合农业实践。在新技术研发出来之后,"技术研发者"可以通过平台及时发布试用信息,吸引"技术应用者"前来试用、购买。但是,购买技术是要付费的,本质上遵循的是市场规律。在购买到更新后的数字农业技术及配套产品后,"技术研发者"既可以通过平台对"技术应用者"进行在线培训,也可以在平台上预约培训时间,然后在实体场地中进行培训。通

---

① 徐君主编:《企业战略管理》第 2 版,清华大学出版社 2013 年版,第 171 页。

过培训,可以更好地使新技术迅速转化到实际应用当中去。在实际使用了新型数字农业技术之后,"技术应用者"还可以通过平台将技术的改进建议反馈给"技术研发者",从而为下一次技术更新创造条件。另一方面,政府、金融机构、科研机构、农户等农业经济主体,要统一形成数字农业技术更新的产业链条。政府部门负责技术更新的政策引导与平台构建,金融机构负责解决技术更新的投融资问题,科研机构负责技术的具体研发,农户要积极参与到数字农业技术的更新中来,多提宝贵意见。基于此,才可能构建数字农业技术更新的协同机制,降低流转后土地的生产经营风险。

其次,要构建数字农业技术更新的"倒逼"机制。何为"倒逼"机制? 在这里,顾名思义,就是通过政府政策引导,将市场竞争的外在压力及时传导到农业经济主体,促使其不断更新数字农业技术,从而提高生产效率。由此可见,"市场"是实现倒逼机制的关键之处。只有建立了城乡统一的"大市场",包括土地在内的各种生产要素能够自由流动,才可能让市场竞争造成的压力转变为技术更新的动力。此外,"市场竞争的规范化"在整个倒逼机制的建立中也具有十分重要的地位。试想,如果市场竞争不规范,有人可以从中投机取巧,不改进农业生产技术,而是以钻市场漏洞、政策空子为主要手段赢得竞争,会严重影响到数字农业技术更新"倒逼"机制发挥作用,从而降低生产效率,不利于农业生产的发展。因此,市场要素的流动性与运行过程中的规范性,是建立"倒逼"机制的两个重要因素,政府部门在施政过程中理应加以重视,对出现的实践问题也理应予以解决。

再次,要建构数字农业技术更新的"人才培养"机制。人才是技术更新的主体,没有人才的支撑,技术更新就是一句空话。那么,如何培养人才呢? 主要还应从优化高等院校的农业人才培养入手。当前数字农业的人才供给仍然存在缺口,而高等院校的针对性培养则显示出针对性不强的弱点。换句话说,高等院校培养出的数字技术人才,可能并不一定能够满足数字农业发展的需求,由此造成这个人才缺口短时间内难以弥合。原因在于,农业数字技术人才必须具备两个方面的知识储备,一是"数字技术",二是"农业"。在过去高等院校的计算机人才培养中,往往只是注重"数字技术"的学习,包括硬件和软件的知识、技能,但是这样培养出来的人才往往缺乏"农业知识"储备,不了解一线农业生产的技术特点与需求特点,于是在其走上农业数字技术研发与应用的工作岗位后,其推动技术更新的能力在短时间内难以真正形成。因此,优化高等院校的数字农业技术人才培养,对于该项技术的持续更新具有重要的意义。

总之,加强数字农业技术更新,可以提升流转后土地的生产经营效率,同时降低其生产经营风险,从而推动西部边远地区农民财产权的实现,是一项必须完成的工作。

三、加强数字农业生产应用,提升流转后土地的生产经营效益

农业生产数字化,是数字农业的重要组成部分。"充分运用数字地球技术为核心的信息技术建成集数据采集、数字传输网络、数据分析处理、数控农业机械为一体的数字驱动的农业生产管理体系,实现农业生产的数字化、网络化和自动化。"①事实上,农业生产数字化要求农业生产者要掌握现代数字技术,特别是互联网技术和物联网技术;善于在农业生产中获取数据、分析数据与应用数据;并且,还要懂得如何将自动化技术融入农业生产,以最大限度地节约人力、提升效率。因此,加强数字农业生产应用,关键是要做到两点:一是懂"数据",二是懂"自动化"。

从懂"数据"来看,主要是懂得如何在农业生产中运用"大数据"技术。什么是"大数据"技术?其通常与"小数据"相对,如果说"小数据"是通过抽样调查而得出的、涵盖"部分"调查对象的数据集,那么"大数据"则是通过现代"云技术",搜集得出涵盖"全部"调查对象的数据集。因此,"大数据"相比"小数据",其数据更为精确、全面,有利于准确把握农业生产的第一手信息,是农业生产经营的得力帮手。正因为如此,现代农业生产者理应懂得"大数据"技术,并且能够运用"大数据"技术,从而提升流转后土地的生产经营效益。

---

① 李绍稳主编:《大学信息技术基础教程》,清华大学出版社 2012 年版,第 304 页。

从懂"自动化"来看,首先必须明白"自动化"的概念及原理,然后能够操作相应的自动化设备。"什么是自动化呢? 通俗地讲,就是在没有人参与的情况下,对一个对象进行控制,让控制对象按照预想的方式工作。"①自动化运用于农业生产当中,也就是在无人劳动的前提下,让机器代替人完成农业生产任务。当前,农业的"自动化"技术实际上已有一定成熟度,当务之急是这项技术的普及问题。在农业自动化技术的普及过程当中,主要抓好三个方面的工作:一是自动化技术本身的成本要降下来;二是自动化技术应用的"门槛"也要降下来;三是懂得应用自动化技术的职业农民人数要升上去。

从第一个方面来讲,当前农业领域的自动化技术成本仍然过高,这不利于该项技术的大面积普及,对于西部边远地区农村而言尤其如此。原因主要在于,"工业机器人所需大量投资由工厂或工业集团支付,而农业机器人以个体经营使用为主,如果不是低价格就很难普及"②。因此,普及农业自动化技术的第一步,便是大幅度降低农业自动化设备的生产成本,从而降低其销售和使用成本。那么,在当前科技研发成本、人力资源成本日渐上升的大环境下,如何降低农业自动化设备的生产成本呢? 主要有两条途径:一靠"科技进步";二靠"设备产量"。"科技进步"是降低生产成本的一个重要方法,只有研究新材料、更换新工艺,生产农业自动化设备的成本才会真正降下来;与此同时,"设备产量"也是降低成本的一大法宝。对于同一款农业自动化设备而言,设备产量越大,就意味着研发成本"分摊"的产品数量越多,这样每一件产品所承担的研发成本回收任务就越少,于是就降低了农业自动化设备的单价,并由此降低农民购买这类设备的成本。

从第二个方面来讲,当前普通农民开展农业自动化技术应用的"门槛"仍然过高。这里的"门槛",指的是操作农业自动化设备的难度仍然较高,

---

①　洪傲主编:《高考专业详细介绍与选择指导》,北京理工大学出版社2016年版,第185页。

②　万百五等编著:《控制论:概念、方法与应用》第2版,清华大学出版社2014年版,第302页。

难以满足普通农民的技术需求。对于普通农民而言,他并不是技术研发人员,因而不可能懂得大量农业自动化技术的专业知识,也无法掌握难度较大的自动化设备操作技能。因此,未来农业自动化技术提升的空间理应在农民只需经过简单的培训,就可以像使用数码相机那样操作农业自动化设备,从而大幅度降低应用农业自动化技术的"门槛",提高使用者的数量,实现技术普及。

从第三个方面来讲,如果短期内难以实现农业自动化设备应用"门槛"的降低,那么就应当大幅度增加懂得应用自动化技术的职业农民的数量。"职业农民",顾名思义,与"普通农民"相比较,其"是国家工业化、城市化达到相当水平之后,伴生的一种新型职业群体,也是农业内部分工、农民自身分化的必然结果"[1]。在这里,职业农民是同整个社会工业化水准相适应的群体,他们懂得将各种工业领域当中的各种新成果及时运用到农业生产当中,从而提升农业的生产效率与效益。职业农民的一大特点是懂技术、懂应用,能够操作诸如农业机器人这样的农业自动化设备,因而是农民中的佼佼者。未来,政府部门应通过政策引导,培育出更多能够应用农业自动化设备的职业农民,从而加强数字农业的生产应用,提升流转后土地的生产经营效益。最终,用现实的经济效益吸引更多农业经济主体参与到土地流转、股份合作社建设中来,加速农民土地财产权的实现进程。

第二节　兴建智慧农林水利工程,完善基础设施

兴建智慧农林水利工程,完善基础设施,是破解地域边远难题的一项重要对策。《中共中央国务院关于实施乡村振兴战略的意见》提出"实施智慧农业林业水利工程"[2]的政策措施,要贯彻这一政策措施,必须实施水资源的智慧调控、水资源的智慧灌溉以及水资源的智慧循环。

---

① 吕贤谷主编:《中国三农工作研究》下卷,经济日报出版社 2013 年版,第 1711 页。
② 《中共中央国务院关于实施乡村振兴战略的意见》,人民出版社 2018 年版,第 10 页。

一、兴建智慧农业水利工程

兴建智慧农林水利工程,可以完善西部边远地区农村基础设施,进一步破解地域边远难题。那么,这一针对性极强的政策措施应从何处着手呢?在笔者看来,首先应兴建"智慧农业"水利工程。何为"智慧农业水利工程"? 主要是为智慧农业配套的水利工程,正如郭淑敏等所说:"智慧农业的发展需要相当完备的基础设施配套。主要包括农田水利设施建设、田间监测系统、农机化服务、社会化服务体系等。"[1]那么,什么样的水利工程才称得上是"智慧型"的水利工程呢? 以玉米种植为例,其相应的水利设施应当服务于水资源的智慧灌溉。智慧灌溉从效果来看,本质上是一种"高效"灌溉方式。我们可以对若干种灌溉方案进行比较,从而得出最高效的灌溉方案。根据《甘肃气象保障蓝皮书》数据,如果用常规沟灌方法对玉米进行灌溉,水分利用效率在湿润年和干旱年均为2.5—2.7千克/立方米,而用喷灌方法对玉米进行灌溉,水分利用效率在湿润年和干旱年均可达到3.0—3.2千克/立方米,如果采用膜下滴灌方法对玉米进行灌溉,水分利用效率在湿润年和干旱年均可达到3.0—3.3千克/立方米。(见表3-1)由此可见,对于玉米种植而言,喷灌和膜下滴灌都是比较高效的灌溉方法。就通常的情况而言,实现水资源的智慧灌溉,应优先采用喷灌和膜下滴灌方法。

但是,如果只是采用传统意义上的"喷灌"或者"膜下滴灌"方法,这也不是现代智慧型的农业水利设施。对于后者而言,必须采用物联网技术,实现"喷灌"或者"膜下滴灌"的远程自动化控制,如此才能算得上是智慧农业中的水利设施。

具体而言,采用物联网技术对农业生产进行技术改造,一是可以用"水肥一体化"与"大数据检测"有机整合的方式来开展。"水肥一体化技术是借助系统提供的压力将液态肥或者可溶性肥料,按照养分含量、作物需肥规

---

① 郭淑敏等主编:《房山模式:国家现代农业示范区北京市房山区创新发展模式研究》,中国农业科学技术出版社2015年版,第86页。

律和土壤墒情,配兑成适宜的肥料溶液,通过田间管网系统同灌溉水一起经滴头、喷头等灌水器进行水肥供给……将水肥一体化技术与检测技术的结合可根据对农作物生长态势的监测,调整农作物喷灌成分的比例,提高不同肥料以及水分的利用效率。"[1]在这项技术中,物联网具有两个显著的功能:一是为智慧灌溉提供大数据支持;二是对"喷灌"和"膜下滴灌"进行自动化控制。在大数据的获取、整理、分析中,农业生产者可以对其所管理的农作物状况一目了然,并借此决定灌溉施肥的混合配比。在自动化控制当中,物联网使得电脑与智慧灌溉设备相连接,从而远程控制整个农田的水资源利用。

表3-1 玉米节水灌溉方案和指标[2]

灌溉方式	水文年	灌水时间	产量	灌溉定额	耗水量	水分利用效率
			(千克/亩)	(立方米/亩)	(立方米/亩)	(千克/立方米)
常规沟灌	湿润年	拔节、大喇叭口、抽雄(吐丝)、灌浆始(灌浆中)	750—900	250	320—355	2.5—2.7
	干旱年	拔节、大喇叭口、抽雄(吐丝)、灌浆始(灌浆中)、乳熟	750—900	280	320—355	2.5—2.7
小畦灌	湿润年	拔节、大喇叭口、抽雄(吐丝)、灌浆始(灌浆中)	750—850	240	333—400	2.1—23
	干旱年	拔节、大喇叭口、抽雄(吐丝)、灌浆始(灌浆中)、乳熟	750—850	280	333—400	2.1—2.3
当地畦灌	湿润年	拔节、大喇叭口、吐丝、灌浆始	700—800	300	367—433	1.8—1.9
	干旱年	拔节、大喇叭口、吐丝、灌浆始(灌浆中)	700—800	350	367—433	1.8—1.9

---

① 温孚江编著:《大数据农业》,中国农业出版社2016年版,第31页。
② 周广胜:《甘肃气象保障蓝皮书:甘肃农业对气候变化的适应与风险评估报告 No.1》,2017年12月1日,见 https://www.pishu.com.cn/skwx_ps/multimedia/ImageDetail? type = Picture&SiteID = 14&ID = 9436902&ContentType = MultimediaImageContentType。

续表

灌溉方式	水文年	灌水时间	产量（千克/亩）	灌溉定额（立方米/亩）	耗水量（立方米/亩）	水分利用效率（千克/立方米）
喷灌	湿润年	拔节、大喇叭口、抽雄(吐丝)、灌浆始(灌浆中)	900—1000	190	280—335	3.0—3.2
	干旱年	拔节、大喇叭口、抽雄(吐丝)、灌浆始(灌浆中)、乳熟	900—1000	210	280—335	3.0—3.2
膜下滴灌	湿润年	拔节、大喇叭口、抽雄(吐丝)、灌浆始、乳熟	900—1000	170	275—329	3.0—3.3
	干旱年	拔节、大喇叭口、抽雄(吐丝)、灌浆始(灌浆中)、乳熟	900—1000	200	275—329	3.0—3.3

二是可以构建"滴灌自动控制系统"。例如，当前已经进入实用阶段的该类型设备主要是"新疆石河子的滴灌自动控制系统，将滴灌系统和无线网络连接，用手机就可以灵活控制滴灌阀门，促进了精细化灌溉的推广"[1]。这一系统的成功之处在于，其可以通过手机来操控，降低了操作者的"门槛"。从以往的状况来看，操作者通常是通过电脑来操作自动化系统的，这需要操作者有必要的计算机基础知识和技能，但新疆的这套系统却成功解决了操作上的困难，可以让农业生产者轻松掌握操作方法，极大地简化了操作流程，有利于推广普及。与此同时，自动化滴灌解决了人力灌溉的"误差"问题，能够让灌溉最大程度地符合农作物生长的客观规律，并节约用水，在实现良好经济效益的同时保护了生态环境，有利于农业生产的可持续发展。

三是可以构建一整套"智慧水利"服务体系。该服务体系涵盖"智慧水利"设施的建设、维护、人员培训乃至投融资等配套服务。从"智慧水利"设施的建设来看，该服务体系可以首先指派施工人员对服务对象的水利需求

---

[1]　孙慧英：《手机媒体与社会文化》，世界图书出版广东有限公司2016年版，第199页。

进行事先了解,然后根据这些需求规划水利设施的蓝图,经服务对象认可后,可以展开施工,将"智慧水利"设施建好,从而满足农作物生长的需求。从"智慧水利"设施的维护来看,在该设施运行的过程当中,有时会出现故障、问题,这需要"智慧水利"服务体系派出维护人员对水利设施进行维护,以保障其日常运行。同时,"智慧水利"设施的硬件与软件也需要定期升级,服务体系的工作人员也会承担这项工作,以确保农业生产者用上最新、最先进的"智慧水利"设施。从"智慧水利"设施的人员培训来看,该设施是农业高科技的体现,因而必须经过一定培训,其操作人员才能上岗。鉴于此,"智慧水利"设施的人员培训必不可少。培训可分为线上培训和线下培训两种,线上培训主要是以互联网为媒介的远程网络培训,这种培训的优点在于节省了场地的费用与时间的耗费,接受培训的人员可以利用闲散时间在电脑上进行学习,从而掌握"智慧水利"设施的操作方法。线下培训有时也是必要的,原因在于,操作"智慧水利"设施毕竟是一项实践技能,有时需要培训教师亲身示范,再由接受培训的人员尝试操作,教师再加以指导,这样的培训需要在已建成"智慧水利"设施的场地进行,具有一定必要性。总体来看,两种培训方式可以结合起来,相辅相成,互相弥补不足之处。从"智慧水利"设施的投融资来看,"智慧水利"服务体系也可以给农业生产者提供金融服务,让其短时间内就能弥补资金缺口,从而迅速建立起"智慧水利"设施,并实现盈利。

总之,兴建智慧农业水利工程,必须充分使用物联网技术,完善基础设施,这将为解决西部边远地区农民土地财产权实现的地域边远难题奠定基础。

二、兴建智慧林业水利工程

兴建智慧农林水利工程,完善基础设施,还应兴建"智慧林业"水利工程,做到"林业水资源的智慧保护"。对于农民而言,水资源是宝贵的"自然财产",因而必须加以保护,以实现其可持续开发利用。事实上,在部分西部边远地区,水资源相对匮乏。根据 2015 年宁夏、甘肃、陕西的水资源公报数据,宁夏的水资源总量为 9.155 亿立方米,人均水资源量为 137 立方米,只达到全国平均水平的 6.74%;甘肃水资源总量为 198.81 亿立方米,人均水资源量为 765 立方米,只达到全国平均水平的 37.61%;而陕西的水资源总量为 333.43 亿立方米,人均水资源量为 879 立方米,只达到全国平均水平的 43.23%。(见表 3-2)由此可见,水资源保护应引起西部边远地区相关部门的充分重视,尤其是在数字信息技术突飞猛进的当代社会,水资源的"智慧"保护应提上实践日程。

表 3-2 宁夏、甘肃、内蒙古、陕西 2015 年水资源总量及人均水资源量①

行政分区	水资源总量(km^3)	人均水资源量(m^3)	与全国平均水平相比(%)
宁夏	0.9155	137	6.74
甘肃	19.881	765	37.61
内蒙古	53.697	2138	105.15
陕西	33.343	879	43.23

资料来源:2015 年宁夏、甘肃、内蒙古、陕西水资源公报。

因此,应加速建设智慧林业水利工程。在这里,和建设智慧农业水利工程类似,智慧林业水利工程的建设也要大量采用物联网技术,正如樊宝敏所说:"在有条件的林地,运用物联网和移动互联网技术,自动化监测土壤水分、肥力、温度,植物需水量等指标,将采集数据传输并分析决策,实现人的远距离操控或无人化操作、智能化精准节水灌溉,提高灌溉效率和林木生长水平。"②由此可见,智慧林业水利设施主要包括若干个组成部分:其一,监测系统。这套系统的用途主要是监测林木的生长发育状况,以确定林木的需水量,从而可以针对性地展开林木灌溉。其二,分析系统。这套系统主要

---

① 吴月:《黄河中上游经济带宁夏段发展研究》,2018 年 1 月 1 日,见 https://www.pishu. com.cn/skwx_ps/databasedetail? contentType = literature&subLibID = undefined&type = &SiteID = 14&contentId = 9294758&wordIndex = 2。

② 樊宝敏等:《城市森林基础设施建设指南:以北京市平原生态林为例》,中国林业出版社 2017 年版,第 49 页。

是通过整体测算监测系统得来的林木数据,用可视化的方式展示给智慧林业水利设施的操作人员,然后再由该人员进行相关决策,从而决定灌溉所使用的水量与肥料数量以及配比。其三,自动化系统。这套系统本质上是对林木的灌溉与施肥进行远程操作,用机器代替人力,从而实现精准性、集约化灌溉。

在兴建智慧林业水利工程的过程中,需要注意三个方面的问题:首先,"智慧林业"水利工程是建立在"数字林业"水利工程基础之上的。李世东认为:"数字林业是指系统地获取、融合、分析和应用数字信息来支持林业发展,是应用遥感技术、计算机技术、网络技术和可视化技术等,把各种林业信息实现规范化采集与更新,实现数据充分共享的过程。"①换句话说,该林业类型综合运用了多项数字技术,包括遥感、互联网等高新技术,重点在于数字信息的获取与使用。从本质上讲,这属于"林业水资源监测"的领域。由于林木的生长周期通常很长,由此造成了"林"与"水"的关系呈现出"动态变化"的状况,并且是一个长期相互作用的过程。因此,用数字林业技术对"林"与"水"的关系进行实时监测就十分有必要。只有实时了解二者之间的关系,才能实现精准调水、补水,实现林木种植的精细化。与此同时,"数字林业"水利工程不仅可以用于日常的水资源灌溉,还可以用于自然灾害的预警与防范。通过将"数字林业"纳入"数字中国"建设,可以动用更为广泛的资源来预防自然灾害的发生。例如,可以及时获取"数字中国"中的气象信息,可以对极端气候进行预警,从而早做防范,避免林木受损;又如,在自然灾害发生之后,可以通过卫星实时监测灾害的发生范围、程度,从而制定针对性的对策,保护区域内的林业资源。

其次,"数字林业"必须实现升级更新,才可能成为"智慧林业"。"智慧林业"与"数字林业"的不同之处在于,其进一步运用了大数据、云计算的最新技术,实现了林业数据之间的互联互通,从而使得原有的数字技术

---

① 李世东主编:《中国林业信息化政策解读》,中国林业出版社2014年版,第207页。

更为先进、可用。换句话说,这事实上实现了所谓"智能林业",也就是充分运用人工智能技术,建立总体性的林业水利智能管理平台,推进林业管理"无人化"的升级换代。此外,林业数据之间的互联互通本质上实现了林业水利的所谓"协同管理"。在过去,由于技术限制,多个部门、机构、区域共同实施林业管理是较难以实施的,以至于"多头管理"成为一个贬义词。在当代,由于"云技术"的突破,使得多部门、跨区域的协同管理成为可能。在这样的管理方式中,各种信息能够相互补充、支撑,各个部门管理者也可以相互协调、协商,从而作出有利的水利决策。总之,"智慧林业"脱胎于"数字林业",是"数字林业"的升级版,西部边远地区的各类林业经济主体应积极致力于这种升级换代,从而推进农民林业土地财产权的实现。

再次,"智慧林业"水利工程建设的重点在于"平台"建设。这里的平台主要指"物联网平台",是运用物联网技术构建起来的网络平台。"物联网架构分为3层:感知层、网络层和应用层。感知层由各种传感器及传感器网关构成,是物联网采集信息的来源。网络层由各种私有网络、互联网、有线和无线通信网、网络管理系统和云计算平台等组成,相当于人的神经中枢和大脑,负责传递和处理感知层获取的信息。应用层是物联网和用户的接口,它与行业需求结合,实现物联网的智能应用。"[①]由此可见,物联网本质上是人主导下的物与物的连接。"智慧林业"水利工程就是要在林业管理者的主导下,将林业生产的各个要素有机连接起来,从而借助物联网平台的优势重新整合林业生产与经营。

总之,兴建"智慧林业"水利工程,必须建立在"数字林业"基础之上,并加以技术升级与技术改造,特别是运用最新的物联网技术,在追踪技术前沿的同时做到操作的简便化、普及化,以实现"林业资源的智慧保护"。

---

① 赵志编著:《ARDUINO开发实战指南:智能家居卷》,机械工业出版社2015年版,第115页。

第三节　构建乡村共享经济、创意农业，
提升土地价值

破解地域边远难题，还需要构建乡村共享经济、创意农业，以此来提升土地价值。《中共中央国务院关于实施乡村振兴战略的意见》提出"发展乡村共享经济、创意农业、特色文化产业"①的政策措施，贯彻这一政策措施需要进一步发展农村信息技术，升级优化农村互联网。

一、构建乡村共享经济

信息技术的发展极大地促进了共享经济的普及与提升，西部边远地区农村也是如此。因此，构建乡村共享经济成为提升土地价值，推动农民土地财产权实现的重要手段。何为"共享经济"？"共享经济（Sharing Economy）是一种点对点的分享产品或者服务的使用权的经济模式……共享经济的实质是由所有权向使用权的转变。"②可见，这种经济模式本质上是一种财产权层面的变革，其打破了财产所有权的藩篱，将财产使用权分离出来，鼓励经济主体之间分享财产使用权，从而提升经济发展的内在活力。那么，在农村经济发展中，什么是乡村共享经济？如何构建乡村共享经济呢？"作为一种新型的经济模式，乡村共享经济已在实际经济运行中逐步应用和发展起来。"③毋庸置疑，借助于经济全球化和信息技术的发展，共享经济可以推动农业的国际化，并增加技术含量。在传统农业中，"非共享"的重复建设往往带来资源的严重浪费，不仅在于物质资源的浪费，也在于相应人员配备的浪费。同时，传统农业的经营管理也较为松散，缺乏有效的共享整合，直接导致农业生产的高成本与低效益。这一现象已经限制了农业的规模化发

---

① 《中共中央国务院关于实施乡村振兴战略的意见》，人民出版社 2018 年版，第 12 页。
② 张健：《区块链：定义未来金融与经济新格局》，机械工业出版社 2016 年版，第 92 页。
③ Yao Li，"Study on Optimization of Financial Sharing Service Center"，*Modern Economy*，Vol.7，No.11（2016），pp.1290–1302.

展和集约化建设。在此背景下,乡村共享经济模式的出现,可以将分散、重复的农业资源在一个新的、统一的平台上整合起来。在这一平台上,可以设立专业经营部门,从而提高资源共享效率,节省成本,创造更多有益价值。

20世纪末,共享经济的理念被引入中国。通过不断地消化和吸收,中国的共享经济逐渐被人们接受和认同,但是在农业领域的运用还不够多。在当代,移动互联网和云计算的迅猛发展,给乡村共享经济的发展带来了新的契机。在当代乡村共享经济的发展中,可以探索融入云端的乡村共享服务,实现"云经济"发展。乡村云共享经济,将实现政府、企业和农户的数字化关联,通过云平台,农业企业和农户能够获得更多相关服务,并实现实时信息共享,促进农业企业实现可持续价值创造。当然,乡村共享经济的发展目前仍然面临着诸多挑战。例如,如何最大限度地发挥共享经济的机制优势,这是一个必须解决的问题。要解决这一问题,政府部门、农业企业、农户必须结合自身特点,特别是自身优势,共建共享经济服务平台。

那么,什么是共享经济服务平台呢?其核心理念是共享人力、信息和技术资源,提供更为有效的活动空间,为组织整体创造价值。就此而言,共享经济服务平台是一个强大的独立组织实体,可以整合各种业务内容。如果一个经济主体(如某个农业企业或农户)进入这个平台组织,须向平台缴纳一定费用。因此,共享经济服务平台遵循的是商业运行模式,其要素包含以下三个方面:服务对象、服务人员和云系统。在服务平台主体上,还可以附加各种辅助功能,进一步改善共享经济服务。共享服务是一种可以集中化的合作战略,是现有管理方式的一部分,可用于新的半自主业务组织。因此,该业务组织有专门的管理结构,以提高效率、创造价值、节省成本,提高对服务对象的服务质量。由此出发,实现乡村共享经济的关键是科学的顶层设计、经济活动的重构、服务平台的高效运转、完善的云系统以及革命性的管理方式。其中,尤其要注意共享经济技术支持服务公司的选择,要与这一公司签订详尽而完备的技术支持服务协议。

共享经济服务平台采用商业运营模式,由企业牵头建立,其必须遵循以下四个原则:一是有效的管理创新和思维方式的转变;二是标准化的统一信息平台建设;三是标准化的服务体系和操作程序;四是建设风险预警系统。目前,大多数国内学者都认为,共享经济服务平台是实施经济活动重构的关键要素,其是经济活动再造中的战略推动力量。但是,目前乡村共享经济服务平台的硬件、软件设施仍然不足,缺乏乡村经济主体之间的互动共建,很多设想仍然停留于纸面。

乡村共享经济服务平台建设在中国的应用,需积极应对三大问题和挑战:一是降低管理和控制共享经济主体的难度;二是解决网络系统开放性导致的信息风险问题,原因在于,如果软件供应商无法保证平台数据的安全性和完整性,那么这些信息可能会被泄露或损坏;三是需要厘清共享资源的所有权问题,如果共享平台上的资源权属不清,很容易引起不必要的所有权纠纷。

在具体的平台构建过程中,有两种共享模式可供选择:"单中心"模式和"多中心"模式。"单中心"模式是指共享经济服务平台的运营中心只有一个,而"多中心"模式则是指建立了两个或两个以上的运营中心,实现多个工作场所共同操作。在"多中心"的情况下,也有两种平台构建方式:区域中心或过程中心。区域中心不同于平台的整体中心,其只为其所在区域提供服务;而过程中心主要是在服务流程上,划分出不同环节的运营中心,每一个中心所承担的功能有所不同。从实践效果来看,"单中心"模式和"多中心"模式各有利弊,但"单中心"模式可能更易于管理人员的操作。[1]总之,构建乡村共享经济是一项长期的任务,必须立足长远、综合施策,才可能促成这一经济模式的长足发展。

二、构建创意农业

"创意农业"与"乡村共享经济"的作用相似,都是提升西部边远地区土地价值的重要方法,可以推动农民财产的保值增值。"创意是创造意识或

---

[1] 参见 Yao Li, "Study on Optimization of Financial Sharing Service Center", *Modern Economy*, Vol.7, No.11(2016), pp.1290–1302。

创新意识的简称。在经济活动方面,创意是指人们通过创新思维,突破原来的思维定式,对产品的外观造型、功能组合等实现新奇的再造……受到创意产业发展思维和理念的影响,人们开始将许多新的科技成果和人文元素融入农业产业……于是就逐渐形成了兼有生产功能、观赏价值和生态效益的新型农业形态,即创意农业。"①可见,这种农业生产经营模式本质上是一种创新创造活动,其创新了农业生产的方式方法,用新的产品或服务获取经济效益,创造了农业盈利的新模式。具体而言,创意农业具有三种"创意方式"。

其一,农业产品本身的创意。这种创意有两类来源:一是科学;二是人文。就科学而言,主要是在农业生产中加入更多的科技元素,生产有机、绿色、无公害的农产品;并且,在产品包装、销售环节也融入科技创意,让传统农业产品融入现代工业元素,更适合当代消费者的偏好,更能满足其需求。

其二,农村服务业的创意。这一领域的创意产业主要是指农业生态旅游、民俗旅游。所谓"农业生态旅游",是指利用西部边远地区农村的生态资源,将其转变为人们进行旅游观光的对象,从而实现较好的旅游经济效益。对于这一点,北京周边的农业休闲旅游给西部边远地区农村树立了很好的榜样,具有显著的示范效应。根据《北京统计年鉴2016》相关数据,2015年北京全部休闲农园数量为1328个,高峰期从业人员为42617人,接待人数为1903.3万人次,经营总收入为263138.9万元。(见表3-3)可以说,北京的休闲农园发展前景十分可观,西部边远地区也可以对此加以借鉴。西部边远地区可以在交通、通讯等基础设施逐步完善之后,组建"农业休闲旅游合作社",从而用集体的力量办好农业生态旅游这项创意农业。

---

① 宋玲芳主编:《都市现代农业经营管理》,上海科学技术文献出版社2016年版,第33—34页。

表3-3　2015年北京星级休闲农园经营收入与北京休闲农园总收入对比①

项目		2015年北京全部休闲农园	2016年获批的星级休闲农园	星级休闲农园占全市休闲农园的比例(%)
农业观光园个数	（个）	1328	14	1.05
高峰期从业人员	（人）	42617	3984	9.35
接待人次	（万人次）	1903.3	135	7.09
经营总收入	（万元）	263138.9	21092	8.02

资料来源:《北京统计年鉴2016》。

　　除了"休闲农园"这一创意以外,"乡村民俗旅游"也是一大发展方向。以北京周边农村为例,根据北京旅游委数据,在2014年的北京乡村民俗旅游发展当中,其接待人数在春节为69.7万人次,清明为78.2万人次,五一为185.7万人次,国庆为398.8万人次;旅游收入在春节为6824万元,清明为8105万元,五一为18000万元,国庆为38600万元。(见表3-4)由此可见,北京周边农村的民俗旅游发展势头良好,其经验值得西部边远地区农村借鉴、吸收。当然,对于西部边远地区农村而言,其实际状况与北京周边地区有很大差异,就是地理位置和基础设施的不同。通常而言,北京周边农村的地理位置和基础设施较我国西部边远地区有较大的优势,所以其开展生态旅游和民俗旅游更为便利。但同时也说明,西部边远地区农村要发展这两项创意农业,就必须完善以交通为代表的基础设施,以"缩短"与中心城市之间的空间距离,从而吸引大量游客的到来。

　　① 杜姗姗等:《区域比较视角下的北京星级休闲农园发展水平、不足及其对策》,2017年5月1日,见 https://www.pishu.com.cn/skwx_ps/multimedia/ImageDetail? type = Picture&SiteID = 14&ID = 8569594&ContentType = MultimediaImageContentType。

表3-4　2014年北京乡村民俗旅游户接待游客情况①

	接待人数 （万人次）	同比增长 （%）	旅游收入 （万元）	同比增长 （%）
春节	69.7	14.1	6824	7.5
清明	78.2	12.2	8105	18.4
五一	185.7	10.4	18000	8.9
国庆	398.8	7.8	38600	11.7

数据来源：北京旅游委。

其三，"互联网+农业"的创意。这一创意是如何实现的呢？李亿豪认为："在产前阶段，农资服务商将通过引入大数据技术，同时农资电商有望兴起；在产中阶段，农产品生产主体在搭建物联网和农业信息服务平台的基础上，将通过精准农业实现量化生产；在产后阶段，农产品进入流通后，农产品电商将代替传统的流通渠道。"②对此，笔者表示赞同。在这里，"互联网+农业"的创意可划分为三个层次：第一，在农产品生产之前，农户可运用大数据技术，通过互联网采购农业生产资料，保护种子、化肥等，这些农业生产资料的采购由于使用了大数据"比价"，因而可以购买到最实惠、最优质的生产要素。同时，由于采用了互联网采购的模式，因而省去了众多中间环节，从而进一步降低了生产成本。第二，在农产品进入生产环节的过程中，如前所述，大量采用物联网技术，精准耕地、精准施肥、精准灌溉，从而实现集约化农业生产，改变了以往的粗放型农业生产模式，其标志性的建设项目便是高标准农田的建设。只有不断扩大高标准农田的耕种面积，才可能全面实现"互联网+农业"或"物联网+农业"的创意。第三，在农产品生产出来之后，在其销售环节，也应大量使用互联网销售渠道，用"农业电商"的方式提升销售效率，以减少流通时间，实现效益最大化。就此而言，"农业电

---

① 彭建等：《2014年北京旅游市场消费热点与2015年趋势预测》，2015年7月1日，见https://www.pishu.com.cn/skwx_ps/multimedia/ImageDetail? type = Picture&SiteID = 14&ID = 5473398&ContentType = MultimediaImageContentType。

② 李亿豪：《互联网+：创新2.0下互联网经济发展新形态》，中国财富出版社出版2015年版，第63页。

商"可分为"批发电商"和"零售电商"两类。前者从事大批次农产品的互联网销售,后者进行基于互联网平台的农产品零散销售。实践表明,这两种互联网营销渠道都能够促进农产品的销售与买卖,是"互联网+农业"创意相比传统农业经营模式的优势所在。

第四章　基于投融资变革的财产权实现理论创新与财力匮乏难题的破解

　　边远地区农村的"投融资变革",可以推动其财力匮乏难题的破解。马克思说:"资本只有一种生活本能,这就是增殖自身"①。因此,深化农村投融资改革,必须遵循资本运行本身的规律,针对西部边远地区农民土地财产权实现过程中,地方政府支持农民土地财产权实现的财力不足、当地农民自主投资推动财产权实现的能力较弱、西部边远地区农村的外来投资较少等"财力匮乏"难题,采取加快设立国家融资担保基金、金融机构服务乡村振兴、行业内资金整合与行业间资金统筹相互衔接等政策措施,多措并举加以破解。

第一节　完善国家融资担保基金

　　完善国家融资担保基金,强化其支持农业发展的功能,可以推动西部边远地区农民土地财产权实现过程中财力匮乏难题的破解。《中共中央国务院关于实施乡村振兴战略的意见》提出:"加快设立国家融资担保基金,强化担保融资增信功能,引导更多金融资源支持乡村振兴。"②国家融资担保基金应加大对农业中小企业的支持力度,规范担保服务的工作流程,从而形

---

① 《马克思恩格斯全集》第 23 卷,人民出版社 1972 年版,第 260 页。
② 《中共中央国务院关于实施乡村振兴战略的意见》,人民出版社 2018 年版,第 39 页。

成常态化的担保机制。

一、加大国家融资担保基金对农业中小企业的支持力度

完善国家融资担保基金,首先要加大对农业中小企业的支持力度。从现有数据来看,我国中小企业通过担保机构融资的比例仍然过低,应当予以提升。根据王辉耀等著的《中国企业全球化发展现状与趋势》一文,担保机构融资只占我国中小企业融资渠道的19.1%,相比银行融资仍有很大提升空间。(见图4-1)由此可见,担保基金对我国中小企业的支持仍然有限,必须在这一方面有所加强,从而进一步提升企业活力。

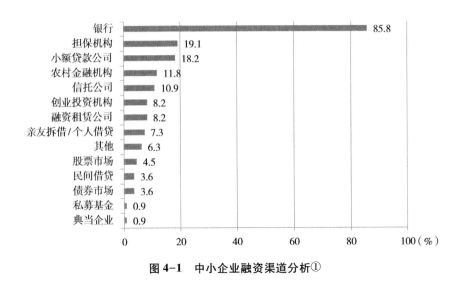

图4-1　中小企业融资渠道分析①

从农业实践来看,以上状况不仅适用于我国中小企业的整体状况,也同样适用于我国"农业中小企业",正如李炎炎所说:"农业中小企业融资渠道狭窄成为制约农业中小企业发展的巨大阻碍……农业中小企业仍旧很难从正规渠道贷到款,大部分企业根本不可能通过市场进行股权或者债券融资……农业中小企业本身规模小、信用级别较低、缺乏合格的担保,银行对

---

① 王辉耀等:《中国企业全球化发展现状与趋势》,2017年11月1日,见https://www.pishu.com.cn/skwx_ps/multimedia/ImageDetail? type = Picture&SiteID = 14&ID = 9336964&Content-Type=MultimediaImageContentType。

其评估更为严格……农业中小企业通过资本市场融资也较为困难,证券市场融资的准入门槛较高,股票或者债券发行也受到严格限制。"①由此可见,农业中小企业的融资困难主要体现在两个方面:一方面,其通过银行进行贷款较为困难。农业中小企业的资金投入较少,因而信用等级不高,如果没有国家融资担保基金的担保的话,贷款评估很难通过,其融资活动会遭到较大的阻力。另一方面,其通过资本市场发行股票、债券也较为困难。农业中小企业本身资金规模较小,无法满足"上市"的基本条件,因而在大多数情况下无法发行股票。同时,其也难以达到发行债券的"门槛",因而也不易通过债券市场进行融资。因此,国家融资担保基金可以加大对农业中小企业融资的支持力度,推动其融资工作,这对于我国西部边远地区的农业中小企业尤其重要。

具体而言,国家融资担保基金从何处入手加大对农业中小企业融资的支持力度呢? 主要有两个方面的内容。

一方面,建立对口农业中小企业融资的专业担保公司。这一措施的目的既在于运用"市场机制"实现农业中小企业的融资担保,也在于增强国家融资担保基金对农业中小企业融资担保的针对性。在市场经济条件下,国家融资担保基金也是独立的经济主体,必须实现保值增值,因而理应尊重市场规律,为具有市场前途和市场潜力的农业中小企业进行融资担保,而对于趋于淘汰的落后农业中小企业则不予支持,这本质上也引导广大农业中小企业不断改进技术、增强创新能力,以满足国家融资担保基金的担保要求。同时,成立为农业中小企业融资提供担保的专业担保公司也可以针对性地开展服务,避免由精力分散造成的服务质量下降、效率不高等问题,从而提升国家融资担保基金的使用实效。

另一方面,在国家层面,积极改善农业中小企业的融资环境,从而创造出一系列有利于其投融资的客观条件。就此而言,应充分利用政府对中小

---

① 李炎炎:《现代农业发展与农业中小企业科技创新:以温州为例》,浙江大学出版社2014年版,第32页。

企业信用担保体系的影响。担保业务与保险业务不同,保险通过精确计算和统计了解风险和损失的可能性,确定其成本和利润。担保企业与此不同,由于担保项目有不同的金额和条款,而且很难估计反担保措施的执行情况。因此,担保操作面临更高的风险。为了充分利用政府的主导作用,它不仅应关注资金供给,为担保机构的基础提供资金,还应在选择适当的信用担保体系宏观模式、完善游戏规则、担保市场、培养和引进中高级保证人才、指导中小企业规范发展等领域提供必要的指导和管理。只有这样,才能形成适合信用担保体系生存和健康发展的有效平台。① 可见,对国家层面的融资担保服务而言,并不能采用"单打一"的实施策略,而应有与之配套的一系列措施。这些措施包括资金的可持续性提供、担保市场的不断完善、担保制度的持续优化、担保行业人才的不断培育、对农业中小企业投融资的科学指导等方面,只有把这些方面的事务同时做好,国家融资担保基金加大对农业中小企业融资支持力度的工作才能做得更加扎实、有效。

二、进一步规范国家融资担保基金的担保服务工作

当前,服务农业中小企业的担保服务体系效率不够高,是挡在农民土地财产权实现工作面前的一块绊脚石。有学者指出:"融资困难始终是农业中小企业面临的问题,极大地阻碍了其可持续发展。为解决这一问题,改善农业中小企业的商业环境,中国政府采取了一系列配套政策措施。"②因此,要发展农业中小企业,以促进农民土地的流转,推动农民土地财产权实现,必须进一步提升担保服务工作的质量。由于"规范"是提升"质量"的重要一环,因而完善国家融资担保基金,除了加大对农业中小企业的支持力度,还需要进一步规范担保服务的工作流程。通常而言,"企业办理担保业务,

---

① 参见 Yurong Chen, Weixing Wang, "On Perfecting the Credit Guarantee System of China's Small & Medium-Sized Enterprises", *International Business Research*(*IBR*), Vol.2, No.3(2009), p. 132。

② Ping Zhang, Ying Ye, "Study on the Effective Operation Models of Credit Guarantee System for Small and Medium Enterprises in China", *International Journal of Business and Management*, Vol.5, No.9(2010), pp.99-106.

一般包括受理申请、调查评估、审批、签订担保合同、进行日常监控等流程"①。其一,在受理申请阶段,应由农业中小企业向国家融资担保基金提出申请,而国家融资担保基金在收到申请后对其进行受理。其二,国家融资担保基金对提出担保申请的农业中小企业进行调查评估,确定其是否有资格获得国家融资担保基金的融资担保。其三,国家融资担保基金对通过调查评估的农业中小企业的担保申请进行审批。其四,在审批完成之后,国家融资担保基金与特定农业中小企业协商担保协议的具体内容,敲定细节,签订担保合同,并实施担保行为。其五,在担保活动进行过程当中,国家融资担保基金要对该项资金的安全实施日常监控,确保农业中小企业能够按时清偿贷款。在日常的担保活动中,国家融资担保基金必须严格遵守担保服务工作规范,不出纰漏,以便更好地服务于农民财产权的实现工作。

与此同时,担保服务是有风险的,国家融资担保基金在日常运营过程当中,必须规避可能发生的风险,从而确保国有资产保值增值。因此,建立合理的担保风险分担制度,便是在国家层面防范担保风险,规范担保服务工作的重要举措。那么,具体如何开展这一制度的建立工作呢? 有学者认为,从风险分担制度的运行来看,由于担保制度不够完善,银行不愿意承担安全风险。在大多数情况下,担保风险完全由担保组织承担。但是,仍然会有若干家银行按比例与担保组织分担风险。分摊比例由不同地区的风险等级决定,一般在 10% 至 50% 之间。根据现行的风险准备金政策,即使担保机构没有赔偿,也很难从中获利。因此,许多组织开展了其他高收益业务的担保,如地下银行、高利贷等,这导致了担保业的混乱,以及一系列其他问题。② 由此可见,在担保服务风险管理机制不够完善、风险分摊制度不够健全的情况下,一些非法的担保组织为了寻求高收益,从事高担保成本的非法

---

① 阎磊主编:《图文版企业内部控制基本规范及配套指引实施全案》,中国工人出版社2014 年版,第 201 页。

② 参见 Ping Zhang, Ying Ye, "Study on the Effective Operation Models of Credit Guarantee System for Small and Medium Enterprises in China", *International Journal of Business and Management*, Vol.5, No.9(2010), pp.99-106。

担保行为,搅乱了担保行业的发展环境。因此,国家融资担保基金应与银行分摊担保服务的风险,通过协商达成协议,确定合理的分摊比例,从而促进担保行业的可持续发展,更好地服务农业中小企业或者个体农户。

三、优化与国家融资担保基金相配套的担保机制

完善国家融资担保基金,不仅需要实现担保服务工作的规范化,还需要实现其"常态化"。对于国家融资担保基金的建设而言,重点是常态化的"机制建设",以确保长期为农业中小企业或个体农户提供担保服务,从而持续推动农民土地财产权的实现。从 2018 年担保业务发生额行业分布来看,农林牧渔的担保业务有很大的提升空间。根据中国财务公司协会等组织编写的《中国企业集团财务公司中间业务》报告数据,2018 年农林牧渔担保业务总计 44.50 亿元,占担保业务总额的 4.31%;其中,融资性担保合计41.52 亿元,占融资性担保业务总额的 9.49%。(见表 4-1)由此可见,担保行业还有待于进一步发展,对于西部边远地区而言,发展空间巨大,需要大力加以提升。

那么,在具体的建设过程中,如何形成、完善常态化的担保机制呢? 主要有这么几点:

其一,树立法律规范。当前关于担保的法律法规有哪些? 根据邓保同等人的研究,"狭义的担保法指的是 1995 年 6 月 30 日第 8 届全国人大常委会第 14 次会议通过的《担保法》;广义的担保法……还包括了 2000 年 9 月29 日最高人民法院审议通过的《最高人民法院关于适用〈中华人民共和国担保法〉若干问题的解释》(以下简称《担保法司法解释》)以及《物权法》《民法通则》等法律中有关担保的内容"[1]。因此,要树立法律规范,必须根据金融实践,不断完善、健全这些法律法规。尤其是其中的《担保法》,这是关于担保问题的专门性法规,有关部门应根据担保行业运行中暴露出来的各种问题,一一做出针对性的解决之策,从而进一步修订法律规定,封堵法

---

[1] 邓保同主编:《经济法》,清华大学出版社 2015 年版,第 137—138 页。

律漏洞,树立担保问题上的法律权威。

表 4-1　2018 年担保业务发生额行业分布①

行业	担保总计（亿元）	担保总额占比（%）	融资性担保合计（亿元）	融资性担保占比（%）	非融资性担保占比（%）
建筑建材	358.75	34.78	71.71	16.38	48.33
机械制造	105.01	10.18	50.46	11.53	9.18
投资控股	90.22	8.75	35.14	8.03	9.27
商贸	78.06	7.57	73.61	16.82	0.75
电子电器	72.16	7.00	47.06	10.75	4.23
交通运输	46.83	4.54	1.54	0.35	7.63
农林牧渔	44.50	4.31	41.52	9.49	0.50
有色金属	44.46	4.31	38.16	8.72	1.06
军工	37.36	3.62	24.52	5.60	216
煤炭	36.52	3.54	32.96	7.53	0.60
石油化工	36.43	3.53	127	0.29	5.92
电力	29.20	2.83	2.74	0.63	4.46
钢铁	26.02	2.52	11.80	2.70	239
其他	10.66	1.03	—	—	1.79
民生消费	10.19	0.99	5.18	1.18	0.84
汽车	4.93	0.48	—	—	0.83
酒店旅游	0.27	0.03	—	—	0.04
合计	1031.55	100	437.68	100	100

注:融资性担保占比指某行业融资性担保发生额占财务公司行业融资性担保总额的比重;非融资性担保占比指某行业非融资性担保发生额占财务公司行业非融资性担保总额的比重。

其二,建立市场基础。"担保"作为一种金融行为,本质上是市场主体开展的市场性活动,因而应当遵循市场规律。尽管国家融资担保基金是一种政府行为,体现了政府对农业经济主体融资活动的支持,但是由于其身处

---

① 中国财务公司协会等:《中国企业集团财务公司中间业务》,2019 年 6 月 1 日,见 https://www.pishu.com.cn/skwx_ps/multimedia/ImageDetail? type = Picture&SiteID = 14&ID = 11215322&ContentType=MultimediaImageContentType。

社会主义市场经济的条件之下,所以也应遵循市场规律。遵循市场规律兴办"担保机构",其最为重要的表现便是建立担保活动的市场基础。对此,本质上有两层含义:一方面,农民要解决融资"担保"问题,不是找"市长",而是找"市场"。换句话说,在担保市场规范的前提下,农民如果有担保方面的需求,可以向担保市场体系中的担保机构提出申请。那么,当前的担保市场体系是怎样的呢? 有学者对此指出,"通过借鉴国外中小企业的经验,经过多年的探索,中国逐步建立了中国特色的'一体、两翼、四级'中小企业信用担保体系模式。其中,'一体'是指以政策担保为主体,运用'多元化资金、市场运作、企业管理和绩效支持'。'两翼'是指将商业担保和私人互助担保作为必要的补充。'四级'是指四级保障机构,即中央政府、省、市、县"①。从中可以看出,担保市场体系需政府参与其中,但又不完全由政府说了算,最终由金融市场发挥基础性作用。另一方面,担保市场必须有政府部门的有力引导与规范。政府部门作为整个国民经济的监管者、调控者,有义务、责任引导和规范担保市场的运行、发展。就此而言,政府除了在担保行业的制度安排问题上做好工作,还需要在日常的担保活动中做好监管,由此为国家融资担保基金的运行创造良好的制度环境。

其三,优化担保机构。"担保机构"是担保活动的主体。因此,优化担保机构,就成为优化担保活动的关键之处。那么,如何优化担保机构呢? 在笔者看来,应从该机构的运行机制入手。"信用担保机构的运作主要是在银行与企业之间,形成一个连贯的衔接。而根据银行与担保机构在这个衔接中的主导性的强弱,将信用担保机构的运作方式分为两类:一类是授权保证方式;一类是直接征信方式。"②如果从"授权保证"来看,主要是存在担保、贷款需求的农业中小企业或个体农户,向拟发放贷款的银行提出申请,由银行对其展开信用调查,从而判定其是否能够获得担保及贷款。如果从"直接征信"来看,主要是存在担保、贷款需求的农业中小企业或个体农户,

---

① Yurong Chen, Weixing Wang, "On Perfecting the Credit Guarantee System of China's Small & Medium-Sized Enterprises", *International Business Research*(*IBR*), Vol.2, No.3(2009), p.132.

② 章立:《科技型中小企业的投融资风险管理》,中国金融出版社 2015 年版,第 154 页。

向提供担保服务的担保机构提出申请,由该担保机构对其展开信用调查,从而判定其是否能够获得担保及贷款。无论采用哪种运行机制,都应基于市场规则不断进行优化、提升,从担保主体出发提升担保活动的质量,这一点对于国家融资担保基金的运营机构尤为重要。因此,国家融资担保基金的运营机构也应实施公司化运作,设立董事会、监事会、总经理等部门或岗位,相互制约、互相支撑,推动该担保机构的日常运营进一步提质增效。

第二节　金融机构服务农民土地财产权实现

破解财力匮乏难题,必须提升金融机构服务乡村振兴、农民土地财产权实现的能力。《中共中央国务院关于实施乡村振兴战略的意见》提出:"要强化金融服务方式创新,防止脱实向虚倾向,严格管控风险,提高金融服务乡村振兴能力和水平。"[①]就此而言,主要是提升中国农业银行、农村信用合作社和其他金融机构服务乡村振兴和农民土地财产权实现的能力和水平。

一、中国农业银行

在农民财产权的实现过程中,金融的力量是不可或缺的。中国农业银行作为重要的农业金融机构,在此过程中必须积极探索服务"财产权实现"的新方式,以"三农"业务为基础,以多种金融手段服务"乡村振兴"。有效的金融服务可以部分解决西部边远地区农村存在的财力匮乏问题,从而推动农业企业、农业合作社、个体农户展开融资、筹资,从事规模化经营,进而流转农村土地,实现农民土地财产权。

具体而言,从中国农业银行的角度来看,应如何用金融服务推动农民土地财产权实现呢? 主要应从以下几个方面着手。

首先,在西部边远地区农村推广互联网金融服务。"在推广过程中,要为农村建立统一的、互联互通的互联网金融服务平台,推动其在线融资与筹

---

① 《中共中央国务院关于实施乡村振兴战略的意见》,人民出版社 2018 年版,第 40 页。

资,并推广在线支付以及结算等基本金融服务项目,发展以农民为主体的电子商务,利用互联网信息技术促进惠农通服务点的升级。在具体思路上,要在中国农业银行电子经理的基础上,建立统一平台,用'电子贷款'的方式大规模扩大农户贷款。"①由此可见,拓展农村互联网金融,可以极大地便利普通农户、农业合作社、农业中小企业的融资贷款。这一平台不但可以让农业经济主体通过网络获得生产经营必备的资金,还可以通过网络开展支付与结算业务。普通农户不用再像过去那样一定要亲自到中国农业银行的服务网点去申请贷款,其在互联网上通过在线操作也可以申请。于是,可以极大提高农户或企业的融资效率,降低融资成本,方便为土地流转、农民土地财产权实现筹集必要的资金。

其次,进一步明确服务农民土地财产权实现的业务方向。就银行自身来讲,"主要为农业产业化龙头企业、农业基础设施、农村城镇化建设等高端市场提供资金……参与到农户小额信贷、个体户、养殖户等低端市场,以及县域地区乡镇企业、中小企业等中端市场"②。事实上,这两个方向的贷款业务都可以服务农民土地财产权实现工作。一方面,在西部边远地区为大型农业企业开展金融服务,可以支持其积极流转农村土地,为其免除资金上的困扰;另一方面,在西部边远地区为普通农户开展金融服务,可以推动其组建专业合作社,也可以促成土地的流转,实现农民的土地财产权。事实上,在我国西部边远地区,较为缺乏大型农业企业的引领力,很多大型农业企业都处于东中部地区。于是,中国农业银行加大对西部边远地区大型农业企业的金融支持,可以推动这些大型农业企业扎根西部边远地区,为当地的农业经济服务。与此同时,普通农户组建农业合作社,由于既是一种生产经营行为,又存在土地的流转因素,因而这一活动是实现土地财产权与实现土地经营权的统一。普通农户通过土地流转,组成"大地块"合作社,在联合生产经营的同时,实现了土地的高效整合。因此,组建合作社而获得的收

① *Corporate Social Responsibility Report 2017*,2018 年 9 月 15 日,见 http://www.abchina. com/en/AboutUs/csr-report/201803/P020180327388290515071.pdf。

② 张文远:《农村金融》,北京工业大学出版社 2014 年版,第 69 页。

入,既包含财产性收入,也包含经营性收入。于是,中国农业银行也可以加大对普通农户组建合作社的金融支持,从而推动西部边远地区农民土地财产权的实现进程。

再次,在拓展互联网金融服务、明确业务方向的基础上,进一步完善服务西部边远地区农民土地财产权实现的顶层设计。中国农业银行自身认为,其应"明确'三农'金融服务的重点和改革创新方向……出台支持强市强县的政策,支持欠发达县的政策,全力支持县级分支机构的发展……灌溉排水工程是实现农业稳定高产,确保国家粮食安全的重要基础。农业银行应积极响应中国高标准农田发展规划,不断推进农地建设金融服务,为水利工程提供强有力的支持"①。笔者赞成这种做法,原因有四个方面:其一,所谓完善"顶层设计",必然要明确重点支持的领域与项目,就此而言,中国农业银行自身总结出的支持重点就很有针对性。其二,在这些支持重点中,经济强县和经济弱县都需要获得金融支持。支持经济强县,可以引领、带动整个县域经济的发展;而支持经济弱县,可以补齐短板,让全体农民共享农业经济的红利。其三,重点支持灌溉工程,这本质上是支持农业生产的最为重要的领域。如前所述,现代"智慧灌溉"中的很多技术,如农业物联网、农业大数据,都需要大量的资金支持,才可能由"理念"化为"现实"。因此,对灌溉工程的金融支持有利于西部边远地区农村土地价值的提升,进而有利于农民土地流转和土地财产权的实现。其四,重点支持高标准农田建设,这也有利于农田的流转和重组,在产生经营性收益的同时,获得财产性收入。

二、农村信用合作社

除了中国农业银行以外,农村信用合作社也是服务"三农"的重要金融机构。于是,它也是服务农民土地财产权实现的经济主体。农村信用合作社具有向农户及农业企业、合作社发放贷款的资格,其可以通过这种方式支

---

① *Corporate Social Responsibility Report 2017*,2018 年 9 月 15 日,见 http://www.abchina.com/en/AboutUs/csr-report/201803/P020180327388290515071.pdf。

持西部边远地区农民财产权的实现。但是,农村信用合作社在服务"三农"过程中也面临若干实践难题。

其一,贷款发放方向的难题。有学者指出:"农村信用合作社逐步走向商业化,于是出现一个现实问题,即在改善农村信用合作社治理和多样化资金来源的同时,如何满足农户的需求……政府部门理应推出一系列促进三农业务的举措。例如,金融机构对农业家庭小额贷款的利息收入免征营业税,鼓励银行以比整体贷款增长更快的速度扩大'三农'贷款,并将三农贷款的比例维持在比上一年更高的水平。"①从中可以看出,农村信用合作社由于其自负盈亏的特点,因而其必须确保按时、按质收回贷款。通常而言,"三农"经济主体的信用等级、偿还能力要低于工业或商业领域的大型经济主体,那么这里很容易造成一种倾向,把资金借贷给工业或商业领域的大型经济主体可能更易收回、收益更高。那么,"三农"经济主体如何才能获得农村信用合作社的资金支持呢?这需要政府层面的政策引导。从现有的引导手段来看,主要是营业税收上的优惠政策。总之,尽管农村信用合作社已然是一个自负盈亏的商业主体,但只要政府引导得当,仍然可以让其发挥出更多、更大的社会效益。

其二,自身力量不足的难题。李直等曾对农村信用合作社进行过针对性研究,其指出:"各乡村信用社一般配备1—2名专职信贷人员,而每个乡镇农户一般都在1000户以上,多的达到4000—5000户,如果10%的农户得到小额贷款的支持,农户最多的要达到400—500户,平均一名信贷员要负责200多户,从贷款的调查到发放,都显得力不从心,远不能满足农户的贷款需求,直接影响了农户小额信用贷款工作的开展。"②由此可见,在乡村一级的农村信用合作社中,金融工作人员较短缺,工作量较大,形成这一状况的主要原因是农村贷款需求是以"个体农户"为单位,因而数量众多、十分分散,要对庞大数量的贷款申请进行信用评估、担保服务、发放贷款,的确工

---

① R Kong, C Turvey, X Xu, F Liu, "Borrower attitudes, lender attitudes and agricultural lending in rural China", *International Journal of Bank Marketing*, Vol.32, No.2(2014), pp.104–129.

② 李直等:《中国小额贷款公司实践与发展》,中国发展出版社2013年版,第26页。

作量很大。与此同时,由于农户小额贷款的额度微小,农村信用合作社的获利空间不大,所以调派更多人手来实施这些小额贷款也不现实。于是,这成为一个必须加以解决的棘手难题。在笔者看来,有一个解决方式,这就是将分散的农户联合起来,组成若干个农业合作社,并申请贷款,或是鼓励个体农户加入农业企业,以农业企业为主体申请贷款,都可以将分散多元的贷款申请主体重新整合,形成相对统一的贷款主体,从而便于农村信用合作社放贷。总之,在这里,要解决农村信用合作社服务"三农"力量不足的难题,并不能靠其自身来解决,地方政府部门在其中应起到应有的作用。

其三,适应现代金融发展的难题。事实上,很多农村信用合作社近年来都有改制商业银行的趋势,其目的之一是跟上现代金融发展的步伐。但是,商业银行的改制之路,也并不一定是农村信用合作社适应现代金融发展需求的唯一道路。实现"网络金融",在一定意义上也是农村信用合作社推行现代金融机制改革的重要步骤。就此而言,"以'网上融资'为重点,采用互联网、大数据等在线融资创新模式,提高信用覆盖率,将互联网与基本农村金融服务相结合,紧跟农村支付环境和农民支付习惯的新变化,将基于互联网的'三农'基础金融服务与客户的生产、生活相结合,有选择地推进基于互联网的惠农通服务点的升级,将其建设成多功能综合金融服务站"①。可见,在未来的金融现代化之路上,"网络金融"已是大势所趋。要实现这种金融模式,必须从两个方面着手:一方面,完善相关技术基础。严黎昀等认为:"信息网络技术的飞速发展推动了金融业务处理自动化进程和管理信息系统的建立:业务处理自动化体现为电脑系统取代传统的手工操作,以电子化方式自动处理日常业务,它是包括电脑、数据库、网络通讯、电子自动化金融工具和金融结算工具等联网组成的电子金融业务处理系统。"②可见,网络金融的技术基础十分庞大,包括诸多数字技术类型,以这些数字技术为支撑,可以获得"金融自动化"的技术成果。换句话说,可以实现融资行为

---

① *Corporate Social Responsibility Report 2017*,2018 年 9 月 15 日,见 http://www.abchina.com/en/AboutUs/csr-report/201803/P020180327388290515071.pdf。

② 严黎昀等编著:《网络金融教程》,上海人民出版社 2003 年版,第 16 页。

的"无人化"办理,可以极大提高农业经济主体的融资效率。另一方面,注意风险管理。网络金融和其他金融模式一样,也存在着金融风险。根据《中国金融服务理论前沿》一书的归纳,如果按照传统的分类方式,金融风险可分为市场风险、流动性风险、经营风险等六类;如果按照新的分类方式,金融风险可分为偿付能力不足风险、公司治理不善风险等三类;如果按照新理念分类,金融风险的监管可分为偿付能力监管、公司治理能力监管等三类。(见表4-2)可见,防范及管理这些风险因素,对于网络金融而言至关重要。

表4-2　金融风险的分类方法与新监管理念①

金融风险:传统分类	金融风险:新分类	金融监管:新理念
市场风险 流动性风险	偿付能力不足风险	偿付能力监管
经营风险	公司治理不善风险	公司治理能力监管
信用风险 法律风险 声誉风险	市场行为不端风险	市场行为监管

三、其他金融机构

除中国农业银行、农村信用合作社以外,其他金融机构也要加入到促进西部边远地区农民土地财产权实现的工作中来。首先,应大力支持县域经济发展。"扩大县级贷款额度,支持新型农业经营单位的发展,充分发挥'大家族企业'和'熟练农民'的示范作用,引导农民获得更多的收入和财富。扩大金融便捷服务站,改善农村金融基础设施,提高农民的生活质量,帮助他们过上愉快的生活。"②可见,除中国农业银行、农村信用合作社以外的其他金融机构,尽管其业务重点不一定在农村,但是,农村是一个空间很

---

① 裴长洪主编:《中国金融服务理论前沿》,社会科学文献出版社2011年版,第237页。

② *Corporate Social Responsibility Report 2017*,2018年9月15日,见 http://www.abchina.com/en/AboutUs/csr-report/201803/P020180327388290515071.pdf。

大的利润增长点,值得这些金融机构给予必要的关注。如果从县域经济入手,相关金融机构可以增加对县级地区的贷款发放力度,重点支持各种新型农业经济主体,在其进行土地流转、拓展业务时给予有力资金支持。在支持农业经济主体时,重点应放在大型农业企业和新型职业农民两端,具有针对性地改善金融服务,让农业经济主体融资成本更低、效率更高。

其次,应积极对接政府部门实施的财产权制度改革措施。在这里,相关金融机构对接的改革措施主要是农民财产权的抵押贷款政策。"引导农村土地经营权有序流转,慎重稳妥推进农民住房财产权抵押、担保、转让试点,2015 年 8 月 10 日国务院印发《关于开展农村承包土地的经营权和农民住房财产权抵押贷款试点的指导意见》,开展农村承包土地的经营权和农民住房财产权抵押贷款,赋予'两权'抵押融资功能。"①由此可见,在 2015 年政府部门出台相关政策之后,农民可以用土地及住房的财产权作为抵押物,从而获得农业生产经营贷款。金融机构应积极响应这一政策措施,与有抵押贷款需求的农户协商、签订贷款合同,从而促进农民财产权的实现。事实上,尽管西部边远地区农村土地存在地域边远等问题,但只要通过数字农业建设、基础设施建设等途径进行改造,是可以提升其土地价值,从而让金融机构乐于接受这样的土地抵押的。总之,农民土地财产权实现问题中的政府部门、金融机构、农业企业、农户等利益相关者应注意其经济活动的协同性与关联性,从而统一步调、整合力量,在获取自身经济利益的同时收获社会效益。

再次,提高农业贷款"总盘子"。从当前的数据来看,全国金融机构农业贷款的总规模不断扩大,农业类银行以外的金融机构占全国农业贷款总量的比例逐年增多,这是一个可喜的现象。随着我国农业经济的发展,农村金融机构的力量也不断增强。从 2020 年农村金融机构的总资产来看,根据中国银行保险监督管理委员会的数据,其一季度为 390906 亿元,二季度为 398704 亿元,三季度为 409788 亿元,四季度为 415314 亿元;比上年同期增

---

① 王泽厚主编:《农村政策法规》,山东人民出版社 2016 年版,第 154 页。

长率在一季度为 8.2%,二季度为 9.3%,三季度为 10.6%,四季度为 11.6%。(见表 4-3)对于发放农业贷款,在各种利好因素的驱动下,农业类银行以外的金融机构也乐于开展这项业务。因此,应不断整合全国农村金融机构的力量,推动全国农业贷款总量的持续、大幅度提升。

表 4-3 2020 年农村金融机构总资产和总负债①

时间 项目	2020 年			
	一季度	二季度	三季度	四季度
总资产(亿元)	390906	398704	409788	415314
比上年同期增长率(%)	8.2	9.3	10.6	11.6
占银行业金融机构比例(%)	12.9	12.9	13.0	13.0
总负债(亿元)	360319	368307	379020	383939
比上年同期增长率(%)	8.1	9.4	10.9	12.1
占银行业金融机构比例(%)	13.0	13.0	13.1	13.1

总之,对于"金融机构服务农民土地财产权实现"这一工作而言,中国农业银行、农村信用合作社以及其他金融机构应当携起手来,整合金融资源、扩大贷款总量,从而推动该项工作持续深入。

第三节 行业内资金整合与行业间
资金统筹相互衔接

基于投融资变革,破解西部边远地区农村财力匮乏难题,除了完善国家融资担保基金、金融机构服务农民土地财产权实现等对策以外,"行业内资金整合与行业间资金统筹相互衔接"也是一计良策。《中共中央国务院关于实施乡村振兴战略的意见》提出:"优化财政供给结构,推进行业内资金

---

① 中国银行保险监督管理委员会:《2020 年银行业总资产、总负债(季度)》,2021 年 2 月 9 日,见 http://www.cbirc.gov.cn/cn/view/pages/ItemDetail.html? docId = 966726&itemId = 954&generaltype = 0。

整合与行业间资金统筹相互衔接配合,增加地方自主统筹空间,加快建立涉农资金统筹整合长效机制。"①由此可见,该项措施是财政制度改革的重要举措,有利于财政资金支持农业发展,提高资金的利用效率。

一、行业内资金整合

什么是"行业内资金整合"? 笔者认为,如果我们在农业领域理解这一概念,就是"财政支农资金整合"。"所谓财政支农资金整合就是将财政用于支持农业、农民和农村的各种资金整合使用、整合管理,提高财政支农资金的使用效益,以便以较少的资金投入获取最大的支持效果。"②把整个财政支持农业的资金整合起来绝非易事,涉及各个项目资金的使用与管理问题。在这里,应解决几个主要的问题。

其一,整合起来的资金投向哪里的问题。要解决这个问题,必须寻找一个资金投向的立足点。从财政资金使用的实践来看,这个立足点是资金投入的"产出效率"。换句话说,资金整合之后,应当投向产出效率较高的领域。从历史数据来看,我国财政支农资金的产出效率在不同的年份参差不齐,财政支农资金的使用效率在历史上并不总是处于上升势头,有些年份呈现出下降趋势。因此,对于产出效率高的领域,财政支农资金应加大支持力度;而对于产出效率低的领域,财政支农资金应减小支持力度。

其二,从哪里将资金整合起来的问题。从总体来看,重新整合的资金应主要来自一些闲散资金、使用率不高的资金、产出效率低的资金等方面。此外,有一些使用率较高的资金可以相互补充,优势互补,面对同一目标整合使用,从而最大限度地提高资金使用效率。

其三,整合起来的资金如何管理的问题。以农业科学研究资金为例,当前我国"省级农业科研机构项目的资金总量快速增长,并且在资金来源和结构方面发生重大变化,资金管理方式日益多样化。但是,资金管理与项目

---

① 《中共中央国务院关于实施乡村振兴战略的意见》,人民出版社 2018 年版,第 39 页。
② 邵晓琰:《支持新农村建设的财政政策研究》,上海交通大学出版社 2015 年版,第171 页。

管理、预算编制和实际需求、资产管理和财务监督、项目支出和科研现实之间存在着脱节问题。针对这些特点和存在的问题,理应建立完善的财务管理制度,加强科研资金的规范化管理,科学地进行预算规划"①。由于农业科学研究是整个农业产业发展的引领力量,因而国家对于农业科学研究的投入也与日俱增。于是,整合起来的支农资金很多都会投向农业科学研究领域。但是,这一庞大的资金总量如何管理呢?必须从资金的多元化来源出发,构建科研资金的管理体系,特别是预算问题与监督问题尤为重要。要弥合科学研究资金支出与农业生产经营二者之间脱节的现象,真正把钱用到农业经济发展的"刀刃"上,从而激活西部边远地区农村的土地市场,推动当地农民的土地财产权实现。

二、行业间资金统筹

在西部边远地区农民财产权的实现过程中,要推动行业间的资金统筹。什么是"行业间资金统筹"?简单来说,便是将与农业相关的其他行业的闲散资金,在农业领域整合使用。那么,如何做好行业间资金统筹,从而发挥资金最大利用率呢?重点应做好以下几个方面的工作。

首先,必须制定统一有效的"行业间资金统筹规划"。"资金统筹规划"意味着资金统筹的"顶层设计"。要构建这样的顶层设计,"必须应用若干科学方法,包括会计收益率、平均会计收益率、投资回收期、净现值、盈利指数、内部收益率、修改内部收益率、相当于每年的成本、实物期权估值。这些方法使用来自每个潜在投资或项目的增量现金流,有时也可以使用基于会计收益和会计规则的技术,例如会计收益率和'投资回报率',还可以使用简化和混合方法,例如投资回收期和折现回收期"②。简言之,要运用经济学的相关科学方法来进行"规划"的设计与构建,从而最大限度、最为精确

---

① Xia Li, Ying Chen, Hezhong Dong, "Trends of Project Funding in Provincial-Level Agricultural Research Institutions in China and Recommendations for Fund Management", *International Journal of Economics and Finance*, Vol.7, No.1(2014), p.147.

② *Capital budgeting*, 2018 年 10 月 25 日, 见 https://en.wikipedia.org/wiki/Capital_budgeting。

地完善规划,使行业间资金统筹方案更加细致、精准。

其次,必须做好各方面关系的协调工作。"行业间资金统筹"涉及各个相关行业自身的利益问题,因而常常会有经济利益方面的冲突。因此,必须做好协调工作,在完善政策措施的同时,构建利益表达和利益补偿机制,从而化解不同行业之间的利益冲突,降低资金统筹的成本与风险。对此,关力认为:"国家经济建设各部门和国家各行政管理部门的事业发展需要大量的资金,财政收入与支出在数量上的矛盾不仅体现在总额上,还体现在有限的财政资金在各部门之间的分配。财政支出的安排要处理好积累性支出与消费性支出的关系、生产性支出与非生产性支出的关系,做到统筹兼顾,全面安排。"①的确,各个行业对于财政资金都有着自己的需求,于是在资金分配领域就形成了天然的矛盾,必须在规划各项支出时通盘考虑、优化整合,才能发挥出资金最大的使用潜能。

再次,必须用"财政支农资金"引导"行业间统筹资金"的使用。毋庸置疑,"财政支农资金"是我国西部边远地区地方政府财政支持农业发展的主要资金来源。该类资金在农业发展历史上具有十分重要的地位与作用,于是,"行业间统筹资金"的使用可以采取为"财政支农资金"配套的形式来开展。根据国家统计局数据,以青海省为例,其地方财政农林水事务支出在2016年为232.35亿元,在2017年为233.12亿元,在2018年为267.85亿元,在2019年为324.09亿元。(见图4-2)总体来看,"财政支农资金"体量很大。于是,在具体的资金使用实践中,应以"财政支农资金"为主体,"行业间统筹资金"进行配套的方式来开展。这样,可以明确资金的主要使用方向,从而提升资金使用效率。

此外,还应不断拓展农业资金的筹措途径。这一点与农村公共产品的资金途径较为相似,根据于水所提出的观点,农村资金主要有三大来源:一是财政,包括预算内外的各种政府资金;二是市场,包括金融、税收减免等领域;三是来自国内外的社会团体或个人的资金。(见表4-4)事实上,要推

---

① 关力编著:《一口气读完经济学》,中国华侨出版社2010年版,第254—255页。

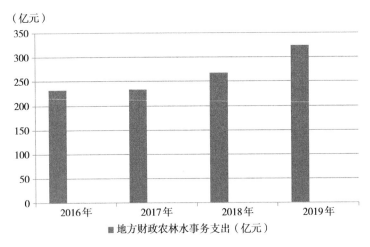

图4-2 青海省地方财政农林水事务支出

数据来源:国家统计局。

动农民土地财产权的实现,我国西部边远地区必须利用好这几项资金来源,多途径筹措助推"产业振兴"的农业发展资金,从而有力促进农民增加财产性收入。

表4-4 农村公共产品资金的多主体筹集①

渠道	类别	备注
财政渠道	财政预算内渠道 财政预算外渠道	包括乡镇统筹和自筹资金、政府基金,如发行长期基本建设国家债券
市场渠道	利用资本市场 成立专项发展基金 金融机构融资 减免税收和给予信贷优惠	春蕾计划、希望工程等
其他渠道	非政府组织渠道 境外资金 个人渠道	个人直接生产,部分资金捐助,村民集资,企业家捐助

在行业内资金实现充分整合,以及行业间资金实现合理统筹的基础上,

---

① 于水:《乡村治理与农村公共产品供给》,社会科学文献出版社2008年版,第38页。

两类资金要实现彼此有机衔接。如何做好这里的衔接工作呢？笔者认为，应以行业内资金为主体,将其作为推动西部边远地区产业振兴、促进农民土地财产权实现的主力资金,而以行业间资金为辅助,将其作为主力资金的配套资金来使用。这样,便可以在资金使用上互为补充、相辅相成。在主力资金的空白处用辅助资金来补充,而在辅助资金的支持有限的情况下,用主力资金来支撑。于是,一种新的、更高效的农业资金体系便有可能由此形成,从而推动农业经济的进一步发展。

第五章　基于机制变革的财产权实现理论创新与机制孱弱难题的破解

机制或制度是人与人之间交往、处理社会关系的产物。马克思说："制度只不过是个人之间迄今所存在的交往的产物。"①因此,针对西部边远地区农村土地经营的市场化机制缺失、西部边远地区农村土地经营激励与分配机制不尽合理、边远农村财产权纠纷的化解机制不足等"机制孱弱"难题,要从社会关系视角切入,完善要素市场化配置,完善产权制度,坚持法治乡村建设与乡村德治相结合,从而推动西部边远地区农民财产权的实现。

第一节　完善要素市场化配置

完善要素市场化配置,是"乡村振兴战略"的一大要求。《中共中央国务院关于实施乡村振兴战略的意见》指出:"实施乡村振兴战略,必须把制度建设贯穿其中。要以完善产权制度和要素市场化配置为重点,激活主体、激活要素、激活市场"②。同时,这一要求也适用于推动西部边远地区农民土地财产权实现的相关工作,可以推动相关体制机制的变革,从而破解西部边远地区的财产权实现机制孱弱难题。

---

① 《马克思恩格斯全集》第3卷,人民出版社1960年版,第79页。
② 《中共中央国务院关于实施乡村振兴战略的意见》,人民出版社2018年版,第31—32页。

一、建设要素市场化配置信息平台

完善要素市场化配置,首先需要建设要素市场化配置信息平台。从农业实践来看,农业生产最为重要的生产要素便是土地,因而建设土地要素的市场化配置信息平台便尤为重要。根据《中国农村土地市场发展报告2015—2016》的研究,土地要素的市场化配置信息平台主要应由企业来进行经营,由于采取了互联网作为技术支撑,所以其服务范围可囊括全国,已经建成的案例包括"土流网、土地资源网、云地网等"[1]。(见表5-1)事实上,不仅土地要素的市场化配置可以直接促进西部边远地区农民土地财产权的实现,并且其他生产要素的市场化配置也可以通过推动"产业振兴",而间接推动西部边远地区农民土地财产权的实现。在该类平台的建立过程中,除了"实体性平台"以外,需要建立一个基于互联网的"要素信息系统"。实践可以证明,"有效的生产要素市场信息对农民有十分积极的益处。关于价格和其他市场因素的最新信息,能使农民与中间商进行谈判,并推动其从农村地区到城镇和市场之间的产品空间分配……现代通信技术为市场信息服务开辟了通过手机短信改善信息传递的可能性,许多发展中国家调频广播电台的快速发展提供了更多本地化信息服务的可能性。从长远来看,互联网可能成为向农民传递信息的有效方式"[2]。可见,"建设要素市场化配置信息平台"需要借助新型的信息技术,辅以传统的市场化手段加以完成。在这里需要指出的是,在使用新型信息技术的同时,传统的广播电视手段对于西部边远地区农民来说也十分适用。在广播或电视节目的播出空隙,可以插播某些生产要素的需求信息或是供给信息,这一传播手段事实上早已有之,农民的接受度较高,可以在未来的农业信息传播中继续运用。

---

[1] 李光荣等:《中国农村土地市场发展报告 2015—2016》,2016 年 3 月 1 日,见 https://www.pishu.com.cn/skwx_ps/multimedia/ImageDetail? SiteID = 14&type = Picture&ID = 6701672&ContentType=MultimediaImageContentType&isHost = null&status = No。

[2] *Agricultural marketing*,2018 年 9 月 10 日,见 https://en.wikipedia.org/wiki/Agricultural_marketing。

表 5-1　物权交易平台和农地流转信息平台比较①

平台种类	性质	范围	数量	站务	案例
物权交易平台	政府主导	限制在所属行政区内	少	涵盖其他资产的处置	农村产权交易所、农村集体资产交易管理网
农地流转信息平台	企业经营	覆盖全国甚至全球	多	围绕农地流转衍生其他服务	土流网、土地资源网、云地网

从当前的状况来看,尽管我国部分地区已经建立起以土地为核心的要素市场化配置信息平台,但是这些平台的功能与作用还有很大的挖掘空间,需要相关管理者去改进、优化。正如石冬梅所说:"土地流转市场尚不健全,土地流转的信息平台虽然已经建立,但是并没有实现应有的功能,政府部门的工作不能与农民实现信息互动,为不合理的流转提供了违规流转的便利条件。同时,流转市场的供给和需求不能平衡,需要建立相应的激励、监督机制促进土地流转市场的发展。"②在土地等生产要素的市场化配置中,"信息对称"极为关键。如果农户、合作社或是农业企业无法简便地通过正常渠道获取要素需求或供给信息,那么其就只能通过非正常渠道去获取。所谓信息获取的"非正常"渠道,往往是私人交往的民间渠道。从这些渠道获取的信息尽管通常是"熟人介绍",但是由于缺乏严格的监管,存在极大的风险隐患,容易造成要素交易之后的法律纠纷。一方面,需求或供给信息的"真实性"就是一大问题。通过私人交往去获取信息,有可能会遭遇各种欺诈行为,从而带来经济与时间上的损失。另一方面,通过私人交往去获取要素交易信息,会存在滞后性的风险。"口耳相传"毕竟不同于广播电

---

① 李光荣等:《中国农村土地市场发展报告 2015—2016》,2016 年 3 月 1 日,见 https://www.pishu.com.cn/skwx_ps/multimedia/ImageDetail? SiteID = 14&type = Picture&ID = 6701672&ContentType = MultimediaImageContentType&isHost = null&status = No。

② 石冬梅:《基于非对称信息的农村土地流转问题研究》,中国农业出版社 2015 年版,第 212 页。

视或互联网平台的正式发布,有些信息经过传递者的加工叙述,不仅可能失真,而且时间耗费也较多,从而不利于需求者或供给者第一时间获得可用的交易信息,从而增加土地等生产要素的交易时间成本。鉴于此,这需要政府机构进一步改进信息平台的功能与水平,与农民实现信息交流,农民需要什么样的信息,平台就提供什么样的信息,从而从农民的反馈中获得发布信息的科学导向。与此同时,为实现要素供给者与要素需求者之间的信息对称,还要建立相应的激励与约束机制,以促进信息工作的良性开展。例如,通过平台发布信息的供给者或需求者可以有效降低交易成本,或获得交易补贴,这便是一种激励机制;同时,提供虚假信息的人员会得到相应的处罚,这就是一种约束机制。总之,要把构建要素市场化配置信息平台,作为一种"机制建设"来看待,充分重视,从功能优化入手,以准确、快速的信息发布便利以土地为核心的要素市场交易,从而有效推动西部边远地区农民土地财产权的实现。

二、建设完整的要素交易培训体系

建设完整的要素交易培训体系,这也是完善要素市场化配置的重要内容。在这一培训体系当中,针对村委会人员的要素交易培训尤为重要,正如孔祥智等所指出的:"强化村委会土地流转的中介服务职能政府可以通过加强培训和制度建设,进一步提高村委会土地流转的服务意识和服务能力。在业务方面,地方政府要加强对村干部的引导和培训,如开展村干部土地流转培训、土地流转形势和法规教育等。"[①]由此可见,村委会人员在西部边远地区农民土地财产权实现过程中,事实上承担着"中介人"的角色,他们既可以向村民传递土地流转信息,同时也在土地流转协议的签订过程中发挥着重要作用。因此,要提升村委会人员的"服务水平",必须开展一系列的相关培训,提高村委会人员的业务水平与法治意识,避免因为村委会工作不

---

① 孔祥智等:《土地流转与新型农业经营主体培育》,中国农业出版社2015年版,第156页。

当而引发财产权纠纷。

在村委会人员培训的基础上,对于普通农民而言,也应开展具有针对性的"要素交易培训"。事实上,当前已经存在针对农民的多种培训项目,但是还不能满足西部边远地区农民的培训需求。"要素交易培训"属于农业市场营销和经营管理培训中的一个组成部分,对此,不同类型的农民有着各自的需求。根据《农村公共事业发展调查》的相关数据,在从事农业的农民中,有2.4%的人有此项需求;在从事林业的农民中,有9.5%的人有此项需求;在从事畜牧业的农民中,有11.8%的人有此项需求;在从事非农业的农民中,有2.9%的人有此项需求。(见表5-2)因此,针对普通农民的要素交易培训是十分有必要的。对于培训形式而言,既可以采取特定场地集中培训的方式,也可以采取分散式的远程网络培训方式。前者的优势在于学员与教员之间的互动较为方便,而后者的优势在于成本较低、覆盖面较广。在开展培训时,应结合西部边远地区的地域特点,进行针对性、实用性的指导,而不是泛泛而谈,注重培训内容的应用价值,做到管用、有效。除了整体性的人员培训之外,还可以联系该领域的资深人员作一对一的指导、协助,从而为农民开展土地等生产要素交易铺平道路。

在开展培训的过程中,有四个方面的内容尤其值得关注。首先,土地流转流程的掌握。农民的土地流转,通常会经历一系列流程,如"提出申请——审核登记——信息发布——组织交易——成交签约——归档"①。要让农民在培训中掌握土地流转的相应流程,从而为其积极实施土地流转行为,实现土地财产权提供便利。

其次,土地流转法规的掌握。土地流转过程中的法律意识必须依靠法治教育来培养,这些法律意识包括自身权利的保护意识、土地纠纷的调处意识、土地流转的程序意识等。在针对普通农民的培训中,应在法治教育领域加大培训力度,从而增强农民在土地财产权实现过程中的法律意识。

---

① 田希永:《农村土地制度改革及金融支持调查——以唐山市为例》,《金融经济》2013年第18期。

　　再次,土地财产权实现积极性的激发。如前所述,财产权实现以前的西部边远地区农村土地只是一种"沉睡的资本",而不是"苏醒的财产"。因此,要将财产权由潜在转变为现实,必须充分调动农民实现自身土地财产权的积极性。在针对普通农民的培训中,要让其了解土地财产权实现之后的可能收益、土地财产经营的可能风险及其防范、土地财产保值增值的方式方法等实用知识,从而使其具有实现土地财产权的基本常识与能力,从而积极促成土地流转,增加自身收入。

　　最后,土地财产权实现途径的了解。在培训中,不仅要激发农民实现其土地财产权的积极性,而且要让其了解土地财产权的实现途径,包括如何才能提升自身土地的吸引力、增加土地价值? 如何发布土地流转信息,促成土地交易? 如何在土地流转过程中,寻求自身的最大收益? 这些问题实际上都是农民关心的利益问题,应邀请相应的培训教员对其进行针对性的讲解。

表5-2　不同行业就业农民对职业技术培训的需求情况①

项目		从事农业	从事林业	从事畜牧业	从事渔业	从事非农业	兼业	合计
种植技术	频数	220	11	7	1	55	97	391
	比重(%)	52.0	52.4	41.2	50.0	53.4	48.0	50.9
养殖技术	频数	149	6	6	1	34	70	266
	比重(%)	35.2	28.6	35.3	50.0	33.0	34.7	34.6
务工职业技能	频数	42	2	2	0	8	26	80
	比重(%)	9.9	9.5	11.8	0	7.9	12.9	10.4
市场营销和经营管理	频数	10	2	2	0	3	8	25
	比重(%)	2.4	9.5	11.8	0	2.9	4.0	3.3
法律和相关政策培训	频数	1	0	0	0	1	1	3
	比重(%)	0.2	0	0	0	1.0	0.5	0.4

　　①　农村公共事业发展课题组:《农村公共事业发展调查——农户视角:现状、需求意愿与评价》,2013 年 1 月 1 日,见 https://www.pishu.com.cn/skwx_ps/multimedia/ImageDetail? type=Picture&SiteID=14&ID=2827197&ContentType=MultimediaImageContentType。

项目		从事农业	从事林业	从事畜牧业	从事渔业	从事非农业	兼业	合计
创业培训	频数	1	0	0	0	1	0	2
	比重(%)	0.2	0	0	0	1.0	0	0.3
其他	频数	0	0	0	0	1	0	1
	比重(%)	0	0	0	0	1.0	0	0.1
合计	频数	423	21	17	2	103	202	768
	比重(%)	100	100	100	100	100	100	100

总之,建设完整的要素交易培训体系是农民的迫切需求,既有利于政府部门推进农民土地财产权实现的相关工作,也有利于农民增加收入、发家致富。在这一培训体系的建立过程中,必须从整体着眼,并关注细节,通过实证调研将农民的培训需求摸清、摸透,从而有的放矢,有针对性地开展培训活动。

三、建设市场化的农业价值链

完善要素市场化配置,除了需要建设要素市场化配置信息平台和完整的要素交易培训体系以外,还需要建设市场化的农业价值链。强化这一措施的目的,主要是通过机制建设的方式实现西部边远地区农民"产业振兴",从而为农民土地财产权的实现奠定良好基础。"自 2000 年以来,'农业价值链'概念一直被广泛使用,使用人群主要是那些从事发展中国家农业发展的人。虽然没有普遍接受的术语定义,但它通常是指农产品从农场到最终客户或消费者那里所需的全部商品与服务。"[1]因此,"农业价值链"是农业商品和服务的链条。

要更为深入地理解"农业价值链",可以首先了解"价值链"概念的由

---

[1] *Agricultural value chain*, 2018 年 6 月 20 日, 见 https://en.wikipedia.org/wiki/Agricultural_value_chain。

来。"价值链概念的核心是行动者通过一系列生产活动向消费者提供货物的'连锁理念'。然而,这种'纵向'链条不能孤立地运作,价值链方法的一个重要方面是它还考虑了对链条的'横向'影响,例如投入和融资提供,扩展支持和通常的有利环境。"①由此可见,所谓"价值链"的核心结构是"横向要素基础上的纵向链条"。其中,投融资渠道、经营环境、支撑条件都是横向的要素,而一系列产品和服务的连锁则是纵向的链条。换句话说,在价值链的每一个环节,都存在着投融资渠道、经营环境、支撑条件等横向要素,由此构成了价值链的独特特征。于是,以"产业振兴"为目标的农业价值链,也应是以农业投融资渠道、农业经营环境、农业支撑条件等横向要素为基础的农业生产经营纵向链条。

构建"农业价值链"的关键在于做好"市场化"的工作。张喜才认为:"价值链的基本原则是在符合市场需要的前提下,通过农业产业链的有效管理使产品尽可能地增值……通过农业价值链管理,可以在产业链组织的带动下,实现对产业链全程的质量控制,提高农产品的质量。在产前确定农产品生产的规格、品种、质量标准……并在生产中进行了技术服务和统一管理,产后进行统一收购、加工、包装、储藏。"②可见,"市场化"是农业价值链的基本原则。

一方面,价值链中的农业生产应以市场需求为指向,只生产符合市场需求的农产品,而对于市场需求较低、附加值不高的农产品则放弃生产。坚持这一点,可以提高农业价值链生产经营的效率与效益,迎合市场的特定需要。就此而言,满足市场需求不只是一句口号,更多地需要价值链中负责市场调查的部门与人员去积极了解市场、洞察市场,利用"大数据"和"小数据"分析手段去考察市场需求,当市场需求变化时,第一时间把握市场动态,并将信息及时传达给价值链中的生产部门,从而及时调整产品结构,避

---

① *Agricultural value chain*, 2018 年 6 月 20 日, 见 https://en. wikipedia. org/wiki/Agricultural_value_chain。

② 张喜才:《互联网+背景下现代农业产业链整合管理》,中国商业出版社 2016 年版,第22 页。

免不必要的滞后性损失。

另一方面,实现市场化管理,达到产品全程质量监控。农业价值链是一个市场化组织,因而其管理也应是市场化的。通过市场化的手段,借助现代数字技术,可以实现农产品的全程质量监控,从而较大提升农产品本身的品质。当前,部分绿色农产品、有机农产品已经实现了产地、生产条件"可追溯",产品身上的二维码本质上是该产品的"身份证",从而达到"一品一证"的效果。这事实上就是通过市场化手段实现的,价值链的生产、运输、销售环节尽管分属于不同的企业或部门,但是通过市场化整合,使得该价值链上的农产品实现了"来源清晰、过程可控",由此成为高质量的农产品,极大地提升了这些产品的价值。

在实际的农业价值链经营中,西部边远地区可以借鉴东部沿海地区的相关经验。"产业链"是"价值链"的基础,以"糖姜产业链"为例,在这条产业链中,农户、企业、外贸经销商、欧洲大型超市各自承担自身的产业分工,并获取各自的产业利润,从而形成了一整套农产品的价值链条,有利于提高农产品的品质与价值。总之,建设市场化的农业价值链,必须充分尊重市场规律,从市场主体与市场需求的双重视角主动构建价值链条,形成一系列包含各种横向要素与纵向要素的价值产业链。

第二节　完善产权制度

完善产权制度,主要是推进农村土地制度改革和林权制度改革。《中共中央国务院关于实施乡村振兴战略的意见》指出:"深化农村土地制度改革"[1],"深入推进集体林权、水利设施产权等领域改革"[2]。可见,这两个领域的改革措施对于乡村产业振兴、农民土地财产权实现,具有十分重要的意义。

---

[1] 《中共中央国务院关于实施乡村振兴战略的意见》,人民出版社 2018 年版,第 32 页。
[2] 《中共中央国务院关于实施乡村振兴战略的意见》,人民出版社 2018 年版,第 34 页。

一、农村土地制度改革

完善产权制度,是破解机制孱弱难题的重要一环。在农村产权制度中,土地的产权制度最为重要,因而必须首先推进这一领域的改革。"当前,土地转让市场存在若干障碍。尽管现在的土地法规大大改善了土地使用权交易的法律框架,预计将促进土地使用权市场的发展。但是,法规的贯彻实施,仍有待于突破大规模发展高效农村土地转让市场的重大障碍。"①在土地制度,特别是土地流转制度的改革中,相关法律法规的修订、贯彻、实施始终是工作的重点。

首先,土地流转制度改革应以优化激励、分配机制为导向。要实现这一点,"一是市场在资源配置中起支配性的作用,必须体现制度的经济效益,把经济效益放在重要的位置。尊重市场规律,主要依靠经济杠杆来配置各种生产要素。二是要实现共同富裕,更加关注社会的公平,通过税收、社会福利等'二次分配'的方式实现民众的共同富裕,让国家、集体和个人都从中受益"②。由此可见,构建激励机制不是违背市场规律人为地分配经济资源,而是在尊重市场的前提下,采用经济杠杆的方式来调配经济资源,使经济资源更多地流向效率更高、效益更好的经济主体。同时,完善土地流转中的税收制度,让税收成为二次分配的基础,从而在效率优先的基础上兼顾公平。

其次,土地流转制度改革应以切实实现农民土地财产权为目标。实现西部边远地区农民的土地财产权不是一句空话,而是以西部边远地区的土地流转为基础的。根据《甘肃县域和农村发展报告(2018)》相关数据,作为西部边远地区的甘肃省,其农村土地流转面积逐年扩大:2009 年为 141.1 万亩,2010 年为 198.6 万亩,2011 年为 364.6 万亩,2012 年为 518.9 万亩,

---

① J.D. Ping Li: *Rural land tenure reforms in China: issues, regulations and prospects for additional reform*,2018 年 9 月 16 日, 见 http://www.fao.org/docrep/006/y5026e/y5026e06.htm。

② 胡文杰等:《转型背景下中小城市的改革与创新——以慈溪市为例》,东南大学出版社 2015 年版,第 167 页。

2013 年为 743.3 万亩,2014 年为 982.0 万亩,2015 年为 1136.3 万亩,2016 年为 1220.2 万亩。(见图 5-1)可见,西部边远地区农民的土地财产权正处在有序实现的过程当中。但是,从图 5-1 可知,截至 2016 年,甘肃省农村流转土地占承包耕地的比重为 25%,也就是说,承包耕地中只有四分之一的土地进行了流转。因此,农民土地财产权的实现仍具有巨大的拓展空间,必须予以高度重视。

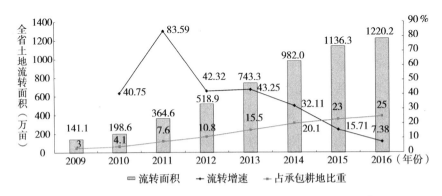

图 5-1　2009—2016 年甘肃省农村土地流转面积变化情况①

　　再次,应重视土地制度改革,特别是土地流转制度改革的宣传工作。在开展宣传工作过程中,"应该使用各种媒体,尤其电视是与农民沟通的最有效媒介。重要的是,宣传活动所涵盖的主题至少应包括:农民根据法律享有的特定土地权利、土地调整的具体限制及其实施条例、土地交易规则(特别是保护农民免受非法强制重新征收的规定)、各种违反农民土地权利的补救和处罚,以及有关争议解决的适当渠道的信息,关于妇女的土地权利和有效规则的重要改进"②。换句话说,现代媒体,无论是以广播电视为主体的传统媒体,还是以互联网为主体的新媒体,理应是宣传土地制度改革的主要力量。在宣传活动中,应着重提升农民的信息意识、权利意识、规则意识以

---

　　① 李振东等:《甘肃农业土地流转的风险防控研究》,2018 年 1 月 1 日,见 https://www.pishu.com.cn/skwx_ps/databasedetail? SiteID = 14&contentId = 9301897&contentType = literature&subLibID = undefined。

　　② J.D. Ping Li: *Rural land tenure reforms in China: issues, regulations and prospects for additional reform*,2018 年 9 月 16 日,见 http://www.fao.org/docrep/006/y5026e/y5026e06.htm。

及纠纷调处意识,从而从主体角度推动西部边远地区农民土地财产权的实现进程。

最后,稳健推进农村宅基地制度改革。除了耕地,宅基地也是农村土地的重要组成部分。因此,宅基地制度改革也事关西部边远地区农民土地财产权的实现。"宅基地约占农村建设用地的3/4,潜力远超集体经营性建设用地,但涉及如何处理宅基地福利功能与财产功能、保障功能与要素功能的关系,因此改革更为审慎……要慎重确定宅基地转让和出租范围,既不能给农村社会结构带来颠覆性破坏,又能有效扩大农民财产性收入渠道,有利于人口流动,促进就地城镇化。"①从农村宅基地制度改革的实践来看,宅基地在农民土地中的作用是多重性的,既有福利因素,也有财产因素;既有保障因素,也有要素因素。换句话说,宅基地既是农民生活的基本保障,也是其实现财产权、实现增收的基础。因此,应当在保障农民基本生活的前提下,让宅基地"活起来",用于土地流转,从而让这笔沉睡的资本转变为苏醒的收入。尤其值得注意的是,伴随城市化进程,当宅基地的使用者进城居住,从而使得部分宅基地闲置下来的时候,应根据人口流动的实际情况,及时流转、盘活宅基地,从而发挥土地的潜在效能。

总之,农村土地制度改革的涉及面十分巨大,需要改革者逐一理清思路,在推动农民土地财产权实现的目标牵引下,逐步、稳步地展开改革进程,从而实现土地流转经济效益与社会效益的有机统一,以实现农民增收、乡村振兴。

二、林权制度改革

完善产权制度,是破解机制孱弱难题的重要一环,而在林权制度改革中,其核心内容亦是明确产权。对于明确产权的工作而言,应主要从以下三个方面着手。

其一,明确集体经济组织的角色定位。"农村集体经济组织的法律地

---

① 滕泰等:《供给侧改革》,东方出版社2016年版,第141页。

位应该明确,并应建立明确的林权登记制度。应确定农村集体经济组织的法律地位和治理结构。农村集体经济组织要进行彻底的转型使其具有法律条件,成为真正的法律主体,可以顺利进行商业登记和税务登记,以从事市场经济活动。鉴于农村的企业法律地位集体经济组织,建立一个民主管理机制应以此为基础形成他们的组织特征,包括民主选举、民主决策、民主管理和民主监督。"①由此可见,明确角色定位,并不能简单地通过文件、会议的形式实现,而应实施一系列综合性改革。一方面,由于集体经济组织常常是林权的主体,所以其应通过较为明确的登记机制来确认其角色定位。林权登记使得集体经济组织拥有了合法流转森林、林地的权利,从而便于其经营林权、实现林权。另一方面,集体经济组织应采取法人治理形式,成为自负盈亏的独立法人主体和生产经营单位。与此同时,其应进行商业以及税务登记,从而接受相关政府部门的正常管理。在集体经济组织的内部管理中,不但要有相应的规章制度,还要有一整套民主管理的措施,从而达到其决策民主化、管理科学化的目标。总之,集体经济组织作为林权的生产经营单位,应在政府部门的引导下,积极改革内部机制,以满足林权制度改革的整体要求。

其二,在设计林权改革方案时,应充分发扬民主。林权改革事关农民的切实利益,涉及的利益关系十分复杂,因而一定要从微观入手,集思广益,做到意见收集、整合的最大化。西部边远地区相比部分东中部地区在农民的林权改革参与度上仍有差距,需要进一步改进,以提高林权改革的民主化水平。

其三,改革林权的权属结构。从国际经验来看,林权的权属结构越多样,森林及林地的使用效率越高。因此,应积极改革我国的林权权属结构,提高农民个人拥有林权的比重,从而提升林木的使用效率与效益。根据朱洪革的调查数据,在我国,"按林木权属划分为国有、集体、个体。从 2003 年

---

① Jinggang Guo, Guoming Du, Yamin Li, "Defect and Perfect of Property Right Institution of Collectively-Owned Forest Rights in China", *The Open Cybernetics & Systemics Journal*, (2015), pp. 2858-2862.

到 2008 年,有林地中个体经营的面积比例上升 11. 39 个百分点,达到 32.08%。目前,个体经营的人工林、未成林造林地分别占全国的 59. 21% 和 68. 51%,反映出集体林权制度改革的成效"①。可见,当前农民个人生产经营的森林及林地已占据相当大的比重,下一步的任务应是规划国家、集体、农民三者林权比重的顶层设计,从而改变摸着石头过河的改革思路,从而更为宏观、整体的角度推进林权制度改革,推动西部边远地区农民土地财产权的实现进程。

其四,应赋予林权主体"相对完整"的林权。有学者认为:"应通过完善法规和政策,赋予林权主体森林所有权、使用权、收益权、处置权四个完整的权力。在林地使用权的实现中,可以从以下两个方面完善:第一,不仅仅是林地合同和管理权,也适用于其他林地使用权利实施完全的财产保护权利。第二,在国家法律层面,明确界定林地使用权可以出售、出租、分享、抵押或其他方式,以消除不必要的限制,森林土地使用权正常有序转移,如此促进集体林权流转和发展林业。"②笔者同意这种观点,首先,只有赋予林权主体"相对完整"的林权权益,才便于其独立开展生产经营活动,通过生产经营获取经济效益。在"森林"的相关权属中,收益权和处置权尤为重要,这是关系森林流转的两大关键权利,在确权登记中应明确赋予林权主体。其次,在"林地"的相关权属中,主要是"使用权"应予以明确,尤其是林地使用权的出让、抵押、共享必须在法律法规中予以明确,并制定相应的配套政策措施,设计、完善森林及林地流转的法律程序,从而为林权出让、实现林区农民财产权奠定良好的基础。

---

① 朱洪革编著:《国有林权制度改革跟踪:理论与实证研究》,光明日报出版社 2013 年版,第 41 页。

② Jinggang Guo,Guoming Du,Yamin Li,"Defect and Perfect of Property Right Institution of Collectively-Owned Forest Rights in China",*The Open Cybernetics & Systemics Journal*,(2015),pp. 2858-2862.

第三节　法治乡村建设与乡村德治相结合

对于"机制变革"而言,法治乡村建设与乡村德治相结合是一个重要内容。《中共中央国务院关于实施乡村振兴战略的意见》指出:"建设法治乡村"[①],"提升乡村德治水平"[②]。可见,从这两个方面入手推进"机制变革",可以极大地促进乡村产业振兴和农民土地财产权的实现。

一、法治乡村建设

在西部边远地区农村,土地流转过程中的纠纷多半是由机制建设不到位造成的,更确切地说,是由法治建设与德治建设的不足造成的。因此,有学者提出:"应加强农民的权利意识,完善有关土地的法律法规,在城市已经成熟的法规要根据具体情况在农村推广。建设社会主义新农村,不仅是农村经济建设,也是农村法治建设。农村地区是依法治国的重要区域,但是农业、农村和农民问题会形成与城市不同的诸多特点。农民在建设新农村的过程中,会遇到一系列问题。其中,法治乡村建设已成为依法治国的一个重要领域。鉴于农村社会的具体性和多样性,探索现代法治的方式可以多样化。"[③]从中可以看出,化解土地流转纠纷,首要的措施应是强化法治乡村建设。就此而言,在提升农民维护自身权利的能力的同时,健全土地财产权实现的相关法律,将一些乡村之外地域已经运用成熟的法律结合乡村的实际状况,在乡村贯彻实施。当然,其中要特别注意乡村法治环境的典型特点,其与城市法治环境存在差异之处。与此同时,乡村本身也具有复杂性,不同类型的乡村也具有不同类型的法治环境,所以,应根据不同的法治环境类型采取不同的法治建设方式,从而提升法治建设的实效性。

---

① 《中共中央国务院关于实施乡村振兴战略的意见》,人民出版社2018年版,第22页。

② 《中共中央国务院关于实施乡村振兴战略的意见》,人民出版社2018年版,第22页。

③ Yao Tianchong, Song Chen, "The Predicament and Outlet of the Rule of Law in Rural Areas", *IFSRAP* 2013 – *THE FIRST INTERNATIONAL FORUM ON STUDIES OF RURAL AREAS AND PEASANTS*, (2014), p.6.

在具体的法治乡村建设过程中,首先,法律服务体系的建设具有十分重要的作用。根据相关研究,乡村法律服务体系应包括以下几个组成部分:"正规法律服务体系,包括县法律援助所、乡镇司法所、乡镇法律服务所;非正规法律服务体系,包括村委会、农村社会内部的法律服务志愿者。"①(见表5-3)由此可见,县乡一级的法律服务机构是整个法律服务体系的关键所在,应在做好法治教育的同时,建设好基层法律服务机构,从而推进法治乡村建设的整体进程。

表5-3　农村正规和非正规法律服务体系的构成和功能②

农村法律服务体系结构	农村法律服务体系功能
正规法律服务体系	政府渠道提供的法律服务资源
县法律援助所	审查受援对象资格;直接提供或指派有法援义务的法律工作者提供援助
乡镇司法所	协助基层政府开展依法治理工作和行政执法检查、监督工作;指导管理人民调解工作,参与重大疑难民间纠纷调解工作;指导管理基层法律服务工作;代表乡镇人民政府处理民间纠纷;组织开展普法宣传和法制教育工作;组织开展对刑满释放和解除劳教人员的过渡性安置和帮教工作;参与社会治安综合治理工作;完成上级司法行政机关和乡镇人民政府交办的其他有关工作
乡镇法律服务所	县级司法行政机关组建,或者在县级司法行政机关指导下,由本辖区内的乡镇人民政府组建。在乡镇设立的提供有偿法律服务的组织,接受司法行政机关的管理和指导,提供诉讼和非诉讼代理、见证和协办公证、法律顾问、劳动仲裁、调解纠纷,并协助开展基层司法行政工作
非正规法律服务体系	民间自发形成的法律服务资源

① Yao Tianchong, Song Chen,"The Predicament and Outlet of the Rule of Law in Rural Areas",*IFSRAP* 2013 – *THE FIRST INTERNATIONAL FORUM ON STUDIES OF RURAL AREAS AND PEASANTS*,(2014),p.6.

② 李小云等:《2006—2007中国农村情况报告》,2008年1月1日,见 https://www.pishu.com.cn/skwx_ps/multimedia/ImageDetail? type = Picture&SiteID = 14&ID = 2677198&ContentType = MultimediaImageContentType。

农村法律服务体系结构	农村法律服务体系功能
村委会	调解矛盾纠纷、法制宣传;自我教育、自我管理、自我服务
农村社区内部的法律服务志愿者	(赤脚律师)法律咨询、纠纷调解、法制宣传、法律服务

其次,建设一支优秀的基层执法团队,也具有极其重要的价值与意义。邵晓琰认为:"执法环节对目前农村法治建设有很大的影响。一些乡村都不同程度地存在着个别行政执法人员素质低下,普法宣传与执法实践相脱节的现象。必须要加强农村执法队伍建设,采取措施提高执法人员素质。"[①]在基层执法团队的建设过程中,一方面,要通过选拔、培训,塑造出一支高素质的执法团队。在选拔环节,要严格准入制度,用法律标准选拔执法人员;在培训环节,注重人员的岗前培训与岗位培训,进一步提升其执法能力与素养。另一方面,要建立一整套针对基层执法人员的奖励惩罚制度。对于工作业绩突出、办事公道的基层执法人员,应给予相应奖励,而对于在执法过程中知法犯法、违背公正原则的基层执法人员,则应给予相应的惩罚。由此,让法治教育与执法环节实现有机统一,让西部边远地区的普通农民通过执法实践接触法律、理解法律,进而学会运用法律,从而通过法律保护自身权益不受损害,并处理日常的经济纠纷。只有如此,才可能实现法治乡村建设的既定目标。

再次,还应在法治乡村建设过程中加强法治教育力度。"在近年来的法律普及工作中,尽管我们取得了较好的成绩,但仍存在一些不足之处,表现在:一方面,法律普及的宣讲内容针对性不足,对农民要掌握何种法律知识不够明确,农民的法律知识教育与社会发展需求不太相称,有关农民切身利益的一些法律规定没有得到有效宣传。另一方面,法律知识普及的方式

---

① 邵晓琰:《支持新农村建设的财政政策研究》,上海交通大学出版社 2015 年版,第 184 页。

较为单一。该项工作一般采用'灌输'式的教育方式,但是法律理论太抽象,普法工作者对农民的接受能力关注不足,这直接影响到农村的法治文化营造。"①由此可见,法治教育的短板主要存在于两个方面:一是其与农民的社会实践的相对脱节;二是教育手段不符合农民的认知习惯。就第一个方面而言,应优化乡村法治教育的教育内容,让其更贴近普通农民的日常生活,让其能用学到的法治知识进行乡村法治实践,保护自身的合法权益;就第二个方面而言,应丰富法治教育手段,让普通农民能够更容易理解法律条文的基本内容,从而乐于接受法治教育。

总之,实现法治乡村建设与乡村德治有机结合,必须以前者的扎实推进作为基础,再加强德治建设,从而实现二者的辩证统一,有效化解土地财产权问题上的各种经济纠纷。

二、乡村德治

法治乡村建设与乡村德治相结合,关键是寻找到一种既符合传统又适应现代需求的方法与路径。在很多西方学者看来,法律与道德应该互不干涉,彼此分别发挥作用。马克斯·韦伯认为,法律应该纯粹是"形式上理性的",通过法律逻辑统一成一个整体,不受"外部"道德价值观的影响,以免成为一种"实体—非理性"的法律。然而,历史现实却是,法律过去和现在都与道德价值观不可分割。中国是法治道德主义的典范,从道德与法律之间必要的相互关系的角度来看,过去和现在的中国法律制度都是特别具有说服力的例子。在现代社会,中国法律仍然保留了一种持久的道德观,它显然不会因其持续的"现代化"而消亡。就此而言,法治与德治相结合,是中国法律的一个重要特征。它将是现代中国独特的法律体系的主要构成方式。② 事实上,韦伯的话代表了很多西方学者的观点,试图把法律的独立性

---

① Yao Tianchong, Song Chen, "The Predicament and Outlet of the Rule of Law in Rural Areas", *IFSRAP* 2013 – *THE FIRST INTERNATIONAL FORUM ON STUDIES OF RURAL AREAS AND PEASANTS*, (2014), p.6.

② 参见 Huang, Philip C.C., "Morality and Law in China, Past and Present", *Modern China*, Vol.41, No.1(2015), pp.3–39。

最大化地突显出来,由此造就了西方社会富有特色的法律文化。但是中国社会与之不同,其有着悠久的"德治传统",这一文化传承在中国人的心目中根深蒂固,因而在中国社会的治理过程中,只讲法治、不讲德治是行不通的。换句话说,德治与法治应有机结合。所以,在中国现代法律体系的构建过程中,一定会有"德治"的身影,它不会因为中国的现代化进程而消解,而这一点也恰恰是中国法治文化区别于西方法治文化的最显著之处。

那么,在中国乡村治理中,如何实现法治乡村建设与乡村德治的有机结合呢?第一,根据农村居民的道德特点,设计乡村德治的针对性方案。从社会实践来看,城市居民与农民居民的道德特点存在差异之处。根据《中国社会心态研究报告(2018)》相关调查数据,在"捐款捐物"方面,中心城区居民的意愿和行为得分均比农村居民略高;在"志愿者服务"方面,中心城区居民的意愿得分与农村居民相当,但是行为得分比农村居民略高。(见图5-2)形成这样的差异,原因是多样化的。例如,就"捐款捐物"而言,城市居民的收入通常要比农村居民高,因而其"捐款捐物"的得分较高也在情理之中;同时,就"志愿者服务"而言,在"意愿"得分相当的前提下,由于城市居民开展志愿服务要比农村居民在地理位置上更为便利,因而其"行为"得分略高也在情理之中。这些数据并不能说明城市居民与农村居民的道德素质孰高孰低,只是说明二者之间存在特征上的差异。于是,社会治理者应根据这样的差异来实施"德治",而不是采取与城市"一刀切"的方式。

第二,在法治与德治相结合的乡村治理方案设计中,应构建特定的"机理结构",从而使得法治和德治各自都能发挥出自身的"特长"。在社会治理中,法治与德治的"特长"是不同的,正如占茂华所说:"法律由国家制定和实施,法律具有确定的、强制性的制裁力。因此,法治强调人对规范的服从和通过规范对人的行为实施外部控制,不服从则意味着被惩罚,所以法治是通过强力的权威实施的治理。道德则不是由国家制定和实施的,也不具有国家的强制力,它通过人的内心信念、信仰及社会舆论来实现。"[①]因此,

---

① 占茂华:《法理学前沿问题》,上海社会科学院出版社 2016 年版,第 300 页。

法律对人而言具有外在的强力约束性,而道德对于人而言主要是一种内在的柔性约束。如果社会治理的"机理结构"设计得好,二者是可以在治理过程中相互补充、相辅相成的。一方面,法律界定了个人行为的底线,如果突破底线,他就将受到惩罚,这保障了整个乡村治理的基本秩序。另一方面,一个人不但应有自己行为的法律底线,更应有道德品质的理想追求,所以德治可以通过抬高个人的道德追求而规范乡村社会人与人之间的交往,从而化解经济利益领域的矛盾与纠纷。

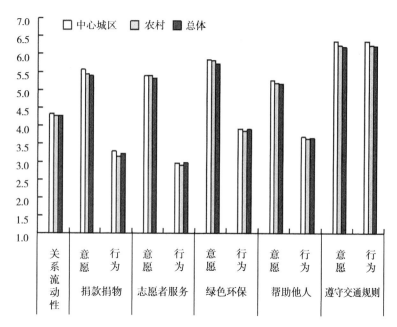

图 5-2　中心城区和农村的关系流动性和社会道德行为的得分①

　　第三,做好"乡村德治"工作的重要措施是优化"协商调解"工作。在乡村德治实践中,"协商调解"工作必须准确。"就乡村社会而言,通过调解解决纠纷可以看作是中国法律制度在乡村社会实践道德原则的一个重要方

---

　　①　王俊秀等:《中国社会心态研究报告 2018》,2018 年 10 月 1 日,见 https://www.pishu.com.cn/skwx_ps/multimedia/ImageDetail? type＝Picture&SiteID＝14&ID＝10207350&ContentType＝MultimediaImageContentType。

面。调解是基于关于什么时候应该'怎么做'的问题,而不仅仅是'什么是合法'的问题。这是关于美德的问题,甚至超越了正义问题。它是关于'和谐'的问题,不是权利和违法行为的问题;是通过妥协解决争端,而不是判断合法是非的问题。它是关于利用人类妥协和宽容的一面来建立一个道德社会,而不仅仅是禁止和惩罚非法行为。"①由此可见,协商调解必须解决具有矛盾冲突的双方应该如何做的问题。在部分财产权纠纷中,冲突双方的立场、想法有可能都有可取之处,但是却彼此对立。面对这种情况,需要调解人员细致地做工作,了解发生纠纷的症结所在,从而找到化解症结的关键之处,让冲突双方都知晓化解纠纷的方法与路径,从而通过协商调解实现社会德治的目标。

总之,乡村德治与乡村法治的辩证统一,需要基层的社会治理者更新观念、积极行动,探索出一条符合中国乡村特点的治理之路。

---

① Huang,Philip C.C.,"Morality and Law in China,Past and Present",*Modern China*,Vol. 41,No.1(2015),pp.3-39.

第六章 基于技术变革的财产权实现理论 创新与技术不足难题的破解

"技术变革"对于乡村产业振兴和农民土地财产权实现具有重要意义。马克思说:"应用机器,不仅仅是使与单独个人的劳动不同的社会劳动的生产力发挥作用,而且把单纯的自然力——如水、风、蒸汽、电等——变成社会劳动的力量。"①在推动西部边远地区农民财产权的实现进程中,针对现有农业机械难以满足边远农村生产的特殊需要、现有农业科研体制对西部边远地区农村提供的技术支持不足、现有农业科技人员的知识结构不足以支撑边远地区农村技术服务等"技术不足"难题,应积极研发经济作物、养殖业、丘陵山区农林机械,探索公益性和经营性农技推广融合发展机制,同时支持地方高校创新人才培养模式,以推动边远地区乡村产业振兴,促进农民土地财产权的实现。

第一节 研发经济作物、养殖业、丘陵山区 农林机械

研发经济作物、养殖业、丘陵山区农林机械,是实现技术变革、破解技术缺失难题的重要举措。《中共中央国务院关于实施乡村振兴战略的意见》

---

① 《马克思恩格斯文集》第8卷,人民出版社2009年版,第279—280页。

指出:"加快研发经济作物、养殖业、丘陵山区农林机械"①。因此,应从政策引导、经费投入和多元主体协同等多个方面共同推进该项农业技术研发工作。

一、研发经济作物农林机械

要推动西部边远地区农民的财产权实现,必须实现"产业振兴",而实现"产业振兴"离不开技术缺失难题的破解。就此而言,首先要研发"经济作物农林机械"。什么是"经济作物农林机械"? 首先要了解什么是农林机械。根据维基百科的定义,"农林机械是用于农业或林业的机械。这种设备有很多种类,从手动工具和电动工具到拖拉机,以及它们牵引或操作的各种农具。多种农林机械可用于有机农业或无机农业,特别是自机械化农业问世以来,农林机械已成为世界粮食供给不可或缺的一个环节"②。由此可知,农林机械根据动力系统的不同,可分为手动农林机械、电动农林机械和拖拉机,尽管其用途广泛,但是主要还是用于粮食作物的生产,而经济作物农林机械目前较少,仍不足以满足经济作物的种植需求。

那么,什么是"经济作物农林机械"呢? 根据苏庆伟的研究,关于"经济作物生产机械化,山东走在全国前列……花生综合机械化水平较高,重点是推广普及联合收获机具技术。花生耕整地、铺膜播种、灌溉和植保等环节基本实现了机械化,收获环节机收率达到57.4%。花生联合收获机械化技术已基本成熟"③。可见,西部边远地区农村可以学习山东的发展经验,开展"经济作物农林机械"的研发与推广,不仅在花生种植领域,还可以在棉花、土豆、水果、花卉等种植领域,不断尝试、探索,以提升机械技术的成熟度。事实上,根据农业机械行业分类,很多行业都与"经济作物农林机械"相关。根据"国民经济行业分类"标准,与"经济作物农林机械"相关的行业主要是

---

① 《中共中央国务院关于实施乡村振兴战略的意见》,人民出版社2018年版,第9页。

② *Agricultural machinery*,2018年8月27日,见 https://en.wikipedia.org/wiki/Agricultural _machinery。

③ 苏庆伟主编:《新视野 新对策》,山东人民出版社2015年版,第124页。

"农用及园林用金属工具制造、机械化农业及园艺机具制造、营林及木竹采伐机械制造"①。(见表6-1)由此可知,增强这些相关行业的研发与生产能力,是做好"经济作物农林机械"研发生产的重点。

表6-1　农业机械行业分类及代码②

行业代码	分类名称	行业代码	分类名称
3323	农用及园林用金属工具制造	3575	渔业机械制造
3532	农副食品加工专用设备制造	3576	农林牧渔机械配件制造
3534	饲料生产专用设备制造	3577	棉花加工机械制造
3571	拖拉机制造	3579	其他农、林、牧、渔业机械制造
3572	机械化农业及园艺机具制造	3597	水资源专用机械制造
3573	营林及木竹采伐机械制造	3799	其他未列明运输设备制造
3574	畜牧机械制造		

资料来源:国民经济行业分类(GB/T4754-2011)。

事实上,在农林机械技术研发领域,仍有较大的空间等待填补。有学者指出:"在未来,应研发更新的农业技术装备。在20世纪,农业机械的基本技术几乎没有变化……然而,技术正在改变人类操作机器的方式,由于计算机监控系统、GPS定位器和自动驾驶程序的出现,使得最先进的拖拉机和其他机械在使用燃料、播撒种子时更为精确,更少浪费肥料。在可预见的未来,可能会出现大量无人驾驶拖拉机,它们使用GPS地图和电子传感器来进行作业。"③可见,现代数字农业技术可以在实践中极大地推动农林机械的研发进程,使这些农林机械在农业生产中更精准、更高效。全球定位系统运用于农林机械领域,特别是经济作物农林机械领域,可以节约能源、提高

---

① 聂喜荣、李鹏:《农机装备》,2017年12月1日,见 https://www.pishu.com.cn/skwx_ps/databasedetail? SiteID=14&contentId=9283834&contentType=literature&subLibID=undefined。

② 聂喜荣、李鹏:《农机装备》,2017年12月1日,见 https://www.pishu.com.cn/skwx_ps/databasedetail? SiteID=14&contentId=9283834&contentType=literature&subLibID=undefined。

③ *Agricultural machinery*,2018年8月27日,见 https://en.wikipedia.org/wiki/Agricultural_machinery。

精度,并减少人力的使用。

具体来说,研发经济作物农林机械,必须从两个方面入手:一方面,从研发本身来看,应从利益相关者入手,形成政府部门政策引导、金融部门资金支持、科研机构主导研发、从事经济作物生产的农民积极参与的良好局面。另一方面,从机械研发的技术推广来看,"应由县级农业主管部门派出设置乡镇农技推广机构,实行人、财、物权统一归县级农业主管部门垂直管理,扭转因条块分割、人事分离而导致一线农技推广人员管理缺位、经费无保障、工作受影响的现状"①。在以往的农林机械推广环节,这一任务多由农村基层政府部门来承担,但是,由于这些部门事务繁杂,造成了农林机械推广效果不足的情况。与此同时,农林机械推广的人员、经费和产品过去往往由各个基层政府部门自己管理,也是造成其效率不高的部分原因。因此,在未来的经济作物农林机械推广中,应由县级政府部门来主导相关工作,从而提升推广效率,让有需求的农民早日用上该类农林机械。

总之,研发经济作物农林机械是一项较为迫切的任务,需要主管农业事务的政府部门予以高度重视,以及农民、企业、科研机构的积极参与,从而使该任务能够获得有效而持续的推进。在这一过程中,尤其要注重机械研发和机械推广的"网络化"建设,这里不仅是指"互联网"建设,更是指相关主体之间要形成网络,相辅相成、互为支撑,从而共同推动经济作物农林机械的研发与推广工作。

二、研发养殖业农林机械

研发养殖业农林机械,是破解技术不足难题的另一个重要内容。"养殖业是农业的一个分支,涉及为肉类、纤维、牛奶、鸡蛋或其他产品饲养的动物。它包括日常护理、选择性繁殖和饲养牲畜。"②当前,在养殖业的生产经

---

① 金鹏辉等编著:《我国粮食安全问题研究——兼论耕地保护农业现代化和对外开放》,中国金融出版社 2016 年版,第 169—170 页。

② 《Animal husbandry》,2018 年 9 月 15 日,见 https://en.wikipedia.org/wiki/Animal_husbandry。

营中,已经存在一些实用的农林机械。根据《中国装备制造业发展报告(2017)》的相关数据,我国饲料生产专用设备的产量已经大大超过大型拖拉机的产量,比中型拖拉机的产量略低。(见图6-1)由此可见,作为一种养殖业农林机械,饲料生产专用设备的生产已初具规模。

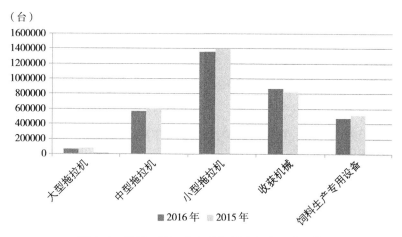

图6-1　2015—2016年农业机械主要产品产量①

但是,相对于庞大的养殖业规模来说,当前养殖业农林机械的类型与产量仍然是不足的。从国际经验来看,我国的养殖业"自动化"起步较晚,尚不能满足生产经营的需要,需要我们迎头赶上。但是,在追赶过程当中,不仅仅要立足于养殖"自动化"的实现,还要将其与"数字化"结合起来,将大数据、云计算、物联网与"自动化"紧密连接,从而在赶上国际水平的同时,力图实现超越。

其中,在养殖饲料的生产中,广泛运用数字技术与自动化技术,可以迅速提升饲料的品质与产量。"集中饲养的牲畜将需要能量和富含蛋白质的食物。能量主要来自谷物和谷物副产品、脂肪和油以及富含糖的食物,而蛋白质可能来自鱼或肉粉、奶制品、豆类和其他植物性食物,通常是植物油提

---

①　徐东华等:《中国装备制造业发展报告2017》,2017年12月1日,见https://www.pishu.com.cn/skwx_ps/multimedia/ImageDetail? type = Picture&SiteID = 14&ID = 9337708&ContentType=MultimediaImageContentType。

取的副产品。猪和家禽常常不能消化草和其他饲料中的纤维素,因而它们完全以谷物和其他高能食品为食。动物口粮专为不同类别的牲畜而生产,根据其生长阶段和特定的营养需求配制,其中添加维生素和矿物质以平衡饮食。"①可见,在饲料的生产过程中,饲料所蕴含的能量、蛋白质的多寡至关重要。其中,能量的来源主要是稻谷和脂肪,而蛋白的来源主要是肉类和牛奶。但是,部分牲畜无法吸收纤维素,所以主要用谷类饲料来喂养。那么,对于不同的养殖对象,应该采取不同的养殖策略,也就是使用不同的饲料来养殖。在这里,还涉及饲料的配比、成分问题。因此,在饲料生产机械中,一定要有大数据技术做支撑。通过养殖对象的大数据分析,得出其饲料的精确配比,从而最大限度地提高饲养的科学性。在大数据技术的基础上,饲料机械还可以采用自动化技术,提升饲料生产中的"无人化"水平,从而调高饲料的总体产量,并降低生产成本。于是,数字技术与自动化技术便在饲料机械中实现了有机结合,从而有利于养殖产业的发展,从而助推产业振兴,最终推动西部边远地区农民土地财产权的实现进程。

此外,在渔业养殖中,相关的养殖业农林机械也具有十分重要的作用。郑雄胜等认为:"要大力发展水产养殖业,光靠大自然恩赐或靠人工苦干是不行的,关键是要实现养殖机械化。以对虾养殖为例,要达到高产,除了要适当提高放苗密度外,还要提高对虾养成期的成活率,这样就不但要保证苗种质量,提高配合饲料的质量,防治病害,还要加强池水交换能力,进行水体增氧、净化和监测。这些措施都离不开养殖机械化的实施。"②换句话说,提高渔业养殖的效益,不但要依靠优质的苗种、高品质的饲料,还要依靠先进的养殖业农林机械。在渔业养殖中,机械的作用主要体现在换水、换气的科学性上,包括水气更换的时间间隔、净化措施等方面,都要有科学的做法来支撑,从而获得渔业养殖的最大收益。

总之,除了研发经济作物农林机械以外,研发养殖业农林机械也具有必

---

① *Animal husbandry*, 2018 年 9 月 15 日, 见 https://en. wikipedia. org/wiki/Animal_husbandry。

② 郑雄胜主编:《渔业机械化概论》,华中科技大学出版社 2015 年版,第 14 页。

要性。原因在于,经济作物的种植业和家禽、牲畜养殖业,是农村产业的两个重要方面,只有将这两个方面发展好,才可能实现乡村振兴战略中"产业振兴"的目标。同时,由于经济作物的种植业和家禽、牲畜的养殖业都需要大量土地做基础,所以其"产业振兴"必将带动农民的土地流转,从而实现农民的土地财产权。值得注意的是,以上两个产业都不需要广袤的"大地块",狭小的"小地块"也可以开展这两个产业的生产。因此,研发经济作物农林机械和养殖业农林机械,正是满足了西部边远地区农村实现"产业振兴"的客观要求,并有利于这一地区农民土地财产权的实现。于是,我们应大力发展经济作物农林机械和养殖业农林机械,从而让农民获得其增收、致富的有力"帮手"。

三、研发丘陵山区农林机械

相比"经济作物农林机械"和"养殖业农林机械"的研发,研发"丘陵山区农林机械"对于西部边远地区农村而言显得更为迫切。其原因是多样化的,但是其中有一个原因至关重要,那便是针对"丘陵山区农林机械"的研发力度不足。通常而言,在西部边远地区,尤其是西南部边远地区,很多农村土地以"丘陵山区"为主。于是,该地区的农林机械需求往往就以"丘陵山区农林机械"为主。但是,在农林机械的研发、生产实践中,对于"丘陵山区农林机械"的关注度是不足的。大部分农林机械以"平原""大地块"为耕作对象,而针对丘陵或山区地貌的农林机械并不多。因此,西部省份的农机总动力不足,其主要原因并不是农林机械的产能不足,而是农林机械的供给与需求不相适应。拥有强大需求的"丘陵山区农林机械",其供应不足,从而造成了西部省份农林机械化水平低于全国水平的现状。

那么,如何改变这种状况呢?主要的措施是加快"丘陵山区农林机械"的研发进程。在各种"丘陵山区农林机械"中,"农业机器人"是一种新型的农林机械。什么是"农业机器人"?农业机器人是用于农业目的的机器人。当今农业机器人的主要应用领域正处于收获阶段,机器人或无人机在农业中的新兴应用包括杂草控制、云播种、种植种子、收获、环境监测和土壤分析。水果采摘机器人、无人驾驶拖拉机、喷雾器和剪羊毛机器人旨在取代人工。在大多数情况下,在任务开始之前必须考虑许多因素(例如,待采摘的水果的大小和颜色)。机器人可用于其他园艺任务,如修剪、除草、喷洒和监测。机器人还可用于牲畜应用(牲畜机器人),如自动挤奶、洗涤和阉割。像这样的机器人对农业产业有很多好处,包括更高质量的新鲜农产品、更低的生产成本,以及减少对体力劳动的需求。它们还可用于自动执行手动任务,例如除草或蕨菜喷洒。① 由此可见,区别于其他农林机械,农业机器人具有高度的智能化与自动化,并且可以应用最新的数字技术,从而可以将服务对象定位为"丘陵山区",并成为"丘陵山区农林机械"。在农业机器人服务丘陵山区农业生产的过程中,其可以自动化地开展去除杂草、大面积播种、高效率收割等活动,同时,各种类型的农业机器人还可以收获水果、耕耘土地、灌溉农田,以及为牲畜剃毛。在以往的农林机械作业中,其活动常常是粗略型的,缺乏精准性。例如,在水果的收获中,传统农林机械无法判断水果是否成熟,只能由操作人员进行判断。但是,农业机器人由于采用了人工智能技术,可以自主判断水果的成熟度,无需人工判断,因而极大地提高了水果收获的效率与精准度。在此基础上,农业机器人在收获水果时,还可以对采摘来的果实进行分类,从而免去了人工分类的麻烦,这也将提升水果收获的效率。同时,农业机器人在丘陵山区的果树维护中,还可以用于树木的剪裁和灌溉;在牲畜养殖中,可以自动化地完成挤奶和清洗。因此,将农业机器人运用于丘陵山区,可以极大地降低该类型地区的农业生产成本,改变主要依靠人力进行生产的现状,进而推动西部边远地区农村实现"产业振兴",最终推动该地区农民土地财产权的实现。

　　既然诸如农业机器人这样适合丘陵山区的农林机械具有很多优点,那么,如何及时将这些重要的农业装备运用于实际农业生产呢? 关键还在于解决资金问题,正如汪懋华所说:"山区农民对农业机械化的需求非常迫

---

　　① 参见 *Agricultural robot*,2018 年 8 月 1 日,见 https://en.wikipedia.org/wiki/Agricultural_robot。

切,盼望减轻劳动强度,提高生产效率和生活质量。近几年山区农村经济有了长足的发展,但与发达地区相比,基础差,底子薄,农业机械化的财政投入明显不足。同时,农民人均收入低,对机具的购买能力不强,特别是对大中型农机具只能'望机兴叹'。"①可见,尽管丘陵山区农林机械可以极大降低西部边远地区农民的劳动强度,从而提升其生活水准,但是由于西部边远地区的资金不足,个人很难直接承担购置农机的费用,地方政府部门的补贴力度也不足,从而造成了有"机"不能用的窘境。那么,如何破解这一难题呢?正如本书第四章所指出的,必须基于投融资变革,创新财产权实现理论与实践,从而破解财力匮乏难题:一是完善国家融资担保基金,加大国家融资担保基金的支持力度,提升国家融资担保基金的担保服务工作,优化与国家融资担保基金相配套的担保机制;二是推动更多金融机构服务西部边远地区农民土地财产权的实现,这些金融机构主要是中国农业银行、农村信用合作社,以及其他金融机构;三是实现行业内资金整合与行业间资金统筹相互衔接,从而最大程度地实现西部边远地区的农业融资,为该地区农业信息化、机械化的实现奠定资金基础。

第二节　探索公益性和经营性农技推广融合发展机制

实现技术变革,破解技术不足难题,不仅需要研发经济作物、养殖业、丘陵山区农林机械,还需要探索公益性和经营性农技推广融合发展机制。《中共中央国务院关于实施乡村振兴战略的意见》指出:"探索公益性和经营性农技推广融合发展机制,允许农技人员通过提供增值服务合理取酬。"②因此,在实现乡村产业振兴和推进边远地区农民土地财产权实现的进程中,既要发展公益性农技推广,又要发展经营性农技推广,并将二者融

---

① 汪懋华主编:《中国农业机械化发展战略研究　区域农业机械化卷(上)》,中国农业出版社 2008 年版,第 280 页。

② 《中共中央国务院关于实施乡村振兴战略的意见》,人民出版社 2018 年版,第 37 页。

合起来,从而构建一体化的融合发展机制。

一、公益性农技推广

"公益性农技推广"是"公益性和经营性农技推广融合发展机制"中的重要一环。那么,什么是"公益性农技推广"?有学者指出:"'公益性农技推广'体系主要由一系列政府设立的公共机构以及一些私人组织构成。整个系统涵盖四个行业,即种植业、畜牧业、水产品和农业机械,其中,种植业是历史最悠久、人员最多、最广泛的服务对象。该系统有五个级别:国家、省、地、县、乡……提供公共服务支持科学技术提高农民素质……农民通过现场咨询、电话咨询、互联网咨询等方式获得农业技术支持。"①由此可见,"公益性农技推广"体系涉及的农业产业门类主要是种植、畜牧、水产以及机械等领域,这一体系通过口头指导、网络指导等方式向普通农民提供农业技术支撑,从而推动农村产业的发展。

当前,"公益性农技推广"体系还不完善,需要进一步健全、优化。那么,应如何优化"公益性农技推广"体系呢?从主要的方面来看,应从"资金""交通工具""培训条件"三个方面优化"公益性农技推广"体系,从而提升农技推广的实效性。那么,如何从"资金""交通工具""培训条件"三个方面优化"公益性农技推广"体系呢?首先必须明确"公益性农技推广"的角色定位。从实践来看,市场经济条件下的"公益性农技推广"应不同于计划经济条件下的"公益性农技推广"。在计划经济条件下,"公益性农技推广"的"资金""交通工具""培训条件"的来源主要是国家计划投入,其优点是资金来源较为稳定,但缺点也是较为显著的,亦即资金总量较难持续、迅速增长,"蛋糕难以做大",从而制约了农业技术的普及推广。与此不同,市场经济条件下的"公益性农技推广",其"资金""交通工具""培训条件"的来源主要由市场配置,国家投入只占据辅助性地位。于是,只要政策引导得

---

① CHEN Shengdou, *Agricultural Technology Extension in China*, 2018 年 9 月 16 日,见 https://www.syngentafoundation.org/file/751/download? token=kEcX8GSg。

当，"蛋糕可以持续、迅速做大"，有利于农业技术的广泛推广。对此，有学者认为："市场经济的健康发展和良性运转要求规范公共权力的运行方式，限制公共权力的使用范围，建立有限的、负责的服务型政府，由市场主导对社会资源进行优化配置，让政府更多地注重为市场和社会提供公共服务……由政府负责的公益性农业科技推广服务不应该是农业科技推广服务的主导方式，而应该是市场化农业科技推广服务的有效补充。"①由此可见，在市场经济条件下，"公益性农技推广"和"经营性农技推广"构成了一种辩证关系，二者既是彼此分离的，又是融合发展的。从二者的彼此分离来看，"公益性农技推广"和"经营性农技推广"不能混为一谈，前者不以营利为目的，而主要注重农技推广的社会效益；后者在注重社会效益的同时，也注重经济效益，既要让农民获益，也要实现农技推广企业的相应利润。从二者的融合发展来看，"公益性农技推广"和"经营性农技推广"相互支撑、相辅相成。后者是市场经济条件下农技推广的主要形式，而前者可以作为后者的补充、辅助。

其次，从公益性农技推广的"资金"来源来看，不仅应增加政府投入，还要调动各种"非政府组织"的力量，吸纳各种社会资金，通过公益事业的形式，服务农村、服务乡村振兴。"目前，公益性农技推广资金的主要来源是政府的一般支出，多元化农技推广组织之间缺乏有效的合作，各种不必要的竞争浪费了有限的技术资源。非政府组织逐步参与推广工作，但是尚未建立有效的资金共享机制。除了专业政府组织，越来越多的私营企业和非政府组织也成为主要的农技推广机构。随着农业生产水平的提升和经济开发领域的拓展，越来越多的农村客户也可以为其获得的技术服务付费。"②可见，无论是营利性组织，还是非营利组织，都可以通过政策引导吸引其参与到农业技术推广的事业中来，以增加农业技术推广的实际效果。

---

① 湖北省农业科技推广体制研究课题组：《构建湖北新型农技推广服务体系》，湖北科学技术出版社 2014 年版，第 116 页。

② GAO Qijie, ZHANG Chuanhong, "AGRICULTURAL TECHNOLOGY EXTENSION SYSTEM IN CHINA：CURRENT SITUATION AND REFORM DIRECTION", *Management Science and Engineering*, Vol.2, No.4(2008), pp.47-58.

再次,从"交通工具"和"培训条件"来看,都属于公益性农技推广的物质条件范畴。地方政府部门应在资金到位的前提下,通过购买、租用、置换等方式解决农技推广的交通工具和培训条件问题,从而解决农技推广最为迫切的问题。

总之,"公益性农技推广"不仅存在于计划经济时期,在社会主义市场经济时期也应发挥出应有的作用。政府部门、非政府组织、科研机构乃至普通农户,应积极行动起来,推动这一工作的开展。

二、经营性农技推广

当前,农技推广工作的实效性仍然有待于进一步增强。根据王倩《农户视角下农业科技培训的绩效评价分析》相关数据,在被调查的村民中,当被问及"培训对增产增收的效果"时,仍然有 15.5% 的人认为"没作用"。(见表6-2)可见,在个别西部边远地区农村,还需进一步提升农技培训的针对性和有效性,从而精准发力,将有限的培训资源用好、用实。

事实上,经营性农技推广是市场经济条件下农业技术推广的典型模式,可以极大地拓宽农业技术在西部边远地区的覆盖面。有学者指出:"基于农业和农村发展的经营性农技推广,是中国科技发展战略的一部分,是中国政府大力发展农村经济的重要举措。通过传播农村科技,可以提高劳动者素质,指导农民通过科学进步实现农村经济的蓬勃发展。其能够促进农村市场经济的发展,加速推动农业和农村现代化、工业化的历史进程,建设具有中国特色的新农村。中国经营性农技推广的使命在于,充分利用农村自然资源,制作适用于农村地区的设备,训练大农村地区的技术人员、管理人员和农民企业家;推进科学技术服务体系的建设,发展高产、优质、高效的农业生产。"①换句话说,发展经营性农技推广已纳入国家农业发展战略,其着力点在于农业技术的广泛传播,这对农村,尤其是西部边远地区农村经济水

---

① WANG Dongyang, *AGRICULTURAL TECHNOLOGY TRANSFER IN CHINA*,2018 年 9 月 16 日,见 http://www.eolss.net/sample-chapters/c16/E1-54-31.pdf。

平的提升至关重要。经营性农业技术推广不仅要获得其经营性收益,而且要收获这种经营行为带来的社会效益,也就是提升西部边远地区农民的技能与素养,用科技的力量来推进乡村振兴的步伐。值得注意的是,经营性农技推广既是社会主义市场经济的产物,也可以推动社会主义市场经济体制的发展与完善,推动农村物质文化建设和精神文化建设水平的双重提升,由此加速农村的现代化发展进程。过去,由于农业科技的匮乏,西部边远地区很多农村地区仍然是一种"靠天吃饭"的农业耕作状态,其抵御自然灾害风险的能力较差,农业产品的附加值也低,在农业技术普遍推广之后,西部边远地区农村的生产经营也有望走向现代化,产生一批新型职业农民、新型农民企业家,从而进一步发展农村经济,提高农村土地利用面积与效率,加速农民土地财产权的实现进程,最终通过科学技术的力量来获得农业生产与新农村建设的"大丰收"。

表6-2　农户对科技培训增产增收效果的评价①　（单位:人,%）

	培训对增产增收的效果		
	非常有用	有作用	没作用
人　数	310	391	129
比　例	37.5	47.0	15.5

在经营性农技推广实践中,必须有明确的目标牵引。有学者指出:"中国农业技术推广的目标是:提高农民的生活水平;促进农民实现富裕。中国的农业技术转让项目给中国农民创造了通过科技发家致富的机会,这是一个重大的国家战略,解决了农村地区发展十分重要和普遍的问题。中国西部边远地区发展潜力很大。农业技术的广泛使用以及转移,可以通过科学成就和相关技术来发掘边远农村的经济潜力,并通过动员技术和资源来应

---

① 王倩:《农户视角下农业科技培训的绩效评价分析》,2016 年 12 月 1 日,见 https://www.pishu.com.cn/skwx_ps/multimedia/ImageDetail? type = Picture&SiteID = 14&ID = 102-56201&ContentType = MultimediaImageContentType。

对生产经营中的各种挑战。"①由此可见,经营性农技推广不仅是一个农民职业教育问题,更是一个技术转化应用的问题。在农业技术的研发过程结束之后,其成果只有转化为实际的农业生产,才可能产生经济效益,达到研发目的。因此,技术的转化应用与技术的研发环节同等重要,必须予以高度重视。我国经营性农技推广的目标主要是让普通农民学会使用最新的农业技术来开展农业生产,从而获得较高的农业收益。在西部边远地区,农业技术的推广应用当前仍存在一些不足之处,农业技术的普及可以极大地提升农民的科技素养以及农业生产技能,从而挖掘西部边远地区的农业潜能,以实现产业振兴,带动农民土地财产权的实现。

总体而言,经营性农技推广应充分调动多元农业经济主体的力量,实现主体之间的有效协同,从而最大化地利用现有农业资源提升农业生产的科技水平。有学者指出:"对于经营服务性推广机构,按照市场化运作方式,鼓励科研、教育、企业、协会、农村合作社等组织参与基层经营性农技推广服务实体建设,开展农业技术咨询、农业经济信息服务、农业生产资料经营、建立农业科技示范基地。"②由此可见,政府可以积极引导农业科研机构、农业教育机构、各类农业企业以及各种类型的农业团体共同参与农技推广组织建设,采用技术教育、信息发布、生产示范等方式,不断开拓农技推广的新空间,最终把这项工作做好,为我国西部边远地区农村产业振兴以及土地流转引导下的农民财产权实现打下扎实的基础。

第三节　支持地方高校创新人才培养模式

支持地方高校创新人才培养模式,是实现技术变革,破解技术不足难题的又一项重要措施。《中共中央国务院关于实施乡村振兴战略的意见》指

---

① WANG Dongyang, *AGRICULTURAL TECHNOLOGY TRANSFER IN CHINA*, 2018 年 9 月 16 日, 见 http://www.eolss.net/sample-chapters/c16/E1-54-31.pdf。

② 中华人民共和国农业部编:《2007 中国农业科技推广发展报告》, 中国农业出版社 2007 年版, 第 159 页。

出:"支持地方高等学校、职业院校综合利用教育培训资源,灵活设置专业(方向),创新人才培养模式,为乡村振兴培养专业化人才。"①就此而言,主要是支持地方高校应用型人才培养与实践教学,支持地方高校在农业领域的学历教育,以及支持地方高校与农业社会组织的广泛合作。

一、支持地方高校应用型人才培养与实践教学

在农村经济发展的进程中,教育投入不断加强,但是,其产出成效如何呢? 根据侯万锋《甘肃农民群体对精准扶贫及扶贫方式的评价和建议》相关数据,41.18%的被访农村居民认为加大教育投入对于改变本村贫困面貌"有一定成效",多于"成效较好"(34.80%)和"成效显著"(16.67%)。(见图6-2)这表明,教育投入的实际效果仍然有着较大的提升空间。

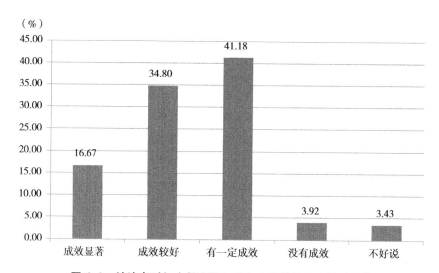

图6-2 被访者对加大教育投入改变本村贫困面貌的看法②

从提升教育投入成效的视角来看,地方高校的应用型人才培养是重要的实践渠道。应用型人才,顾名思义,区别于理论型人才,是主要从事应用

---

① 《中共中央国务院关于实施乡村振兴战略的意见》,人民出版社2018年版,第36页。
② 侯万锋:《甘肃农民群体对精准扶贫及扶贫方式的评价和建议》,2018年1月1日,见 https://www.pishu.com.cn/skwx_ps/multimedia/ImageDetail? type = Picture&SiteID = 14&ID = 9437679&ContentType=MultimediaImageContentType。

型工作的人才。那么,如何培养应用型人才,从而创新人才培养模式呢? 有学者指出:"近年来,随着从精英教育到大众教育的转型,应用型人才培养已成为大学教育的发展方向与定位这一目标定向十分符合当前市场对专业人才的需求度。当前,应用型人才的相对不足是一个现实问题,考验着中国的人才培养体系。'教学'是大学实现人才培养目标的最重要一环,其成功与否取决于合理的分配和实施教学内容和教学过程。在这个过程中,有两个重要的参与者——教师和学生。其中,教师是知识和能力的提供者,而学生是接收者。是否实现教学目标,取决于师生之间的合作。"[1]由此可见,教学模式的改革是创新人才培养模式的关键所在。过去的理论型人才培养,主要是一种精英式的教学模式,而未来应用型人才培养,则应采用大众式的教学模式。后者事实上代表了未来地方高校的一个办学方向,也就是说,大学的人才培养与教学,必须适销对路,能够满足市场需求。因此,应用型人才的教学模式就理应成为地方高校的教学特色。那么,如何做好应用型人才的培养与教学呢? 从教学活动本身的性质来看,包括"教"与"学"两个环节,"教"是提供应用性知识与技能,而"学"是获取应用性知识与技能。因此,教学相长,二者之间是一种相辅相成的关系。那么,应用型人才培养中的"教"与"学"要实现有效结合,必须依赖于一定的物质条件。对此,有学者认为:"必须改善经营条件,加强实践教学,因为创新来自实践。事实上,实践教学是培养创新人才的基础。目前,实践教学经费在许多农业院校都呈现不足状况。实验室相关资源较为缺乏,这导致了这些院校的实践教学质量受到一定程度的约束。因此,培养具有创新能力的人才需要大学建设更为现代化的实践平台,包括校内实习基地和实验室。这对于该领域的教学质量至关重要,其建设质量的好坏直接影响着实践教学质量的高低。通过实践教学的开展,学生可以巩固知识,达成人才培育的目标。"[2]由此可

---

① Lingli Chu, Jiang Guo, "Incentive paradox analysis in the process of applied talents training of private colleges", *SHS Web of Conferences*, Vol.24, (2016), pp.1–5.

② Sun C, Chen Y, Wu W, "Cultivation of Innovative Talents in Agricultural Information Technology", *International Conference on Education Reform and Modern Management*, (2015), pp. 267–273.

见,要做好应用型人才培养的实践教学,以实践教学基地为抓手,提升教育教学的物质基础尤为关键。政府部门必须保障地方高校应用型人才培养的实践教学经费,支持其兴办各类实践教学基地,丰富实践教学手段,用实验室教学锻炼学生的动手能力,让其成为农业领域真正的实践人才。

既然实践教学在农业教育中如此重要,那么农业实践教学的基本原则与方法是什么呢? 在周长春看来,农业教育教学应遵循的一个重要原则是"重复原则",他说:"农科专业实践教学的重复原则,是由农业生产对象的自然生育周期(世代周期或繁殖周期)决定的,农业生产的对象——动、植物,有较长的生育周期或阶段。如果只靠在课程开设过程中或结束后才结合进行实践教学,由于缺少反复实践的时间,是难以形成技能;更不能达到熟练的程度,远远不适应工作岗位独立顶岗的需要,因此,必须设法在全学程中作两次以上重复式的周期安排,让学生在校期间得到反复练习的机会,才能完成实践教学环节,实现培养目标。"[1]由此可见,"重复训练"是培育实践技能的一大方法,而重复训练必须有设施、场地、资金等方面的要求,因此,政府部门应充分支持地方高校,尤其是农业院校,开展农业实践教学,让学生充分"重复",多练手、勤动手,从而成为既有理论储备,又有实践能力的农业人才。例如,地方有关部门可以积极与农业企业或普通农户协调,让这些农业企业或农户提供相应的场地给农业院校进行实践教学。在此过程中,农业企业或普通农户可以获得政策层面或资金层面的回报,而农业院校也获得了实践教学的机会。总之,支持地方高校应用型人才培养与实践教学,是政府部门支持地方高校创新人才培养模式的首要方面,必须将各项措施落到实处,从而优化农业人才的培养体系,提升人才培养的效率与效果。

二、支持地方高校在农业领域的学历教育

当前,农业领域的学历教育与庞大的农业从业人员数量相比,显得较薄弱。因此,提高农业人口的平均受教育年限已成为当务之急。要解决这一

---

① 周长春等编著:《农科教学法》,农业出版社 1990 年版,第 164 页。

问题,支持地方高校在农业领域的学历教育是一项重要的对策措施。于是,有学者指出:"农业学历教育通常会提升农业就业水平,在这一教育过程中,学生必须完成农业课程才能获得学历资格。通过大学教学,学生可以获得本科或硕士学位。地方高校在农业领域的学历教育可以为青年和成年人的职业生涯做好准备,为农业生产提供人才资源。例如,与农业相关的学院可以为学生在食品和农业系统各个方面的职业生涯做好准备,包括食品科学、兽医科学、农业、牧业、教学、营销、社会管理与服务等职业。"①由此可见,农业相关领域的学历教育有两个层面的客观收益:一是社会效益,主要是农业生产可以获得急需的高学历农业人才,这些人才可以研发技术、产品,从事一线农业生产或是从事农技推广、指导;二是个人收益,主要是学生个人通过提升学历,不仅获得了职业生涯的"垫脚石",而且获取了基本的农业知识与技能,有利于其就业、择业。

值得注意的是,支持地方高校在农业领域的学历教育,并不是单纯的给予资金、场地等物质条件,而是在给予物质条件的同时,引导其开展农业教学改革。有学者指出:"农业教育主要集中在三个类别上:课堂教学、农业生产经验以及对农业社会组织的参与。农业课程的课堂教学通过实践学习和经验传授,让学生获得特定领域的基本知识与技能。学生将在课程中学习技术,以便他们在将来的农业职业中自行解决问题。学生可以选择若干种主题课程,如农场实践、生态建设、农业创业、农业综合企业、研究项目等。从这些主题课程中选择一到两项作为学习任务,可以锻炼学生的实践动手能力。老师全程参与实践学习过程,并指导学生解决相应的问题。"②由此可见,地方高校在农业领域的学历教育必须充分重视实践教学的地位与作用,锻炼学生的动手与应用能力。其中,应进一步加大选修课在整个课程设置中的比重,让学生可以选择较多实践课程,如在农村开展生产实践、改良

---

① *Agricultural education*,2018 年 10 月 24 日,见 https://en.wikipedia.org/wiki/Agricultural_education#Colleges_and_universities。

② *Agricultural education*,2018 年 10 月 24 日,见 https://en.wikipedia.org/wiki/Agricultural_education#Colleges_and_universities。

土壤或耕作条件的实践或是在农业领域自主创业的实践等。通过与普通农户、农业合作社、农业企业、农业社会组织的合作,地方高校可以升级、优化自身的办学条件,不断改进教学设施,从而达到良好的教学效果。在这样的学历教育中,学生可以亲身参与大量的农业实践,在实践中锻炼应用知识的能力与素养,从而为未来走向农业生产一线打下坚实的基础。

从农业教育的实践来看,政府部门不仅应当大力支持一般性的地方高校在农业领域的学历教育,而且也应当大力支持广播电视大学的农业学历教育。对此,《天水市农业志》就指出:"甘肃天水农业广播电视教育中的学历教育包括中专学历教育、农业推广大专自考教育、中专后继续教育和合作高等本科教育四个类型。"①换句话说,政府部门对广播电视大学农业学历教育的支持也应从这四个方面着手。不但要大力发展大中专农业学历教育,还要发展农业本科学历教育,从而将农业学历教育办得更好、更实。

三、支持地方高校与农业社会组织的广泛合作

政府部门支持地方高校创新人才培养模式,不仅体现在支持地方高校应用型人才培养与实践教学、支持地方高校在农业领域的学历教育等方面,还体现在支持地方高校与农业社会组织的广泛合作上。社会组织对农业教育的参与不仅体现在高等农业教育中,还可以体现在中等农业教育中;不仅是专业的农业社会组织可以参与到农业教育中来,其他社会组织也可以参与到农业教育中来。由此,构建出一整套农业教育的社会参与体系,优化农业教育的现有结构,获得更为显著的农业教育效果。

根据《2013 年北京市社会组织发展报告》相关数据,2013 年北京的社会组织实施农业实用技术培训 8156 次,同比增长 80.0%;实施现场技术指导 8735 次,同比增长 40.3%。(见表 6-3)由此可见,西部边远地区农村可以借鉴北京的相关经验,借助社会组织的力量开展农业教育服务,从而弥补

---

① 天水市农业志编纂委员会编:《天水市农业志:1985—2008》,甘肃文化出版社 2014年版,第 411 页。

农业专业教育机构的部分短板。

表6-3　社会组织开展农业及农村事业情况①

主要内容	数量	同比增长（%）
农业实用技术培训（次）	8156	80.0
农业科技项目推广（项）	159	114.3
现场技术指导（次）	8735	40.3
服务家庭（户）	29258	90.7

　　从社会组织的培育、孵化过程来看,尽管西部边远地区与东部沿海地区存在一定的差异之处,但都离不开政府部门的积极引导。这一点在社会组织参与农业教育中体现得尤为明显,因此,地方政府部门在做好财政支持的同时,应当多为高等院校与社会组织牵线搭桥,促成其开展合作,尤其是农业教育教学方面的合作,共同推动地方农业教育更上一层楼。

　　在众多农业社会组织中,农村科技中介组织是一个具有鲜明特色和突出地位的社会组织。王培根认为:"农村科技中介是一个复合型的模式体系,即涵盖农技推广组织、农业科研与教学部门、农业社会团体、农业专业合作经济组织和农业龙头企业等共同参与、层次不同、目标和功能各异的多元社会化科技中介服务体系。"②因此,农村科技中介组织由于涵盖了农业技术研发、农业教育、农业生产等多个领域,因而具有巨大的教育能量,可以为农业高等教育服务。总之,地方政府部门应积极支持地方高校与农业社会组织开展广泛而有效的合作,从而增强地方高校人才培养的力度,创新地方高校人才培养的模式,为农村产业振兴打下技术基础,并通过产业振兴的实践效果最终服务于农民土地流转和土地财产权的实现。

---

　　① 袁燕军、王善杰:《2013 年北京市社会组织发展报告》,2015 年 4 月 1 日,见 https://www.pishu.com.cn/skwx_ps/databasedetail? SiteID = 14&contentId = 3883048&contentType = literature&subLibID=undefined。

　　② 王培根主编:《现代科技中介服务业理论与应用》,湖北科学技术出版社 2006 年版,第 152 页。

第七章 推动西部边远地区农民土地财产权实现的机制设计与实施方案

在理论探索和经验总结的基础上,可以构建推动西部边远地区农民土地财产权实现的机制设计与实施方案,正如马克思所说:"理论的方案需要通过实际经验的大量积累才臻于完善。"①具体来说,这一机制设计与实施方案包括战略性规划引导、法治德治保障、制度性供给和重大行动支撑等四个组成部分。

第一节 战略性规划引导

对推动西部边远地区农民土地财产权实现实施战略性规划引导,主要包含三个方面的政策措施:一是构建多元主体协同推动农民土地财产权实现的顶层设计;二是构建城乡融合发展、绿色发展加速西部边远地区农村土地流转的顶层设计;三是构建农业科技创新推动西部边远地区农村产业振兴的顶层设计。

一、构建多元主体协同推动农民土地财产权实现的顶层设计

推动西部边远地区农民土地财产权实现,必须实施战略性规划引导,而首要的方面理应是构建多元主体协同推动农民土地财产权实现的顶层设

---

① 《马克思恩格斯文集》第 5 卷,人民出版社 2009 年版,第 437 页。

计。调查显示,县级政府的较多部门都在保护农民权利中发挥着显著作用。除农业法执行部门外,还有涉及农民权利保护的部门。这些部门包括信访办、质量技术监督局、县工商行政管理局、法院、消费者协会、环保局、林业局、教育局、物价管理局、畜牧局、水利局、国土局、地方人民代表大会、治理监督委员会等。其中,所有部门都与保护农民权利有直接或间接的联系。部分部门与农业执法系统、质量技术监督局和县工商行政管理部门具有相同或相似的职能,对农业物资的监管负有法律责任。从农民土地财产权保护的角度来看,县一级政府的相关部门涵盖了信访办公室、工商局、林业局等诸多部门,只有这些部门协同起来,形成合力,才有利于农民土地财产权的保护与实现。原因在于,这些部门与保护农民土地财产权具有不同类型的联系。同时,不同的部门也要相互制约、制衡,才能塑造农民土地经营的良好社会环境。例如,有些部门对土地财产权的依法治理具有直接联系,但是如果这些部门不尊重法律要求,损害农民权利,理应有其他部门对其加以制约。

而对于乡镇一级政府而言,其是数量最多的基层政府,与农民关系最密切。农民寻求乡镇政府干预的四个主要问题包括:(1)建设道路和其他基础设施的要求;(2)村集体资产的管理;(3)农地纠纷;(4)农民负担问题。但是,在大多数乡镇政府中,没有专门的部门负责保护农民的权利;相反,责任由几个不同的部门负责。乡镇政府各部门都参与保护农民的权利,是最关心农民生计的基层政府机关。因此,当农民对村干部的回答不满意时,他们会首先寻求干预。乡镇政府官员在代表乡镇政府并行使权力,显著影响农民的生计。因此,这些官员在保护农民权利方面发挥着非常重要的作用,他们对这一作用的认识将直接影响保护的效率。[1] 由此可见,在乡镇一级政府部门的职能当中,主要有四个方面与土地财产权的保护与实现有关,一是农村基础设施建设,包括道路的整修、灌溉设施的兴建、通讯设施的建设

---

[1] 参见李小云等:《中国农民权益保护研究》,2007 年 1 月 1 日,见 https://www.pishu.com.cn/skwx_ps/bookdetail? SiteID = 14&ID = 4037485。

等,这些职能的实现,直接关系到边远地区农民土地价值的高低;二是与土地有关的集体资产的管理职能,比如大型农机具、数字农业设施等,这一职能的实现涉及农村产业的发展和农业生产力的提高问题;三是农民土地财产权纠纷的预防和化解问题,这本质上是经济和法律领域的问题,乡镇一级政府部门在该类纠纷的化解中起着至关重要的作用;四是与土地有关的农民负担问题,只有切实减轻了农民负担,才能让更多的农民自有资金投入到农业生产和土地流转当中,从而推动农民土地财产权的实现。尤其需要注意的是,当村一级组织有侵害农民土地财产权现象时,乡镇一级政府应当首先站出来干预,对村一级组织的行为进行调查,并保护农民的合法权益不受侵害,从而起到权力的监督、约束作用。

在这里,一定要克服"乡镇政府与农民财产权实现无关"的思想。有学者指出:"某些官员认为乡镇政府的角色不是那么重要。例如,有一名接受访谈的官员说,他知道保护农民是他的责任,但总觉得他没有足够的底气。乡镇政府官员对农民财产权的保护问题的认识具有两个因素:(1)乡镇政府缺乏资金,影响了官员的积极性。由于取消了农业税,导致乡镇政府收入减少,从而弱化了他们的职能。陕西省的调查显示,税收减免后,乡政府将税收征收功能转变为提供服务,包括法律传播、培训、咨询等。目前,由于基本经费无法保证,部分政府机构人员没有积极地工作。(2)一些乡镇政府官员不了解他们的保护农民财产权的职责。例如,一些官员认为,乡镇政府在保护方面没有发挥重要作用的必要,也不是法律执行者。"[1]为什么有些乡镇政府官员对于保护农民土地财产权没有足够的底气呢?归纳起来,原因无非有两个:一方面,在农村税收不断减免之后,由于乡镇政府的资金相对减少,导致某些乡镇一级政府中某些人员认真履行职能的意愿降低,造成了某些"不作为"现象,例如,向农民提供民生服务,如普法宣传、农技推广、农技咨询打了折扣。因此,应当在保障乡镇一级政府基本财政的前提下,克

---

① 李小云等:《中国农民权益保护研究》,2007 年 1 月 1 日,见 https://www.pishu.com. cn/skwx_ps/bookdetail? SiteID = 14&ID = 4037485。

服这种"不作为"的不良思想,从而取得应有的工作实效。另一方面,某些乡镇一级政府官员不了解自身在保护和实现农民土地财产权中的作用,因而忽视自身在该领域中的作用,事实上,如前所述,乡镇一级政府官员在保护和实现农民土地财产权中是具有重要作用的。因此,某些乡镇政府官员在这一问题上的不良思想也应当克服。总之,在县、乡两级政府的各个职能部门中,应积极构建多元主体协同推动农民土地财产权实现的顶层设计,从而从战略性规划方面引导西部边远地区农民土地财产权的实现。

二、构建城乡融合发展、绿色发展加速西部边远地区农村土地流转的顶层设计

城乡融合发展与绿色发展,可以加速西部边远地区农村的土地流转,但是具体如何加速呢? 需要针对性的顶层设计与制度安排。余茂才等认为:"在实现城乡融合发展新阶段的进程中,在发展方式上、发展路径上、发展目标上、体制机制上、政策取向上要有战略性的转变,推动形成规划一体、体制统一、资源共享、利益共得的城乡融合发展新格局,实现城乡之间在经济、社会、文化、生态等诸方面的融合发展。"[1]从城乡融合发展来看,当前主要是要实现发展模式的转型,从过去的城乡"分离发展"转向当今的城乡"一体发展"。在这一过程中,如何推动农村土地流转的良性发展呢? 主要是推动经济主体,如农业企业、合作社的城乡"跨界发展"。从农业企业的发展来看,其生产经营具有原材料、资金、场地、销售渠道等方面的需求,那么,城市可以为农业企业提供投融资渠道和部分销售渠道,而农村则可以为农业企业提供原材料、场地和另一部分销售渠道。在构建顶层设计时,应明确城市区域内各类金融机构服务农业企业的政策优惠,用政策导向引导金融机构投资乡村产业,从而支持农业企业"跨界发展"。这些政策优惠包括金融机构经营用房的房租减免、扶持新金融产品的资金奖励、为农业企业融资的风险补偿机制等。金融机构和普通企业一样,其经营部门也有场地需求,

---

① 余茂才等编著:《中国道路:城市科学发展研究》,武汉出版社 2014 年版,第 256 页。

因此,如果某一金融机构为农业企业融资,并达到一定数量的金额,地方政府部门可以减免其经营用房的房租,或是对该金融机构的经营用房房租进行补贴,从而鼓励金融机构为农业企业融资。在减免房租的过程中,可根据每年金融机构为农业企业融资的金额大小,划分为若干档次,融资金额越高,金融机构所处的档次也越高,其减免或补贴的房租金额也越高;相反,如果融资金融较低,金融机构所处的档次也较低,其减免或补贴的房租金额也较低,甚至不进行房租减免。从农业企业的城市销售渠道来看,地方政府部门应积极完善、打通城市农产品销售的各类渠道,让城市居民能够较为便利地购买到农业企业所生产的农业产品。其中,主要是推动"社区生鲜超市"的发展和"城市农产品电商"的发展。就前者而言,应力争在每个尚无大型菜场的社区较为密集地分布"口袋菜场",即"社区生鲜超市"。这些超市脱胎于过去的旧式杂货铺,但又不同于杂货铺。原因在于,其不仅售卖生活日用品,还售卖各种农产品,尤其是生鲜农产品,从而有利于打通农产品销售的"最后一公里"。与此同时,"城市农产品电商"也在城市农产品销售中起到了十分积极的作用。在当代,以"大数据""云计算""物联网"为特征的"第四次工业革命"已到来,因此,互联网电商的发展不可小觑。城市居民通过"美团外卖""苏宁小店"等手机 APP,就可以很方便地购买到生鲜农产品,从而加速了农产品的流通销售。当前,地方政府部门需要做的主要是规范"美团外卖""苏宁小店"等电商的发展。例如,在接到消费者投诉之后,地方政府部门应根据何种程序进行调查回应? 这些程序应本着科学、高效、公正的原则进行制定,并向社会公开。总之,在城市范围内,政府部门应通过政策引导,积极为农业企业拓宽生存空间,从而增加农业企业盈利,为其在农村地区流转土地打下坚实的基础。

在城市渠道获取资金、利润的基础上,农业企业在农村地区可以收购原材料和租用场地。这两个方面,都涉及土地的流转问题。在原材料的收购方面,可以打破过去传统的收购模式,直接通过租用农民土地、雇佣职业农民的形式进行。传统意义上的农产品收购,主要是在农产品的收获时段,用汽车等运输工具将农产品收购、运输到城市。而在当下,可以通过土地流转,租用农民土地,从而直接进行规范、科学的农作物生产。由于一改过去分散经营的小农模式,而转型为适度规模经营的农业企业模式,从而有利于统一种植标准,在土壤、肥料、病虫害防治上形成统一的生产经营模式,提高农产品的生产品质与效率。对于有条件的地方,还应当开展绿色、有机农产品的种植与生产,从而进一步提高农产品的品质,为在城市打开销路奠定基础。总之,由于农业企业的原材料来自农村,生产场所也在农村,而销售渠道和融资渠道主要在城市,因此,其可以成为城乡融合发展的中介物或"黏合剂",让城乡融合发展不仅仅是一句口号,而是实实在在的实践进程。并且,在这一过程当中,农民的土地得以流转,从而实现了其土地财产权。这本质上是一件"多方共赢"的大好事。

与城乡融合发展加速西部边远地区农村土地流转类似,绿色发展加速西部边远地区农村土地流转也需要一定的顶层设计作引导。对于绿色发展,张瑞认为:"经济增长既不是环境的天然盟友,也不是环境的天然敌人。经济快速的增长往往对环境具有负面的影响,因为它常常伴随着工业扩张、城市化和不断开发可再生或不可再生资源。不过与此同时,增长也可为改善环境创造条件。经济增长与环境质量之间的关系具有很大的不确定性,关键是选择何种经济增长方式,即问题不是是否增长,而是怎样增长……正确的经济政策和环境政策,有利于提高资源利用效率和减少污染物排放的技术进步都有助于减轻经济增长带来的环境压力。"①可见,绿色发展的目的便是实现经济发展与环境保护的双丰收,在实现经济繁荣的同时保护"绿水青山"。更准确地说,是改变过去"经济发展"与"环境保护"相互背离的发展思路,走出一条二者相辅相成的新型发展思路。因此,在传统的发展模式中,经济发展主要靠"总量扩张"实现,依靠的是生态资源的大量开发、人口与城镇的极度扩张。所以,这种发展模式必然与生态环境的维护形成对立,不利于生态的平衡与保护。在新的发展模式中,地方政府可以运用

---

① 张瑞:《能源—环境—经济中的"倒逼"理论与实证:环境规制、能源生产力与中国经济增长》,西南交通大学出版社 2015 年版,第 103—104 页。

合理、科学的环境政策,引导经济建设的有序开展。这样的经济建设是建立在高效率的资源利用之上的,从而实现了低排放、低耗能,从而有利于环境的保护与可持续发展。

那么,在这样的绿色发展模式下,土地流转能够顺利实现吗?应当说,是可以更为高效地实现。绿色发展可以更高效地引导土地的出售、租用与置换,把"好钢用在刀刃"上,提高土地的利用效率,从而提升土地流转的频次与经济效益,最终促进农民土地财产权的实现。关键之处在于,对于以绿色发展加速西部边远地区农村土地流转,地方政府应当有相应的规划引导与顶层设计,而不是盲目推进,无序流转。总之,构建城乡融合发展、绿色发展加速西部边远地区农村土地流转的顶层设计,主要是要发挥地方政府相关部门的职能作用,做好规划,做好引导,从而发挥农民土地财产的最大功效。

三、构建农业科技创新推动西部边远地区农村产业振兴的顶层设计

在推动西部边远地区农民土地财产权实现的战略性规划引导中,构建农业科技创新推动西部边远地区农村产业振兴的顶层设计也至关重要。对于农村产业的发展而言,科技创新是第一推动力。在宁夏平罗县的实践中,其"围绕全县 148 个农业科技信息服务站点加强扶强培优,2012 年有 12 个站点实现'以创业养站点、以站点促创业'目标。何斌创建'宁夏尚正软件科技有限公司',通过电子商务,实现网上开票收入 102 万元,上缴税金 7 万元,个人收入 12 万元。县农业科技服务'110'共接听各类服务咨询电话 82 次,县、乡农业技术专家解答 66 次,为农户挽回经济损失 60 多万元;网上发布信息 3138 条,手机发送短信 214 条,实现网上交易 1463 万元;举办信息员创业培训班 2 次,培训人数 233 人次,召开现场技术指导培训会 2 次,各类农民创业技术服务培训班 31 场次,受训 1030 多人次"[1]。可以说,农业

---

[1] 平罗县志编审委员会办公室编:《平罗年鉴 2013》,宁夏人民出版社 2013 年版,第 347 页。

科技信息服务站点的科技服务,既实现自身的盈利,也盘活全县的产业发展,使得全县居民由此获益。

构建农业科技创新推动西部边远地区农村产业振兴,关键在于顶层设计。政府部门应集思广益,向社会公开征集该项顶层设计的思路意见,再通过民主协商,首先制定出整体规划的草案。在草案基础上,再通过专家论证,民众参与审议,最终由政府部门定稿,进而实施。在构建顶层设计时,首先应明确科技创新在农村产业发展中的地位与作用,确定其"第一推动力"的地位。何为产业发展的"第一推动力"?主要是"兴办何种产业"的问题。如果以科技创新为第一推动力,就应当在农村兴办科技推动的"共享经济产业"与"创意农业"产业。简言之,产业振兴中的产业主要是农业科技产业。其次,顶层设计应总结出以科技创新推动的"产业名录",指出哪些产业是应当重点发展的。例如,大棚农业生产、智慧农业生产、农村互联网电商等产业就是可以纳入"产业名录"的产业。再次,顶层设计应明确农业科技创新推动西部边远地区农村产业振兴的具体步骤与时间表。明确具体步骤的目的是为了该项工作的有序开展,无论西部边远地区农村经济形势如何变化,都应基本按照顶层设计的时间表来开展工作,从而增强科技创新推动产业振兴的可持续性。最后,顶层设计应明确该项工作的保障措施,包括资金来源、政策保障、组织保障等,从而形成一整套全面而系统的整体规划。

值得注意的是,在构建农业科技创新推动西部边远地区农村产业振兴的过程中,我们应对农业科技的内涵及其作用有更新的认识。有学者认为,农业科技是涉及食品、纤维生产和加工的农业科学,其包括土壤栽培、作物栽培和收获技术、动物生产以及供人类消费和使用的动植物产品的加工。食物是人类最基本的需求,大约一万年前开始的植物和动物的驯化和种植,旨在满足这种需求,然后现在这些活动也符合人类理解和控制地球生物圈的想法。在现代社会,由于科学方法得到了广泛应用,其结果彻底改变了农业生产。在科学农业的条件下,在丰收的一年里,六个人可以为自己和另外四个人生产勉强足够的食物。直到 20 世纪 30 年代,农业研究的好处主要来自节省劳力的发明。然而,一旦通过农业研究可以提高主要经济作物的产量潜力,每英亩的作物产量就会急剧增加,并且,资本取代了劳动力。保存食品的新技术使得可以将它们运输到更远的距离,从而促进生产和消费地点之间的调整,进一步提高生产效率。[①] 由此可见,农业科技是农业产业振兴的基石,尤其体现在食品的生产与加工环节。在我国西部边远地区农村,目前产业的发展仍然是以食品的生产和加工产业为主。因此,做好土壤种植与收获、动物养殖与肉类加工方面的科技研发工作十分重要。既然要让农民实现土地财产权,产业振兴是第一步,那么,就应当在食品生产与加工领域加大资金投入,尤其是投入到新技术、新产品的研发当中去,从而推动相关产业的发展。从人类发展史来看,食物是人类生存繁衍的基础,人类为了能够及时得到肉类食物,驯化、养殖了多种牲畜、家禽,从而使这一需要能够获得满足。与古代不同,当代农业,尤其是养殖业的发展主要是以农业科技为动力的,这些管用、实用的科技手段越广泛地得到使用,农业水平的提升就越迅速。在种植业领域,农业水平的提升主要体现在单产、亩产的迅速提高上,一个农民的劳作可以养活更多从事其他行业的人。此外,当代保鲜技术也让生鲜农产品可以运输到距离更远的地方,从而服务更多人群。

同时,加速农业科技创新,对于孵化农村产业经济主体具有十分重要的作用。李姣尧等认为:"加快农业科技进步。实施高产种业科技攻关工程、粮食增产模式攻关工程、实施促进农业可持续发展技术研发工程。着力开展先进适用技术研发,推广节地、节水、节药、节能和节劳技术,降低生产成本,提高资源利用率……大力培育新型经营主体。完善新型经营主体扶持政策。针对家庭农场等新型经营主体发展的不同阶段,确定扶持政策重点。"[②]由此可见,以农业科技创新孵化农村产业经济主体,应从几个方面着手:一是粮食的高产领域,力争提高亩产,从而塑造粮食种植产业经济主体;二是循环农业、绿色农业领域,力争建设一批特色农业合作社;三是展开农业节地节水等科学研究,提升生产效率,打造一支专业农业服务队伍,并推

---

① 参见 *The agricultural sciences*,2019 年 6 月 23 日,见 https://www.britannica.com/science/agricultural-sciences。

② 李姣尧等主编:《经济政治・职业生活》,上海交通大学出版社 2015 年版,第 36 页。

进其产业化;四是通过技术扶持政策,孵化一批家庭农场,从而形成产业化的新型经济主体。总之,通过构建农业科技创新推动西部边远地区农村产业振兴的顶层设计,可以助推西部边远地区农民土地财产权的实现,最终推动乡村振兴、农民致富。

第二节 法治德治保障

健全推动西部边远地区农民土地财产权实现的法治德治保障机制,主要是完善西部边远地区农民土地财产权实现领域的法治体系、完善西部边远地区农民土地财产权纠纷调处的德治体系,以及构建西部边远地区农民土地财产权实现的"法德共治"体系。

一、完善西部边远地区农民土地财产权实现领域的法治体系

构建推动西部边远地区农民土地财产权实现的法治德治保障,首要的是完善西部边远地区农民土地财产权实现领域的法治体系。根据《四川依法治省年度报告 No.1(2015)》相关数据,2014 年四川省设立法治辅导站 7095 个,设立法律援助工作站 5258 个,组建法治宣传队伍 7537 支,等等。(见表 7-1)可见,位于我国西部地区的四川省法治建设成就显著,但是,对于边远地区农村地区而言,法治建设的任务仍然艰巨,需要法治工作者继续努力,不断完善基层地区的法治体系。

表 7-1 2014 年四川省法律进乡村、社区情况统计①

项目	数据	单位
设立法治辅导站	7095	个
设立法律援助工作站	5258	个

① 李林等:《四川依法治省年度报告 No.1(2015)》,2015 年 3 月 1 日,见 https://www.pishu.com. cn/skwx _ps/multimedia/ImageDetail? type = Picture&SiteID = 14&ID = 3891427&ContentType=MultimediaImageContentType。

续表

项目	数据	单位
组建法治宣传队伍	7537	支
设立法治宣传栏	34440	个
培养"法律明白人"	406286	名
发放便民法律服务联系卡	2173218	张
向村(社区)选派律师、法律工作者担任法律顾问	16238	名
组建法律服务小分队	4048	支
法律服务小分队开展活动	45232	场次
对外出务工、经商人员开展集中法治宣传教育	6981	次
开展旁听式调解	20986	次
组织农村"两委"干部、村民小组长、村民代表集中学法	29149	次
开展法治文艺演出,放映法治电影、广播节目	71436	次

注:以上数据来自四川省司法厅"法律七进"工作 2014 年度统计报表。

　　法治体系是解决法律纠纷的制度基础。法律加强了农民对其土地的权利,要求征收农民土地的地方政府或其他机构按法律规定给予补偿,并在征收前获得农民许可。此外,农民获得了土地生产和管理的自主权,以便他们选择种植什么作物以及如何管理他们的农场。如果农民买到了有缺陷的生产资料,农民有权从出售不良商品的机构获得补偿。法律还要求农民只根据法律法规提交费用和税收。它还保护农民的社会参与权。也就是说,对于在公共事务方面发生的变化或行动,它必须通过民主程序得到至少一半村民的批准。此外,它赋予农民起诉政府或其他利益相关者的不当行为的权利,并要求被告方对指控作出回应。[①] 由此可见,农民对土地拥有财产权,是相关法律所赋予的,于是,在各种类型的土地征收中,必须一方面要征得农民本人的同意,另一方面要按照法律要求对农民进行多种形式的补偿,从而实现其土地财产权。与此同时,农民在经营土地时拥有充分的自主权,其可以决定种植的农作物类型,以及种植的方式方法。在生产资料的购置

------

① 参见李小云等:《中国农民权益保护研究》,2007 年 1 月 1 日,见 https://www.pishu.com.cn/skwx_ps/bookdetail? SiteID = 14&ID = 4037485。

过程中,倘若农用生产资料存在质量问题,农民理应获得相应的赔偿。此外,法律还规定了农民在日常生产经营中应当缴纳的税费,除此以外,农民理应没有其他税费负担。根据法律规定,农民还有参与乡村社会治理与民主决策的权利,并有通过法律途径解决与政府部门纠纷的权利。

从法律规定的农民的权利来看,容易受影响的权利是生产资料与土地财产权、信息权、村民自治和减轻负担的权利。问卷统计表明,财富状况影响着教育水平和参与村务管理的能力。研究数据显示,较富裕的人较多受过高等教育,同时参与决策的比例也较高。因此,收入差距可能会造成农民受教育水平和参与村务能力的差异,这可能会增加他们之间的权利地位差异。同时,政策法规部门负责政策研究、宣传、法律执行监督、法律执行人员的培训等。执法部门主要负责农业生产资料的市场监测和管理,经济管理部门主要负责村财政和土地承包经营,有关农民负担的部门负责农民的负担监测。总之,这些部门负责农业立法、法律法规宣传、农民负担救济和农业生产资料市场监管,它们在保护农民权利方面发挥着重要的作用。① 可见,从法律角度保障农民权利,并处理各类财产权经济纠纷,主要是要做好以下工作:其一,抓好农民权利保障的重点,那便是对其自身所拥有的生产资料与土地的财产权利、对于农业生产与经营的信息知晓权利、乡村自治的权利以及税费负担不断减轻的权利等。保障这些权利,有利于农民的土地财产权不受损害,并有利于这一权利的切实实现。其二,不断缩小边远地区农村居民收入差距。收入上的差距不但关系到边远地区农民居民的生活水平,更为重要的是,还关系到其受教育程度的高低,而受教育程度的高低直接关系到村民自治的程度与水平。因此,只有不断缩小村民之间的收入差距,才能保障其接受良好的教育,并积极参与到村民自治与民主决策中来,从而具备保护自身土地财产权利的能力。其三,地方政府中负责农村事务的各个职能部门要各司其职,认真履行好人民群众赋予的权力。负责政策

---

① 参见李小云等:《中国农民权益保护研究》,2007 年 1 月 1 日,见 https://www.pishu.com.cn/skwx_ps/bookdetail? SiteID = 14&ID = 4037485。

制定与法规构建的部门,应当负起农村发展"顶层设计"的责任,让政策工具更具有针对性、有效性,从而更易于落到实处;同时,让法律法规更加符合人民群众的意愿,更加科学合理,从而有利于保障人民群众的合法权益。负责法律贯彻执行的部门,应以法律为依据,做好经济管理与秩序维护,让法律更加"接地气"。负责农村经济管理的地方政府部门主要抓基层财政与土地承包等方面的工作,其中,一定要将财政风险防范放在经济管理工作的重要位置,实现基层财政的良性运行。在抓好财政的同时,也要做好农民税费负担的监测工作,切实降低农民的日常负担。总结起来,以上各部门都要根据相关法律法规,开展日常工作,只有如此,才可能不断完善西部边远地区农民土地财产权实现领域的法治体系,从而从法律角度不断推动西部边远地区农民土地财产权实现法治德治保障措施的完善与发展。

二、完善西部边远地区农民土地财产权纠纷调处的德治体系

完善西部边远地区农民土地财产权纠纷调处的德治体系,是用法治与德治保障西部边远地区农民土地财产权实现的重要一环。所谓"纠纷调处的德治体系",并不是完全指纠纷发生后才采取的协商协调措施,而是包括纠纷发生前的"道德教育"。这种纠纷发生前的"道德教育"有两个层面的功用:一是通过村民道德品质的提升,弘扬"谦让精神",从而最大程度地避免土地财产权纠纷的发生;二是通过村民"道德能力"的提升,在纠纷发生后,使其能够自觉化解纠纷、协调利益冲突,从而缓和利益矛盾,为最终消解纠纷奠定基础。一方面,就前者而言,"谦让"是道德品质的重要组成部分,"谦让"精神可以让土地财产权等问题上的纠纷得以缓解。那么,如何弘扬"谦让"精神呢?必须让乡村文化建设发挥出应有的作用。关于乡村文化建设,西部边远地区可以向浙江等东部沿海地区学习,实施一批具有实效性的文化工程。根据陈兴华等的调查,"浙江省的农村文化礼堂建设始于2012年,由省委宣传部在经济社会发展程度处于浙江全省中等水平的杭州临安市开展先行试点,建成了首批50个农村文化礼堂,初步形成了一套运行机制。在此基础上,吸收杭州富阳市(现为富阳区)'富春山居'美丽村、

湖州地区德清县'和美乡风馆'、绍兴地区嵊州市乡村道德讲堂、台州地区黄岩区农民学习会馆等创新做法和经验,于2013年3月底召开了全省农村文化礼堂建设工作现场会,拉开了全省农村文化礼堂建设的序幕,截至2015年底,全省已累计建成农村文化礼堂近5000家"①。在浙江省的乡村道德文化工程中,具有代表性的是文化礼堂项目。文化礼堂不仅可以开展各种文艺活动,还可以将"乡村道德教育"贯穿其中,从而取得了很好的实践效果。从项目铺开的经验来看,这一项目并不是一蹴而就的,而是首先选取了若干个村作为试点,待试点成功后,再全省铺开,从而稳扎稳打,以实效性为引导,达到了预期的道德教育与文化建设目标。就此而言,西部边远地区可以向东部沿海地区充分学习,也从若干个村庄试点,由此铺开文化礼堂项目建设,进而开展整个西部边远地区农民土地财产权纠纷调处德治体系的完善工作。

　　另一方面,就村民"道德能力"的提升而言,主要是要让村民掌握解决矛盾冲突的道德方法,而不是使矛盾进一步升级。就此而言,"纯粹的"冲突被定义为在主体之间相互对立的利益,这些利益是不能"共享"的利益。但是,经济主体之间往往是一种相互依赖的关系,所以共享、协商是可以实现的。在"利益僵局"的打破过程中,价值观或共同的目标起着十分重要的作用。共同的价值观或道德标准可以缓和一系列利益相关者的紧张关系。就农业领域而言,这些利益相关者可能包括生产者、消费者、企业主等。关键在于,提高纠纷主体的交流、沟通能力,这事实上是一种战术或可用的手段,同时也是一项技能。解决纠纷的最终过程是谈判的过程,在谈判过程中,一个人的收益并非意味着另一个人的损失,谈判并不一定意味着"馅饼"的分割,而也蕴含着"馅饼"的扩大,使双方同时增益的协商方式往往能达到很好的效果。② 可见,所谓提升西部边远地区农村居民协调冲突的"道

---

① 陈兴华等主编:《2017年浙江发展报告　政治卷》,浙江人民出版社2017年版,第199页。

② 参见 *Tanya Alfredson. Negotiation Theory and Practice*,2019年6月24日,见 http://www.fao.org/docs/up/easypol/550/4-5_Negotiation_background_paper_179EN.pdf。

德能力"，本质上是提升其协商谈判的能力与技术。在协商过程中，事实上很少存在所谓"纯粹的冲突"，也就是纠纷双方利益完全不相容的冲突。换句话说，纠纷双方可以从两个方面着手谈判：一是确定冲突双方的共同利益，也就是确定利益重合的领域，从这一领域出发"求同存异"，去拓展共同利益，弥合彼此差异，用把"蛋糕"做大的方式解决切分"蛋糕"的问题。简言之，就是实现"双赢"。二是进行"换位思考"，从对方角度来思考对方的关切和利益，从而主动沟通、协调，找出解决问题的方案。此外，如果经济纠纷涉及法律纠纷的，一定要按照法律程序来厘清事实基础，以事实为准绳，界定孰对孰错，从而依靠法律机构的公正裁决化解冲突。

这一德治措施本质上是"村民自治"的一个组成部分，正如王云斌所说："我国农村实行村民自治，在解决农村纠纷的过程中，发挥自治组织自我管理、自我教育、自我服务的作用，是至关重要的。在村委会下设置专门处理纠纷的机构，由村中的'五老'组成。这些人熟悉本乡本土的风俗和惯例，威望较高，别人'多半要给他们面子'。这些机构需由地方政府的行政规章加以必要的规制，将其纳入法治秩序的框架中。"①由此可见，发挥村庄中有威望的"老人"的作用，可以在一定程度上提升纠纷调处的效果。从这个角度来看，主要是将自治、法治与德治相结合，依靠村民自身的力量来协调、化解纠纷。而在此过程中，乡规民约、风俗习惯也应发挥出应有的作用，用传统习惯来解决现代矛盾，从而节约政府的行政成本，更高效率地开展乡村德治工作，最终走出一条完善西部边远地区农民土地财产权纠纷调处德治体系的特色之路。

三、构建西部边远地区农民土地财产权实现的"法德共治"体系

所谓"法德共治"，也就是将法治与德治有机结合起来，共同推动西部边远地区农民土地财产权实现进程。那么，如何实现"法德共治"呢？首

---

① 王云斌编著：《乡村治理中的法律问题》，中国社会出版社 2009 年版，第199—200 页。

先,需要明确"法德共治"的治理目标。一方面,"法治要求政府根据既定且明确规定的规则、法规和法律原则行使权力。当政府官员根据规定行事时,他是在法治范围内行事。但是,当政府官员在没有任何法律许可的情况下行事时,他就会纯粹按照自己的意志和权力去做"①。由此可见,在"法德共治"当中,法治是主体,德治是辅助。法治的本质是在明确社会主体"游戏规则"的基础上,各个社会主体严格遵循这一"游戏规则"行事,既有法律法规赋予的权利,也有法律法规赋予的义务。换句话说,社会主体应在法律框架内从事社会实践活动。与此同时,德治是法治的辅助。占茂华说:"所谓德治,就是把伦理道德作为管理国家、调控社会的主要手段。德,是指人的善良的品行和高尚的品格。'德治'有广义和狭义之分。广义的'德治'是指,充分发挥道德在政治、经济、文化等社会生活中的应有功能,以达到维护和稳定社会目的的国家控制模式。狭义的'德治'是指,依靠道德在政治生活中发挥主导作用,来实施统治的国家控制战略。狭义的'德治'强调的是道德的政治功能,强调'官德'在安邦定国中的作用。"②德治是具有中国特色的社会治理方式,是指将道德治理作为社会治理的手段之一。在笔者看来,德治不应只局限于政治、文化、社会领域,更应延伸至经济领域,去解决各种利益冲突。

其次,需要明确"法德共治"的治理手段。在"法德共治"的治理目标明确之后,应如何构建"法德共治"的治理手段呢?有学者指出:"在推进全面依法治国中,发挥好法律的规范作用,必须以法治体现道德理念、强化法律对道德建设的促进作用。要按照建设中国特色社会主义法治体系的要求,注意把一些基本道德规范转化为法律规范⋯⋯要深入开展法治宣传教育,建设社会主义法治文化,增强全民法治意识和道德自觉⋯⋯严格公正执法、司法,是对法律尊严的捍卫,也是对先进道德的彰扬。"③由此可见,主要是

---

① *rule of law*, 2019 年 6 月 24 日,见 https://legal - dictionary. thefreedictionary. com/rule+of+law。
② 占茂华:《法理学前沿问题》,上海社会科学院出版社 2016 年版,第 294 页。
③ 路丙辉主编:《名师访谈录:告别成长的迷茫》,安徽师范大学出版社 2016 年版,第168—169 页。

让法治与德治具有内在一致性,以德治作为乡村社会治理的价值追求,以法治作为乡村社会治理的制度保障。从理论上说,法治手段是"硬"手段,也就是具有社会治理"强制力"的手段,而德治手段是"软"手段,也就是不依靠"强制力",而是以舆论监督、道德评判为特征的手段。于是,在这两种手段的使用过程中,就存在着如何协调步调、协同一致的问题。就这点而言,法治的强制力应符合德治的价值观,必须将德治的价值观融入法律规范之中。与此同时,在德治基础上,一定要加强执法和司法力度,捍卫德治与法治成果,让德治的"软治理"具有法治的"强制力",从而完善"法德共治"的治理手段,为化解我国边远地区农民土地财产权纠纷奠定制度基础。

再次,需要明确"法德共治"的条件保障。例如,组织保障。在西部边远地区,地方政府部门应调整、设立"法德共治"的专门机构,从而实施"法德共治"的治理措施。在原有法治机构中,应设立德治部门;而在原有德治机构中,也应开设相应的法治部门。这些部门从日常的治理实践出发,让法治具有更多人文关怀与德治内容,同时在德治中渗入法治精神,从而将法治与德治融为一体,共同引导社会治理实践。又如,政策保障。"法德共治"不是权宜之计,而是持续性的政策措施,因而需要稳定的政策保障。西部边远地区的法治建设与德治建设应同步开展,法律规定应与人们的道德规范相一致。通过持续性政策引导,保障"法德共治"的实施效果与治理效应。总之,构建西部边远地区农民土地财产权实现的"法德共治"体系,既要有治理目标,也要有治理手段,更要有条件保障,从而进一步强化农民土地财产权纠纷的调处机制,扫除财产权实现的障碍,推动西部边远地区农民土地财产权的实现进程。

第三节　制度性供给

推动西部边远地区农民土地财产权实现的制度性供给,主要包含三个方面的措施:其一,构建西部边远地区农民土地财产的保值增值机制;其二,构建西部边远地区农村土地经营、投融资、科技水平的"一体优化"机制;其三,构建西部边远地区农民土地财产权的多样化转让机制。

一、构建西部边远地区农民土地财产的保值增值机制

构建西部边远地区农民土地财产的保值增值机制,主要是通过绿色发展、基础设施建设、数字农业建设,使西部边远地区农民土地财产实现保值增值。

一方面,是土地财产的保值机制问题。从农业发展实践来看,环境污染会使农民的土地价值贬值,因此,土地财产的保值机制主要是土地的绿色生产机制与绿色经营机制。从绿色生产机制来看,主要是循环农业机制的建立。有学者认为,循环农业相当于旧农业实践的复兴,其理念是将生产链中的损失减少到最低限度。这当然也是混合农业模式背后的理念,其直到1900 年左右的农业革命才占据了主导地位。在混合农业模式中,农业和畜牧业都在农场开展生产。马和猪吃了人类无法消化的东西,鸡啄了所有的剩菜,所有的粪便都被送回了土地。与之相比,循环农业相当于重新应用了混合农业模式的全部构成要素,但又在更高层次上融入了现代农业技术。到 20 世纪 90 年代末,来自瓦赫宁根大学的研究人员发现了奶牛养殖周期的重要性。其基本的想法是,在肥料和饲料浓缩物的使用中,土地上沉积了过多的氮,于是应当用富含纤维和低蛋白质的饲料喂养奶牛。这提高了氮的利用率,奶牛开始生产质量更好的粪肥,其氨含量较低。然后,这种肥料产生更肥沃的土壤,其拥有更好的微生物组,抑制反硝化细菌。粪便不必注入土壤,甚至可以用路边的绿色材料来改善,以产生无味的堆肥。① 由此可见,循环农业本质上是农业资源的循环利用。在其发展过程中,借鉴了过去较为原始的农业循环方式,并加入了现代科技元素,由此形成了循环农业的早期形态和循环农业的现代形态。从较为原始的农业循环方式来看,原初的想法是将农业的资源耗费减少到最低量,从而达到节约成本的目的。这

① 参见 Diederik van der Hoeven. *Circular agriculture , the model of the future* , 2019 年 1 月 28 日,见 https://www.biobasedpress.eu/2019/01/circular-agriculture-the-model-of-the-future/。

种想法造就了所谓"混合农业",也就是让家禽和牲畜吃人类的剩菜剩饭,然后将家禽和牲畜的粪便用作肥料,以提升土地肥力,土地再生长出蔬菜供人们食用,那么,最为简单的一个"混合农业"的循环便结束了。真正的"循环农业"与此不同,它加入了更多科技含量。在早期形态的循环农业中,可以先用纤维含量较高的食物饲养牲畜,以便牲畜的排泄物成为很好的肥料;然后将这些肥料投放到农田中,从而较大程度地提升土壤的肥力,尤其是增加微生物含量;最后土壤之上种植出富含纤维的农作物,其中一部分可以作为牲畜的饲料。总之,循环农业机制是农业绿色生产机制的一个主要组成部分,应予以高度重视。

除了绿色生产机制,绿色经营机制也是土地财产保值机制的重要组成部分。何为"绿色经营机制"? 从本质上看,这是一种集约型经营机制。在这种经营机制中,要严防土地资源的过度利用和土壤的深度污染,同时在农业生产的供应、管理和销售环节,都有意识地减少资源耗费,从而让土地经营实现可持续发展。从绿色经营机制最为关键的环节来看,主要是解决乡镇企业的绿色经营问题。刘淑莹说:"农村各类乡镇企业在很大程度上是属于体制外的组织,国家对其控制较弱,为了追求眼前经济利益,不顾环境污染的后果,以及工人的人身安全,破坏环境的行为还存在。为了地方利益,个别地方政府纵容包庇,或明或暗地与企业'合谋',而乡村群众组织性不强,自我保护意识较弱,致使有些地区的乡镇企业给当地的生态环境带来了毁灭性的破坏,才迫于群众和舆论的压力下马,有的还死灰复燃,东山再起。这些乡镇企业多为从事皮革制造、化肥化工、造纸、炼油、采矿、冶金等重金属污染的资源型企业,设备陈旧简陋、规模小、技术水平低、经济基础差,三废处理不容乐观。"①就此而言,农村乡镇企业应首先推动绿色经营理念的贯彻。

另一方面,是土地财产的增值机制问题。这需要加强与土地相关的

① 刘淑莹主编:《加入 WTO 和科学技术与吉林经济发展:机遇·挑战·责任》下,吉林大学出版社 2002 年版,第 658 页。

基础设施建设,同时加强数字农业建设,并形成常态化的工作机制。就基础设施建设的常态化机制而言,主要是建立基础设施建设的资金投入、政策扶持与效果考核等一整套持续性的机制措施。农业基础设施建设需要大量的资金支持,这些资金既有政府的专项补贴,又有金融机构的抵押贷款。在支持农业发展的过程中,地方政府应出台农业基础设施建设专项补贴的发放管理办法,并出台金融机构支持农业基础设施建设的专项政策优惠办法,双管齐下,共同支持西部边远地区的农业基础设施建设。在政策扶持方面,地方政府部门应放开农业基础设施建设的审批环节,鼓励基础设施的更新与优化,修建更多交通道路与灌溉设施,从而推动农民土地财产的增值。在效果考核方面,西部边远地区农业基础设施的建设考核应实施年度考核和阶段性考核相结合的方式。在年度考核中,应加大基础设施建设实际效果的考核,并且考核不能走过场,而是要通过实地调查和群众访谈两种方式进行。在实地调查中,应着重核实基础设施建设的真实性;而在群众访谈中,则应着重调查群众对基础设施建设的满意度和幸福感。由此,督促相关部门加大基础设施建设力度,推动农民土地财产切实增值。

就数字农业建设的常态化机制而言,主要是"考核倒逼"的方式,督促边远地区基层政府部门加速数字农业的建设进程,同时在财政资金预算上,加大数字农业的投入力度,用顶层规划的方式明确数字农业的建设时间表,从而形成一整套常态机制,而不是追求短期效应。需要注意的是,在"第四次工业革命"来临之时,即使是大数据、云计算、人工智能这样的前沿科技,更新速度也相当迅速。因此,农业科研部门,尤其是与数字农业相关的科研部门应紧跟时代步伐,追踪前沿科技,将最新的技术手段及时转化运用到农业生产上来,从而发挥技术引领的最大效用。总之,构建西部边远地区农民土地财产的保值增值机制。重点在于常态化、可持续,必须由此着眼,推动农业走绿色发展、循环农业之路,从而让边远地区的农民土地在增值基础上实现流转,创造更大的经济效益。

二、构建西部边远地区农村土地经营、投融资、科技水平的"一体优化"机制

构建西部边远地区农村土地经营、投融资、科技水平的"一体优化"机制，关键是要解决"土地经营优化""投融资优化""科技水平优化"等机制的相互衔接问题。

其一，"投融资优化"如何与"土地经营优化""科技水平优化"衔接的问题。优化投融资机制，主要是解决两个问题，一是"资金从哪里来"；二是"资金投向哪里"。

就"资金从哪里来"而言，资金的来源渠道当然是各类金融机构，但是，各类金融机构的资金不是凭空投放的，其只有在回报可预期的情况之下，才可能投放相应的资金。于是，"土地经营优化"与"科技水平优化"就成为了资金投放的推动力。原因在于，只有充分盈利的土地经营和先进实用的科技支撑，才可能带来丰厚的投资回报。因此，"土地经营优化"与"科技水平优化"可以作为"投融资优化"的先决条件首先建立起常态化机制，以有效带动后续资金的投入。在这里，要优化土地经营的水平与方式，应完善西部边远地区的农民培训体制。通过培训，让西部边远地区的普通农民也掌握新型职业农民必须掌握的法律知识、政策常识与经营方法，从而提高其土地经营的能力与素养，为其进一步流转他人土地，扩大经营范围奠定技能基础，从而带动土地财产权的实现。同时，如果从优化科技支撑手段来看，西部边远地区农业的科技水平应当通过地方政府部门、科研机构、合作社、农户等多方的共同努力，赶上东部沿海地区的农业科技水平，从而引领西部边远地区农业经济效益的增长。

就"资金投向哪里"而言，也主要是"土地经营优化"和"科技水平优化"两个领域。既然这两个领域能够带来较好的投资回报，那么资金的投向也理应在这两个领域。一方面，资金应主动投向"土地经营优化"领域，支持其改善基础设施，购置更为先进的农业机械，雇佣更为优秀的科技人员；另一方面，资金也应积极投向"科技水平优化"领域，鼓励农业科技人员

开展农业科技研发,用新的技术和生产方式推动农业生产获得更大收益。由此,可以给支持农业经营与科技提升的金融机构以资金回报。

其二,"土地经营优化"如何与"科技水平优化"相互衔接的问题。有研究认为,今天的农学与1950年以前的农艺非常不同。自20世纪60年代以来发达国家和发展中国家的农业集约化,通常被称为绿色革命,其与选择和改良作物和动物以提高生产力的进展密切相关。然而,由集约化农业、工业发展和人口增长造成的环境破坏在农学家中引发了许多讨论,并导致了新领域的出现和发展(例如综合虫害管理、废物处理技术、景观建筑、基因组学等)。生物技术、计算机科学(用于数据处理和存储)等新技术使得开发新的研究领域成为可能,包括基因工程、改进后的统计分析和精准农业等。① 由此,科技水平的优化可以促成土地经营的优化,从而进一步推动农民土地财产权的实现。

其三,"土地经营优化""投融资优化""科技水平优化"三者衔接的整体机制如何构建的问题。一方面,应构建三者相互衔接的顶层设计,也就是明确该"一体优化"机制中,三个构成要素的各自地位与作用。简言之,"科技水平优化"是引领,"投融资优化"是基础,"土地经营优化"是主体。那么,应当如何发挥好"科技水平优化"的引领作用呢? 主要是突出农业中的"科学技术第一生产力"作用,积极做好农业科学技术的研发和推广工作,从而引导边远地区农业生产经营工作。同时,如何发挥好"投融资优化"的基础作用呢? 主要是在政府部门的支持下,金融机构积极参与边远地区土地生产经营的投融资工作,让土地经营和流转具有充裕的资金基础。此外,如何发挥好"土地经营优化"的主体作用呢? 主要是调动普通农民和专业合作社的积极性,做好土地的日常生产和经营,从而从主体上保障土地流转后的经营利润。另一方面,在顶层设计之下,必须做好具体机制的微观设计。例如,贾康等列举了一系列具体的微观机制:"农产品领域的巨灾保险

---

① 参见 *Agricultural science*, 2019 年 6 月 25 日,见 http://encyclopedia. kids. net. au/page/ag/Agricultural_science。

配套机制、农副产出'大小年'信息服务及投融资风险防范、对基本以及大宗农产品实施的'本准'政策机制、对于农户规模化经营的引导扶助、对于农村金融的特定支持(包括必要的财政为后盾的贴息与政策性信用担保),以及对于食品安全、种业发展、污染防范与治理、涉农小微企业发展、农业一条龙服务体系、生态农场林下经济、设施农业、农业科技开发与成果产业化应用等各项政策的合理设计与动态优化。"[1]从这些微观机制来看,主要分为三个层面:一是农村土地经营的风险预警与化解机制,这一机制由农业保险、信息预警和投资预警三部分组成。从农业保险来看,保险金融机构应开发针对农村土地经营的专门险种,运用市场化手段保护农民的切身利益,防范土地经营风险。从信息预警来看,可以构建农产品销售的信息预警平台,通过互联网采集信息,并通过大数据、云计算技术分析、整理这些信息,从而把握市场风险动态,提前做出预报与分析。从投资风险预警而言,主要是通过搜集农村土地投资大数据,并做好深度分析,从而推出投资风险程度与水平的专项报告,为土地投资主体提供信息上的保护措施。二是针对农户的金融支持。这种支持包括政府部门的专项补贴、金融部门的融资服务、国家及地方融资担保基金的担保服务等。三是支持农业经济主体发展的其他机制,如食品安全监管服务机制、绿色发展保障机制、农业科技推广服务机制等。总之,构建西部边远地区农村土地经营、投融资、科技水平的"一体优化"机制,既要做好顶层设计,也要做好各个环节之间的衔接,从而进一步推动边远地区农村产业振兴,推动农民土地流转和土地财产权实现。

三、构建西部边远地区农民土地财产权的多样化转让机制

在西部边远地区的土地流转试点、试验中,可以尝试多种形式的土地流转方式。当然,前提是坚持"土地集体所有"不变,而重点领域也应当是农业用地领域,正如有学者指出的:"中国各地继续进行实验,通过土地流转巩固农地,提高土地使用效率,同时坚持集体所有制原则。在农村地区,这

---

① 贾康等:《创新制度供给:理论考察与求实探索》,商务印书馆2016年版,第351页。

样的实验不仅包括农业用地,还包括集体建设用地(包括住宅用地),但这里的重点是农业用地。在中国改革的初期,农地的流通只能通过交换、租赁和彻底转让土地(或严格来说,合同管理权或土地使用权)在个体农民之间进行协商交易。然而,随着市场改革的进行,已经采用了更为复杂的土地流转形式,包括土地股份合作社和土地流转信托,涉及更多的农民和更大的农业用地。(1)土地使用权的交换。当农民交换使用他已经签约的土地的权利时,就会发生这种情况,这是为了使用属于同一集体经济组织的另一个农民的土地的权利。这是为了使双方都能更方便地耕种土地。(2)租赁土地使用权。在土地使用权租赁中,农民将其承包的全部或部分土地出租给另一个农民、企业等。承租人不必来自同一个集体经济组织(如果是,他们被称为分包商,但也可能来自外部)。(3)土地使用权的直接转让。土地使用权的彻底转让意味着与土地签订合同的农民,将权利转让给在全部或部分土地上属于同一集体经济组织,从事农业生产和经营的另一个农民。(4)土地股份合作社。在土地股份合作社中,农民通过收购股份来投资土地合同管理权,这是他们自愿做的。土地汇集在农民之间,他们的组织共同管理它,扣除成本后剩余的利润根据每个农民的份额分配。一个典型的例子是南海模式,在广东佛山南海区广泛实施。"[1]由此可见,在以往边远地区的土地流转中,由于流转手段较为单一,主要采用的是直接的土地使用权买卖,而缺乏其他形式的流转途径。但是,随着近年来土地市场化程度的加深,也出现了其他形式的土地流转。其一,土地的交换耕作。由于历史原因,特定农户拥有的土地,其地理位置、地形地貌、土壤肥力可能并不一定适合其耕作,其可以提出与另一农户的土地进行交换耕作,从而发挥土地的最大效能。其二,土地使用权的租赁。这种土地流转方式是将一个农户的土地租赁给属于同一集体的另一个农户,从而实现土地流转。其三,土地股份合作的流转形式。农户通过土地入股,在盈利之后,再通过测算股份份额分红,

---

① Chi Hung KWAN:*Rural Land Circulation in China Gaining Momentum:The increasing role of trust Companies*,2014 年 3 月 7 日,见 https://www.rieti.go.jp/en/china/14030701.html。

这也是土地流转的一种形式。

除上述土地流转形式之外,我国边远地区还可以采用目前较新的土地流转形式,亦即土地流转信托。从土地流转实践来看,土地流转信托主要有两种形式,一是通过抵押信托受益权,而获得相应的贷款;二是通过信托进行融资。张同庆着重阐述了第一种形式的信托:"农户/农业专业合作社将土地承包经营权委托信托公司设立财产权信托(土地承包经营权信托),农户/农业专业合作社再将其持有的信托受益权质押给商业银行,从商业银行融入贷款资金。"①由此可见,土地流转信托的第一种形式是土地生产经营主体首先将土地的经营权利分离出来,并委托给信托组织,从而生成信托收益权,然后再将这项权利抵押给相关金融机构,从而获得相应的贷款。需要指出的是:"土地流转信托这是一个旨在鼓励农民(即委托人)有效利用土地的系统。土地委托给一家信托公司,该公司负责为租户采购资金、建造建筑物和租赁建筑物。……在中国,信托资产不是土地所有权,而是土地使用权(合同管理权)。还有一些情况是,土地股份合作社或村委会代表农民将土地委托给信托公司,以及由当地政府设立的组织担任信托公司的角色。"②

我们创新西部边远地区农民土地财产权的转让机制,实现转让方式的多样化,可以从五个方面入手:

其一,完善土地使用权的直接买卖途径。尽管这一途径由来已久,但是在实际操作过程中,也是纠纷频发的一个领域,因此,必须不断完善机制建设,提升边远地区的法治德治水平,预防、化解土地使用权交易纠纷风险,从而有效促进农民土地财产权的实现进程。值得注意的是,土地的直接买卖交易必须有成熟的政府监管手段,从买卖合同的签署开始,就应当有格式相对固定的买卖合同,既能够保护土地使用权买方的利益,也能够保护土地使

---

① 张同庆编著:《信托业务风险管理与案例分析》,中国法制出版社 2016 年版,第 509—510 页。

② Chi Hung KWAN:*Rural Land Circulation in China Gaining Momentum:The increasing role of trust Companies*,2014 年 3 月 7 日,见 https://www.rieti.go.jp/en/china/14030701.html。

用权卖方的利益,做到合同文本规范化、统一化。同时,就土地使用权买卖资金的流动而言,也应设立相应的第三方账户,从而确保流转资金相对安全。

其二,完善土地交换耕作机制。在这一机制的运行和完善过程中,也应促使土地使用权交换双方签订必要的交换合同,从而避免后续纠纷的发生。同时,为打破土地使用权交换问题上各潜在交换主体的信息"不透明性",政府部门应牵头设立"土地使用权交换互联网信息发布平台",有交换意愿的农户可以将自己的需求信息发布到互联网平台上,从而及时获得沟通、交流,最终达成交换意向。

其三,完善土地租赁机制。在农村土地租赁特别是耕地租赁中,最常见的现象是土地使用权人由于进城务工或经商,无力耕作土地,于是将其土地经营权转让给其他农户或合作社从事生产经营。在这里,租赁行为的双方通过租赁合同,获取各自的权益,从而完成租赁过程。需要指出的是,土地使用权的承租人之所以不是采取直接买卖的方式,而是采用租赁的方式,除了生产经营用途上的考虑,主要因素是降低交易成本,从而获取最大收益。因此,土地租赁市场的潜力理应比土地使用权的直接买卖市场更大,其对边远地区农村产业的贡献度也应更大。

其四,完善土地股份合作机制。在这一机制当中,小块土地的使用权被联合起来,从而组成大地块,有利于土地规模经营,有利于推动农业产业化发展。何莉萍认为:"此种方式最初由乡镇企业改制开始,逐渐延伸到农林牧渔业,最后发展到土地上。土地上的股份合作也是由南方集体林区的开发利用逐渐延伸到耕地的开发上来。"①可见,土地股份合作机制是土地流转实践中探索出来的新型机制,其借鉴了乡镇企业的产权机制,将其运用到农业生产当中,由此创新了土地财产权制度,是新时代农业土地流转可以实施的机制与路径。

其五,完善土地流转信托机制。信托是市场经济的产物,因此,土地流

---

① 何莉萍:《民国时期永佃权研究》,商务印书馆2015年版,第201页。

转信托机制是土地流转市场化的产物。在过去,很少有农户运用信托工具来流转土地,是因为土地流转市场化程度不足,并且政府和金融机构关于土地流转信托的宣传也较少。今后,地方政府部门应通过政策工具,积极引导农户和金融机构开展土地流转信托,从而增加土地流转的形式与方法,推动边远地区农民土地财产权的实现。

第四节 重大行动支撑

用重大行动支撑西部边远地区农民土地财产权的实现,可以从三个方面着手:其一,实施西部边远地区农业农村产业化、城镇化与国际化行动;其二,实施西部边远地区乡村旅游提质升级行动;其三,实施西部边远地区乡村共享经济与创意农业开拓发展行动。

一、实施西部边远地区农业农村产业化、城镇化与国际化行动

对于推动西部边远地区农民土地财产权实现的重大行动支撑而言,首要的是实施西部边远地区农业农村产业化、城镇化与国际化行动。从农业产业化来看,农业产业化经营是实现中国农业现代化的重要途径。大力推进工业化农业经营,引导农民按市场需要组织生产,参与农产品加工流通,提高农业综合素质和竞争力,增加农民收入,是中国农业和农村经济的重要任务。农业的产业化行动应从以下几个方面着手实施:首先,构建农业的工业化经营模式。这种经营模式要求农业生产统一质量标准,在土壤改良、苗种播种、田间管理、果实收获等诸多环节中,利用现代农业技术,实现产品质量的一致性。在保障农产品品质的前提下,还要做到农产品来源可追溯,利用现代大数据、云计算技术手段,为每一件农产品标明"身份",从而实现农业生产的"工业化",用工业的管理方式来管理农业,让农业生产标准更高,生产效果更为突出。其次,根据市场需求来开展农业生产,实施"定制农业",农产品市场需要什么,农户或合作社就生产什么,从而将市场与生产紧密对接,提升农产品生产的经济效益。再次,实现"农业、工业、商业"的

综合生产经营模式。就此而言,农业是该生产经营模式的生产环节,工业是该生产经营模式的加工环节,而商业则是该生产经营模式的流通环节。三个环节可以在该生产经营模式当中实现统一,不同的环节可以由不同的农业企业或合作社来负责,众多农业企业或合作社共同组成"农业、工业、商业"综合生产经营模式的大型经营主体,从而增强整个经营主体的市场竞争力,在市场竞争中居于不败之地。

从农村城镇化来看,这已成为我国边远地区农村发展的必然趋势。之所以要实施农村城镇化行动,是要让农民群众在这条道路上走得更稳健、更有获得感。农村城镇化是中国经济社会发展的重要战略,在农业产业化的基础上,促进农村城镇化,推动农村人口转移,提高农村城镇化水平,可以为中国经济发展提供广阔的市场和持久动力,是优化城市经济结构的重要举措。缩小甚至消除城乡差异,可以促进国民经济健康发展和社会和谐稳定。理论上,城市化与工业化之间必然存在内在联系。由于工业是生产活动的集合,导致人口和生产要素集中在工业发展当中。当人口集中,并且生产要素和经济活动在某一地理区域达到一定集中程度时,他们就会形成一个城镇。随着工业发展水平的提高,新城镇将继续形成,现有城镇规模将继续扩大。工业企业的集中也对金融、交通、信息、酒店、餐饮、文化、娱乐等服务业产生需求,从而刺激了城镇第三产业的兴起和发展。因此,工业化必然导致城市化,农村工业化必然导致农村城市化。① 实施农村城镇化行动的策略,主要有以下几点:其一,农村城镇化的成功关键,主要是要做好规划方案,再做到规划方案的科学实施。农村的城镇化,涉及的领域十分庞大,有住房、道路、农田等方方面面,因此,科学的整体规划至关重要,而与此同等重要的是规划的有效实施。在以往的实践中,城镇规划的实施也会遇到各种各样的问题,需要地方政府部门给予科学合理的解决。其二,农村的城镇化,以农业的产业化为前提。换句话说,只有农业产业成规模、成体系了,农村的

---

① 参见《郑新立经济文选》,2011 年 7 月 1 日,见 https://www.pishu.com.cn/skwx_ps/databasedetail? SiteID = 14&contentId = 8797431&contentType = literature&subLibID = 。

城镇化才可能有坚实的物质基础。因此,在这个意义上,农村的城镇化是农业产业化的延伸和拓展。农业产业化解决的是农村城镇化的资金和需要问题,而农村城镇化解决的是农业产业化发展的可持续问题。其三,农村的城镇化必须以弥合城乡二元结构为重要目标。需要指出的是,推动农村的城镇化并不是要形成新的城乡二元割裂的局面,而是要弥合这种二元割裂的状况,让城市与乡村有机衔接,在经济发展水平、收入水平、教育水平等各个方面减少差距,从而形成城乡融合发展的良好局面。

在农业产业化、农村城镇化的基础上,还应开展边远地区的农业国际化行动。加入 WTO 后,中国的农业发展被置于国际环境之中,其可以充分利用国内和国际资源以及两个市场来寻找更多增长机会。与此同时,也必须面对更激烈的国际竞争。因此,农业从业人员必须了解 WTO 的基本规则,采取审慎措施,抓住机遇,发挥优势,避免弱点,培育正面因素,消除负面因素,应对挑战,确保中国农业实现健康、平稳的发展。[1] 由此可见,在国际贸易自由化的进程中,农业生产的供应和销售也日趋国际化。与其被动接受农业的国际化步伐,不如主动为之,实施农业国际化行动,主动让农业对接国际贸易,从而争取主动权,赢得农业国际竞争。关于我国边远地区农业的国际化行动,可以从以下几个方面着手:

其一,健全农业国际化的风险治理机制。由于国际局势存在各种不确定性因素,所以农业的国际化发展在带来机遇的同时,也会带来一定程度的风险挑战。因此,在推进农业国际化进程的同时,应出台相应的风险治理措施。那么,这样的风险治理措施具体有哪些呢? 主要是风险预警机制、风险化解机制和危机治理机制的建设。就"风险预警机制"而言,必须利用最新的大数据和云计算技术,建立国际农业贸易风险预警信息平台,通过搜集世界主要农业贸易市场的实时数据,并进行整理、加工、分析,从而得出科学的预警结论,为外向型农业企业或外向型农业合作社的农业生产保驾护航。

---

① 参见《郑新立经济文选》,2011 年 7 月 1 日,见 https://www.pishu.com.cn/skwx_ps/databasedetail? SiteID=14&contentId=8797431&contentType=literature&subLibID=。

就"风险化解机制"而言,在国际农业贸易风险生成之后,政府部门应第一时间采取政策、资金等工具对业已生成的风险进行化解,从而营造有利于我国农业国际贸易的良好环境。就"危机治理机制"而言,政府在农业国际贸易的潜在风险转化为现实的危机之后,应迅速采取措施,保护我国农业经营者的切身利益,从而维护农业国际化的良好局面。从总体来看,无论是"风险预警机制""风险化解机制",还是"危机治理机制",都需要政府部门投入一定精力与资金,致力于风险的防范与化解,达到稳步提高我国边远地区农业国际化程度的效果。

其二,应积极寻找和发挥我国边远地区农业生产的"比较优势",从而在激烈的国际竞争中占据一席之地。研究表明,中国农产品是否能够抵御国外农产品的影响,能否在国际市场上获得竞争力,关键在于是否能充分发挥中国农业的比较优势,是否能够分配好农业资源,按照比较优势原则组织农业生产。农业的比较优势取决于农业资源的相对结构,不同国家和地区的相对结构在农业产业中具有不同的比较优势。中国农业资源结构的总体特征是土地等自然资源短缺、劳动力资源相对丰富。因此,中国农业的比较优势领域是劳动密集型和土地密集型产品的生产。但是,谷物、棉花、油、糖等产品则不太具备竞争优势,而蔬菜、花卉、绿色盆栽植物、水果、水产品、畜产品和其他劳动密集型和土地密集型产品将有竞争优势。农业结构调整应引导至土地密集型产品的生产和管理,以发展更多的劳动密集型和土地密集型产品。① 由此可见,我国农业,尤其是边远地区农业的比较优势主要是"劳动力和土地相对密集",因此,应着重发展这一农业领域,如蔬菜种植、花卉种植、果类种植等,由此充分发挥我国边远地区农业资源与农业结构的比较优势,在国际竞争中胜出。

其三,应在农业国际化的过程中,不断摸索农业"走出去"的内在规律,从而实现"摸着石头过河"向"顶层设计"的转变。对于大多数农民来说,国

---

① 参见《郑新立经济文选》,2011 年 7 月 1 日,见 https://www.pishu.com.cn/skwx_ps/databasedetail? SiteID = 14&contentId = 8797431&contentType = literature&subLibID = 。

际化是一个全新的事物。国际农业发展有着自己的基本规律,中国农业的国际发展需要遵循这些规律。在国内,沿海地区应注重出口农业的发展,率先实现国际化;广大中西部地区要发挥优势,积极参与国际竞争,不断提高农业国际化水平。① 由此可见,相关农业研究部门,特别是"农业政策智库",应加大农业国际化规律的探索与总结,尤其是根据已有的国际实践,归纳出较为成熟的经验教训,为农业企业、农业合作社,乃至普通农户走向国际市场提供理论参考。

二、实施西部边远地区乡村旅游提质升级行动

实施西部边远地区乡村旅游提质升级行动,也是推动西部边远地区农民土地财产权实现重大行动支撑的一个组成部分。关于乡村旅游,北京周边农村做得较好,值得边远地区农村学习与借鉴。北京周边农村为了开展乡村旅游,专门开办了乡村旅游网站,用互联网的方式为乡村旅游产业服务。《北京乡村旅游网》由北京市农村工作委员会主办,北京观光休闲农业贸易协会承办,共 14 个栏目。这一网站还有如下内容:"快乐农户""休闲花园""节日活动""风景名胜""民间传说银河""自然科学展""休闲健身",这对游客了解乡村旅游会有很大帮助。② 在构建网站的时候,《北京乡村旅游网》充分考虑了乡村游客的需求,将游客需要的信息全面而系统地放在网页上,并注重了信息的可接受性、可阅读性,从而让游客对北京周边的乡村旅游能够迅速产生好感。事实上,乡村旅游网站还可以从若干个方面进行改进:一方面,网站传播对象不应只包括国内受众,还应包括国外受众。因此,不但要有中文内容,还要有外文内容。在用外文内容介绍乡村景点、住宿、餐饮等信息时,也要注意国外受众的接受习惯。就此而言,网站创建者可以找专业的翻译公司对中文文本进行翻译转化,将乡村旅游的国内

---

① 参见《郑新立经济文选》,2011 年 7 月 1 日,见 https://www.pishu.com.cn/skwx_ps/databasedetail? SiteID=14&contentId=8797431&contentType=literature&subLibID=。

② 参见 LiuDeqian: *Several Discriminations about Rural Tourism, Agro-tourism and Folklore Tourism*, 2008 年 12 月 1 日,见 https://www.pishu.com.cn/skwx_ps/databasedetail? SiteID=14&contentId=8697311&contentType=literature&subLibID=。

话语体系转变为国际话语体系,从而更加准确、生动地宣传中国的乡村旅游。对于边远地区乡村旅游网站的创立而言,地方政府部门应有专人进行指导、扶持,并给予资金支持,从而让网站建得更好、更快。另一方面,对于有条件的地区而言,乡村旅游网站应积极结合虚拟现实技术,在网站内部开办"虚拟旅游"栏目,让游客在来到实地旅游之前,可以事先在网上通过角色扮演的方式,对乡村旅游的各个环节有所了解。例如,可以用虚拟现实的方式在"虚拟旅游"网页中设置餐饮环节,让游客采用"角色扮演"的方式"享用"这些乡村美食,从而达到吸引游客前来游玩的目的;又如,还可以用虚拟现实的方式在"虚拟旅游"网页中设置"虚拟景点",让游客可以在网页上提前领略乡村周边的自然风光,从而产生前来的冲动与兴趣。可以说,对于互联网时代的游客,特别是青年游客而言,"虚拟旅游"顺应了时代的要求和游客的需求,可以很好地扩大乡村旅游景区的知名度与吸引力,从而提高经济效益,并收获社会效益。

既然乡村旅游的宣传工作主要由互联网来承担,那么,就乡村旅游本身的内容而言,重点是哪一方面呢? 从实践来看,乡村旅游的关键内容应该是乡村风情。乡村风情包括以下四个部分:当地条件与特定的地理环境、自然资源与特殊的当地风光、特定的当地民俗、当地景观。同时,以下内容是很难与乡村旅游分开的:特色风格、特色风味与当地特产(包括当地特色食品)、优雅的韵律民歌、民谣与民间故事等。[①] 可见,乡村旅游的重点领域应是展现乡村本身的"风情",也就是自然环境、自然风光、特色风俗、自然或人文景观等。与此同时,用美味的乡村特产、悦耳的乡村民歌和动听的乡村故事吸引游客,从而达到让游客到乡村旅游的休闲目的。与风俗、特产类似,民歌与民间故事也是让游客感兴趣的旅游产品。例如,取景桂林漓江的电影《刘三姐》具有很高的社会知名度,那么桂林周边的乡村旅游就可以结合广西民歌来开展,在"农家乐"中可以配合民歌表演,从而让游客进一步

---

① 参见 LiuDeqian:*Several Discriminations about Rural Tourism,Agro-tourism and Folklore Tourism*,2008 年 12 月 1 日,见 https://www.pishu.com.cn/skwx_ps/databasedetail? SiteID=14&contentId=8697311&contentType=literature&subLibID=。

了解原生态的广西民歌。又如,在乡村旅游中,还可以让某些民间艺人,用民间说唱的形式讲述民间故事,从而进一步增强乡村旅游的丰富性,充实乡村旅游的实质内容。

在边远地区的乡村旅游实践中,已经有一些开展得比较好的例子。例如,位于边远地区的广西百色,就将乡村旅游办得有声有色。"2012 年,百色市成功打造广西四星级乡村旅游区 1 家,即乐业县火卖生态村;打造广西三星级乡村旅游区 3 家,即田阳县那生屯、平果县庄内屯、西林县宫保风情岛;打造广西四星级农家乐 1 家,即乐业县梅家山庄;打造广西三星级农家乐 1 家,即西林县八行生态农庄。同时,指导特色旅游名镇名村开发建设,重点建设有江区阳圩镇平圩村和靖西县新靖镇 1 日州村的基础服务设施。"①由此可见,百色市推动乡村旅游提质升级的领域主要是以下几个方面:其一,乡村旅游区的创办。"乡村旅游区"与"农家乐"既有联系也有区别,从二者的联系来看,都是乡村旅游的重要形式;而从二者的区别来看,"乡村旅游区"相比"农家乐",其区域范围更大,可旅游的项目更多,游客得到的服务更多,由此创造的经济效益和带动的就业人员也更多,当然对土地流转和土地财产权实现的推动也更大。但是,创建"农家乐"要比创建"乡村旅游区"花费的成本小得多,因而是"乡村旅游区"的重要补充。所以,两种形式的乡村旅游都要开展实施,从而共同推动乡村产业的兴旺繁荣。其二,无论是对于"乡村旅游区"的管理,还是对于"农家乐"的管理,都采取分级管理模式,也就是根据景区规模和服务质量划分为若干等级,根据等级差异,实施不同的管理措施。例如,对于四星级农家乐与三星级农家乐的管理就在政府投入、监管、宣传等诸多方面存在差异。其三,创建特色名镇或者名村。与"乡村旅游区""农家乐"存在一定差异,特色名镇或者名村的创建主要突出其文化内涵和基础设施建设。从文化内涵来看,民俗活动、民间故事是这些内涵的主要载体,因而在乡村旅游活动中要重点突出这些项目。

---

① 《百色年鉴》编纂委员会编:《百色年鉴(2011—2012)》,广西人民出版社 2015 年版,第 396 页。

同时,从基础设施建设领域来看,这是开展文化活动的物质基础,决定着乡村旅游的服务质量,因而也必须予以充分重视。总之,实施西部边远地区乡村旅游提质升级行动,可以采用典型引路、分类指导的方式,先在部分地区试点,再因地制宜逐步铺开,从而在尊重各个乡村地域特点的前提下,将乡村旅游工作推向前进。

三、实施西部边远地区乡村共享经济与创意农业开拓发展行动

推动西部边远地区农民土地财产权实现重大行动的一个重要内容,是实施西部边远地区乡村共享经济与创意农业开拓发展行动。开展这一行动的关键在于,解决参与行动的经济主体的成本分摊与利润分享问题,这是共享经济中最为常见的问题。从产业经济学的角度看,共享与创新具有以下作用:(1)共享可以减少组织成员的个体支出。(2)共享创新消除了研究和投资的重复,知识的分配和共享、企业的协同效应将提高创新的效率。(3)成员的共同投资使共享组织能够完成单个公司无法完成的大型研究项目。对于中国农业企业而言,为加大创新力度,筹集足够的发展资金,与其他经济主体的合作是他们的最佳选择。① 就此而言,共享经济的共性特征是必须有成本分摊与利润分享的一整套科学方案。这一方案必须降低共享组织内部各经济主体的个体成本,减少各个经济主体开展生产经营的重复性,做到信息、技术、业务上的分享。这对于农业企业的发展尤为重要,通过共享经济的串接,边远地区的农业企业可以形成若干个大型农企联盟,不同的产业形成不同的共享组织。共享组织内部既有横向共享,也有纵向共享。横向共享也就是不同生产经营部门的共享,而纵向主要是上下游产业链的共享。通过共享经济的体制改造,实现农业企业之间的协同合作,从而提高效率和效益。尤其需要注意的是,共享组织内部各个经济主体可以开展对某个大型项目的统一投资,从而完成单个企业无法完成的事情。总之,在投资

---

① 参见 Yao Li, "Study on Optimization of Financial Sharing Service Center", *Modern Economy*, Vol.7, No.11(2016), pp.1290-1302。

协同的基础上,实现信息、技术、业务的全面共享,是实施西部边远地区乡村共享经济与创意农业开拓发展行动的第一步,必须走好、走稳。

需要指出的是,乡村共享经济与城镇共享经济既存在着联系、共性,也存在着区别、个性。从联系与共性来看,二者都是共享经济的典型模式,只不过后者开展得较早,有较高的知名度,而前者开展较晚,不太为人知晓而已。从区别与个性来看,乡村共享经济的主体不是城市企业、公司,而主要是普通农户、合作社和大、中、小型农业企业等,所以在发展方式上与城镇共享经济略有不同。乡村共享经济的个体投资规模较城镇共享经济要小一些,但整个共享经济组织的体量也可以达到一定的规模,这也是乡村共享经济的优势所在。乡村共享经济的基础是农业产业,其立足于该产业而面向城镇、乡村居民实现一体服务,从而实现盈利,这与城镇共享经济主要立足于以工业为基础的服务业形成鲜明对比。

在发展乡村共享经济的过程中,除了农业企业,各个普通农户也可以组成共享经济组织,从而通过共享经济模式提高其产品的市场竞争力。在张喜才看来,"通过农业物流链管理,将分散经营的农户组织起来,使农业的产前、产中、产后诸多环节联结为一个完整的产业系统,农户在农业生产中得到供销、运输、技术咨询等方面的物流服务,使分散的农户与龙头企业有机结合起来形成风险共担、利益共享经济共同体,避免了因未来市场不确定性而不得不承担的价格风险,降低农户的风险,减少交易环节,降低交易费用从而使农产品的价格下降,增强了农产品的市场竞争力"[1]。由此可见,农业物流链管理是共享经济的一种典型模式,其把"各自为政"的个体农户整合起来,在产业链条上形成合力,同时共享农业科技指导,从而农户之间形成成本分摊与利润分享的共享经济关系,增强了其抵御市场风险的能力,降低了生产经营成本,最终增加了赢得市场竞争的概率。

在共享经济的基础上,可以开展创意农业的开拓发展行动。对创意农

---

[1]　张喜才:《互联网+背景下现代农业产业链整合管理》,中国商业出版社 2016 年版,第 24 页。

业组织的协同技术创新来说,政府部门长期以来一直扮演着技术创新的领导者角色,这对技术创新的发展产生了重大影响。随着科技体制的进一步改革和完善,各种创新模式应运而生,一些技术创新正在由研究机构、大学和企业来引领。技术创新可以由一方领导、其他各方的参与来实现,创新的关键问题是合作,合作的最重要的一点是投资,其要求利益相关者在人力资源、创新计划、决策上均有合作。① 可见,创意农业的发展离不开共享经济,共享经济的发展是创意农业发展的机制基础。在整个创意农业的发展过程中,政府的积极引导,科研机构乃至高等院校的积极参与具有重要的意义。在共享经济的框架内,农业的创意生产可以有一个生产主体主导,而其他生产主体配合,从而实现资金、人才、决策上的全面协同。

在这一点上,西部边远地区农村可以向北京周边农村学习,开拓若干"农业观光园"。农业观光园既是农业科技创新的成果汇集之地,也是乡村旅游的重要窗口,从而形成了创意农业的重要开展形式。北京的农业观光园产业已相对成熟,无论在从业人员、接待人次还是在经营总收入的数据上都相当可观。西部边远地区农业可以结合北京周边农村的经验做法,开拓农业观光园产业,从而发展创意农业。首先,进行一定量级的科技资金投入,发展农业科技生产,并形成一大批农业科技成果,生成农业观光园的观光对象。其次,做好市场营销,在主流媒体、互联网上推出西部边远地区农业观光园的广告,从而打响知名度。关于这一点,以中央广播电视总台为代表的一批电视台自身就有服务于乡村振兴的公益广告,西部边远地区农业观光园可以充分利用这一利好因素,节约营销费用,同时提升自身项目的国内知名度,从而吸引更多游客到来。再次,做好游客来园后的接待工作,主要是招募接待人员、服务人员,并对其进行上岗培训,将游客接待工作做好。最后,如前所述,由于创意农业通常建立在共享经济基础之上,因而要做好财务工作,核算好成本与利润,从而将成本合理分摊,并将利润合理分享,让

---

① 参见 Lin Bingkun, Lv Qinghua, "Research on the Motivations and Paths of Collaborative Technology Innovation for Chinese Creative Agriculture", *Journal of Applied Sciences*, Vol.13, No.10 (2013), pp.1774-1780。

以农业观光园为代表的创意农业获得可持续发展。

　　总之,实施西部边远地区乡村共享经济与创意农业开拓发展行动,必须在体制机制上立足于乡村共享经济,在最终产业发展上落脚于创意农业,从而形成机制上的合力,有效拓展农村产业,实现产业振兴,推动土地流转与农民土地财产权的实现。

附录 马克思财产权理论的历史回顾

对马克思财产权理论进行历史回顾与文献学考察,必然会涉及理论发展的历史分期问题。笔者根据黄和新的研究,也就是"通过确切地把握马克思财产权思想演进过程中'自然地呈现出来的阶段性或若干鲜明的质点',以此作为分期的根据的观点"①,把《黑格尔法哲学批判》《1844 年经济学哲学手稿》确定为马克思初探财产权问题的文献,《德意志意识形态》《共产党宣言》确定为马克思财产权理论形成时期的文献,《1857—1858 年经济学手稿》《资本论》确定为他财产权理论成熟时期的文献。

一、马克思初探财产权问题的文献

《黑格尔法哲学批判》和《1844 年经济学哲学手稿》是马克思初探财产权问题的文献。《黑格尔法哲学批判》展现出黑格尔和马克思之间存在的一个深刻差别,亦即前者总是从法律的视角来分析财产权,而后者则常常从经济学的视角分析财产权。《1844 年经济学哲学手稿》则进一步赋予了"Eigentum"或"property"、"propriété"以"人与人的经济关系"的含义。

(一)《黑格尔法哲学批判》

为便于开展文献分析,笔者找到了德文版《马克思恩格斯著作集》(*Karl Marx Friedrich Engels Werke*)中的《黑格尔法哲学批判》文本。"Karl Marx

---

① 黄和新:《马克思所有权思想研究》,南京师范大学出版社 2004 年版,第 17—18 页。

Friedrich Engels Werke,简称 MEW,因其封面为蓝色,国际通称'蓝皮本'。这是由柏林狄茨出版社(Dietz Verlag)于 1956 年起陆续出版的德文版《马克思恩格斯著作集》。其中第一卷中收录了 Zur Kritik der Hegelschen Rechtsphilosophie(《黑格尔法哲学批判》),出版于 1956 年。1964 年、1976 年、1981 年、2017 年分别再版。"①在此,本书依据的是 1976 年再版的版本。

《黑格尔法哲学批判》德文版单独使用 Eigentum 一词共有 25 处,如果将复合词中的词根加上,则有 138 处,这些复合词主要有 Privateigentum、Staatseigentum 等。在这些地方,马克思主要是在"财产"的意义上来使用 Eigentum 的,但是,"财产"在这部著作中已经常常与权利(德文为 Recht)结合起来使用。例如,马克思写道:"Das Eigentum, der Vertrag, die Ehe, die bürgerliche Gesellschaft erscheinen hier(wie dies Hegel für diese abstrakten Staatsformen ganz richtig entwickelt,nur daß er die Idee des Staats zu entwickeln meint)als besondre Daseinsweisen neben dem politischen Staat,als der Inhalt, zu dem sich der politische Staat als die organisierende Form verhält,eigentlich nur als der bestimmende, beschränkende, bald bejahende, bald verneinende, in sich selbst inhaltslose Verstand"②,中文版翻译为"财产、契约、婚姻、市民社会在这里同政治国家一样表现为(黑格尔对这些抽象的国家形式所作的这种阐述是完全正确的,可是他又认为他是在阐述国家的观念)特殊的存在方式,表现为一种内容,对这种内容来说,政治国家是一种组织形式,其实只是一种在规定、在限制、时而在肯定、时而在否定、而本身没有任何内容的理智"③。在这里,Eigentum 的含义就是"财产",而在另一处,马克思在总结黑格尔观点时,把"财产"与"权利"结合起来:"Die Einheit des allgemeinen Endzwecks des Staats und des besonderen Interesses der Individuen soll darin bestehn,daß ihre Pflichten gegen den Staat und ihre Rechte an denselben

---

① 杨学功:《马克思〈黑格尔法哲学批判〉研究读本》,中央编译出版社 2017 年版,第 52 页。

② *Karl Marx/Friedrich Engels-Werke Band* 1,Berlin:Dietz Verlag,1976,S.232.

③ 《马克思恩格斯全集》第 3 卷,人民出版社 2002 年版,第 40—41 页。

identisch sind(also z.B.die Pflicht,das Eigentum zu respektieren,mit dem Recht auf Eigentum zusammenfiele)"①,中文版翻译为"国家的普遍的最终目的和个人的特殊利益的统一,据说就在于个人对国家所尽的义务和国家赋予他的权利是同一的(因而,例如,尊重财产的义务同对财产的权利是吻合的)"②。其中,"dem Recht auf Eigentum"表示"对财产的权利",亦即"财产权"。

在德文里,范畴 Eigentum 可以表示很多含义。对于"所有权"及其与之密切相连的"财产权"而言,尽管存在着这样一种组合方式,用 Eigentum 与翻译为"权利"含义的德文词 Recht 组合为复合词,也就是 Eigentumsrecht,然而,不容忽视的是,单就 Eigentum 这个词汇而言,它自己也蕴藏"权利"涵义。考察英文文献,"所有"与"财产"通常各自运用 ownership 与 property 二者进行表述,可这些词一方面释义为"所有",很多地方还能够释义成"财产权"范畴。事实上,英文文献里也存在特定表述"财产权"范畴的词组,即 property right,这个词组同德文文献里的 Eigentumsrecht 用法类似。从文献学的角度说,如果想在德文文献和英文文献里,寻找特定表述中文里"所有制"含义的范畴几乎是不可能的。在德文文献和英文文献中,如果想要对应"所有制"范畴,只能用德文词 Eigentum 以及英文词 ownership,基本上是按照二者在著作里的不同作用,根据中文表述方法如此转述的。马家驹认为,德文文献与英文文献里的各种译法,体现了不同范畴存在着的相互关系。中文词"所有",其原意在于主体将特定产品作为自身所拥有的,能够将自身的愿望附属在它上面的事物;同时我们也把它看作是存在于如此特定关系里的产物,在这里,它和财产的意思基本相似。"所有"范畴与"财产"范畴所通常表述的均为法学意义的含义。换言之,如此的范畴是被法学所确定的范畴,所以阐释成"权利"。这样,"所有权"范畴与"财产权"范畴在语言表达中几乎是同一回事,进而特地加上"权"字是力图愈加强调其

---

① *Karl Marx/Friedrich Engels-Werke Band* 1,Berlin:Dietz Verlag,1976,S.204-205.
② 《马克思恩格斯全集》第 3 卷,人民出版社 2002 年版,第 9 页。

原意中业已涵盖的"所有"以及"财产"范畴里的权利内涵。

同时,对于"所有制"范畴而言,它相比"所有"范畴与"财产"范畴,具有更多的社会因素。当学界谈及某种所有制形式之时,其中蕴藏的含义一般是拥有较多社会因素的"所有"范畴和"财产"范畴。二者尽管均是法学意义上的词汇,然而"其所体现的法的关系,却不过是经济领域中的事实与关系在法的上层建筑中的表现。将某物当作属于自己的东西这样一种关系,就其本身来说就是'占有'。简言之,'所有'就是一种合法的'占有','所有物'或'财产'就是一种合法的'占有物'"①。经典文献中常常出现的"占有",与之前我们分析的"所有"范畴或"财产"范畴的差异通常只是它不涵盖被法学所确定的含义。在人类社会进步演变的某些阶段里,因为政府与法律有可能存在两种状况,它要么是没有产生,要么是业已终结,那么对于产品本身来说,"占有"是可以不需要法律来确定的。在以上状况中,对于该事物而言,就只会存在"占有"关系,并不存在"所有"关系,因而马克思在分析"原始社会"的生活状况时指出:"如果说存在着还只是占有,而没有所有权的家庭和部落整体,这倒是对的。"②并说"可以设想有一个孤独的野人占有东西。但是在这种情况下,占有并不是法的关系"③。

从《黑格尔法哲学批判》还可以看出,在马克思与黑格尔二人之间的确存在若干较为关键的区别,最为重要的表现在二人对于财产(Eigentum)的各自研究当中。在著作《法哲学原理》里,黑格尔论述了一种法律方面的架构,在此架构里,自由首先是用权利(Recht)或者法规一定程度上维护起来的,然后它又组成了一个显著的目的,这一目的力图在历史构建出来的人文环境里得以实现。黑格尔总是由法学的角度来看待财产,而马克思则往往洞察到,财产不仅是达到人们自由的必备前提条件,同时也是一种不得不面对的障碍,所以他便由经济学的角度来看待财产,这便是二人之间较为深刻

① 马家驹:《〈资本论〉和政治经济学社会主义部分的研究》,贵州人民出版社 1984 年版,第 139—143 页。
② 《马克思恩格斯文集》第 8 卷,人民出版社 2009 年版,第 26 页。
③ 《马克思恩格斯文集》第 8 卷,人民出版社 2009 年版,第 26 页。

的区别。汤姆·罗克莫尔由此推之,这个区别使马克思可以做到三个事情:其一,其觉得黑格尔无法获知财产在当代工业世界里的经济作用,并以这样的观点对黑格尔进行批判;其二,其觉得当时的政治经济学无法获知在资本主义社会里展现人的内在潜能的众多阻碍,并以这样的观点对当时的政治经济学以及各种阻碍进行批判;其三,他依据若干人们活动的范畴对当时的政治制度提出了具有自身特点的理论。① 此外,论述财产权的本质为人和人之间的特定关系,这事实上是经典文献中财产权思想的显著特点。它要求研究者对马克思文献中"Eigentum"一词的各种含义展开考证,这一工作对于人们研究财产权问题是极为重要的。② 根据黄和新的考证,马克思对"Eigentum"的理解经过了较长的时间,这个时间段开始时就是由考察黑格尔学说发端的。③ 他在针对黑格尔所主张的财产权观点时说:"私有财产的真正基础,即占有,是一个事实,是无可解释的事实,而不是权利。只是由于社会赋予实际占有以法律规定,实际占有才具有合法占有的性质,才具有私有财产的性质。"④在这里,我们可以看出,马克思关于"Eigentum"的看法,还尚未跃出洛克等的思想藩篱。

(二)《1844 年经济学哲学手稿》

在德文版《马克思恩格斯著作集》(*Karl Marx Friedrich Engels Werke*)中,《1844 年经济学哲学手稿》单独使用 Eigentum 一词共有 12 处,如果将复合词中的词根加上,则有 173 处,这些复合词主要有 Grundeigentum、Privateigentum、Feudaleigentum 等。在这些地方,值得注意的是马克思对于"个人财产权"与"私有财产权"的不同表述,以《1844 年经济学哲学手稿》中的两段话为例。马克思说:"Die Assoziation, auf Grund und Boden

---

① 参见[美]汤姆·罗克莫尔:《康德与观念论》,徐向东译,上海译文出版社 2011 年版,第 101—102 页。

② 参见林岗:《并存与竞争中的协调发展——公有制为主体的多种经济成分并存》,陕西人民出版社 1991 年版,第 11—15 页。

③ 参见黄和新:《马克思所有权思想研究》,南京师范大学出版社 2004 年版,第 83—86 页。

④ 《马克思恩格斯全集》第 3 卷,人民出版社 2002 年版,第 137 页。

angewandt,teilt den Vorteil des großen Grundbesitzes in nationalökonomischer Hinsicht und realisiert erst die ursprüngliche Tendenz der Teilung,nämlich die Gleichheit, wie sie denn auch auf eine vernünftige und nicht mehr durch Leibeigenschaft,Herrschaft und eine alberne Eigentumsmystik vermittelte Weise die gemütliche Beziehung des Menschen zur Erde herstellt,indem die Ende aufhört,ein Gegenstand des Schachers zu sein,und durch die freie Arbeit und den freien Genuß wieder ein wahres, persönliches Eigentum des Menschen wird"①,这段话在中文版中翻译为:"联合一旦应用于土地,就享有大地产在国民经济上的好处,并第一次实现分割的原有倾向即平等。同样,联合也通过合理的方式,而不再采用以农奴制度、领主统治和有关所有权的荒谬的神秘主义为中介的方式来恢复人与土地的温情的关系,因为土地不再是牟利的对象,而是通过自由的劳动和自由的享受,重新成为人的真正的个人财产。"②在这里,中文版《马克思恩格斯文集》第 1 卷将"persönliches Eigentum"翻译为"个人财产"是相当准确的,过去的译法并不是这样,例如,在《马克思恩格斯全集》中文第 1 版中,该词仅翻译为"自身的财产"。从上下文关系来看,应当说《马克思恩格斯文集》中的译法更为贴切。

在另一处,马克思写道:"Überhaupt fangt mit dem Grundbesitz die Herrschaft des Privateigentums an,er ist seine Basis",这段话在中文版中翻译为"私有财产的统治一般是从土地占有开始的;土地占有是私有财产的基础"③。为表达"私有财产"的含义,马克思选择了"Privateigentum"一词,以区别于"persönliches Eigentum"(个人财产)。这说明,"人的真正的个人财产"在马克思那里具有十分正面的、积极的意义,而"私有财产"则是一个带有负面、消极意义的词汇。

---

① *Karl Marx/Friedrich Engels-Werke*,*Ergänzungsband*,1.*Teil*,Berlin:Dietz Verlag,1968,S. 508.
② 《马克思恩格斯文集》第 1 卷,人民出版社 2009 年版,第 152 页。
③ 《马克思恩格斯文集》第 1 卷,人民出版社 2009 年版,第 150 页。

在撰写这部手稿期间,马克思就部分倾向于反对"私有财产是不可解释的事实"①那样的观点。马克思提出:"国民经济学从私有财产的事实出发。它没有给我们说明这个事实。"②同时它也不了解私有财产由其本质决定的"在现实中经历的物质过程"的规律性。他们将要说明的东西当作前提,即将财产所有权当作自然前提,是用原罪来说明罪恶的起源。在黄和新、林岗等看来,由这些论述可知,此时的马克思业已开始超越西方传统财产权思想。然而,他自己运用"异化劳动"范畴针对财产问题进行的阐释,事实上也是将所谓"一般劳动"看作是历史上私有财产诞生的源头,所以其从方法论视角来说,同以往的西方学者十分类似。马克思由一般劳动者在其产品的相关异化过程推导至一般劳动者同其本身的劳动行为的相互异化;在这些劳动者同本身本质的彼此对立中,别的人也同其本身彼此对立,这样就迅速催生出了主体相互之间的异化。我们说劳动和它的产物均同人彼此异化,让主体失去了相应的自由与个性,于是这些自由与个性就一定是转移到了其他事物身上,这个事物便是私有财产。所以,马克思才在这个意义上说:"私有财产是外化劳动即工人对自然界和对自身的外在关系的产物、结果和必然后果。"③在某些学者看来,马克思此时关于私有财产的一系列阐述,总体而言说服力不强,这种状况同其历史唯物主义学说尚未最后成熟相连。但是,从文献来看,这里的经典文字业已在经济领域中考察"Eigentum",具体体现出来的文献也比较多,在《1844 年经济学哲学手稿》中,最为重要的是体现在其为"私有财产"范畴所提出的界定中:"私有财产作为外化劳动的物质的、概括的表现,包含着这两种关系:工人对劳动、对自己的劳动产品和对非工人的关系"④;"私有财产的关系潜在地包含着作为劳动的私有财产的关系和作为资本的私有财产的关系,以及这两种表现的

---

①　参见林岗:《并存与竞争中的协调发展——公有制为主体的多种经济成分并存》,陕西人民出版社 1991 年版,第 11—15 页。

②　《马克思恩格斯文集》第 1 卷,人民出版社 2009 年版,第 155 页。

③　《马克思恩格斯文集》第 1 卷,人民出版社 2009 年版,第 166 页。

④　《马克思恩格斯文集》第 1 卷,人民出版社 2009 年版,第 168 页。

相互关系"①。总之,经典文献里的众多阐释,给了"Eigentum"予"人们之间特定经济关系"的内涵,这事实上是这些文献同以往的西方文献在"Eigentum"研究领域中的显著差异。

二、马克思财产权理论形成时期的文献

思想史上两部著名的经典文献《德意志意识形态》及其之后的《共产党宣言》,是马克思财产权理论形成时期的文献。在《德意志意识形态》中,他通过分析施蒂纳所提出的错误论点,阐明私有财产与所谓"自有的东西"具有十分显著的差异。凡是"私有财产"都是"可以出卖的东西",是"使人可以支配他人劳动"的东西,而一个人"自有的东西"却是根本不能出卖的物品,"不能使人支配任何甚至是最少量的他人劳动"。在《共产党宣言》中,马克思进一步阐明共产党人所要消灭的私有制是现代的资产阶级私有制,而不是指的一切私有制。尤其"决不打算消灭这种供直接生命再生产用的劳动产品的个人占有",因为"这种占有并不会留下任何剩余的东西使人们有可能支配别人的劳动"。

（一）《德意志意识形态》

在德文版《马克思恩格斯著作集》(*Karl Marx Friedrich Engels Werke*)中,《德意志意识形态》单独使用 Eigentum 一词共有 192 处,如果将复合词中的词根加上,则有 261 处,这些复合词主要有 Nichteigentum、Privateigentum 等。马克思在《德意志意识形态》中论述资产阶级的某些词汇既意味着商业关系,同时也意味着个人自身的特性时说道:"Der Bourgeois hat es um so leichter, aus seiner Sprache die Identität merkantilischer und individueller oder auch allgemein menschlicher Beziehungen zu beweisen, als diese Sprache selbst ein Produkt der Bourgeoisie ist und daher wie in der Wirklichkeit, so in der Sprache die Verhältnisse des Schachers zur < 213 > Grundlage aller andern gemacht worden sind. Z. B. propriété Eigentum und

---

① 《马克思恩格斯文集》第 1 卷,人民出版社 2009 年版,第 172 页。

Eigenschaft，property Eigentum und Eigentümlichkeit，"eigen" im merkantilischen Sinn und im individuellen Sinn，valeur，value，Wert-commerce，Verkehr-échange，exchange，Austausch usw"①，《马克思恩格斯全集》中文第1版第3卷将其翻译为："资产者可以毫不费力地根据自己的语言证明重商主义的和个人的或者甚至全人类的关系是等同的，因为这种语言是资产阶级的产物，因此像在现实中一样，在语言中买卖关系也成了所有其他关系的基础。例如，propriété，Eigentum〔财产〕和 Eigenschaft〔特性〕；property，Eigentum〔财产〕和 Eigentümlichkeit〔独特性〕；重商主义意义上的和个人的意义上的《eigen》〔"自有"〕；valeur，value，Wert〔价值〕；commerce，Verkehr〔商业，交往〕；échange，exchange，Austausch〔交换〕，等等。"②在这里，马克思连续使用了"财产权"或"财产"的法语词 propriété、德语词 Eigentum 和英语词 property，证明马克思法文文献与英文文献将 Eigentum 分别翻译为propriété 和 property 的正确性。

马克思和恩格斯在《德意志意识形态》中认为，施蒂纳的观点与思想十分怪异，用语也较为奇怪，在左翼与批判的形式之下暗藏着十分保守并且反动的蕴涵。它的反动性质最为重要的体现于，他尽力保护"资产阶级私有制，反对当时兴起的社会主义思潮"③。马克思和恩格斯曾经直截了当地提出，施蒂纳无疑是反抗社会主义思潮与反抗共产主义思潮的最为典型的学者。实际上，施蒂纳此处所展现的依旧是所谓"抽象的人"的魔法。这个观点由他所创设出来的"三个转变"里能够明显地观察到。其一，他由"单独的个人不是人"开始展开，觉得此种"单独的个人"尚无个体思想，仅仅认为应当听从指令，这就是施蒂纳一直主张的所谓"自由"。其二，所谓"单独的个人"也尚无多少人身上的因素，按照他的说法就是"没有财产"。"没有财产"也就是他想象中的"共产主义"。其三，所谓"单独的个人"应当被所谓"人"所取代。文献中的那种完善的"人"，本质上也就是施蒂纳自诩的"自

① *Karl Marx/Friedrich Engels-Werke Band* 3，Berlin：Dietz Verlag，1969，S.213.
② 《马克思恩格斯全集》第3卷，人民出版社1960年版，第255页。
③ 《陈先达文集》第2卷，中国人民大学出版社2006年版，第163—165页。

由主义"的体现。这样,那些所谓"单独的个人"就获取到救赎,俨然成为了具有财产权、崇尚利己主义精神的人。根据陈先达的研究,马克思和恩格斯认为施蒂纳观点的反抗社会主义的走向,更为明显地体现于其看待财产的立场当中。他肆意批驳社会主义思潮,认为其力图让"社会升为最高所有者",也就是以所谓"公有制"取代现在的"私有制",是"为了人类利益而对个人进行的第二次掠夺"①,是对"个人掠夺到的东西"②的十分彻底的"掠夺"。

不但这样,施蒂纳还将财产与所谓"自有"范畴二者混淆起来,于是将私有制转变为天然的并且永恒存在着的事物。为了阐释其这种论调,施蒂纳在其著作中大肆运用语源学的拙劣魔法。一方面他将财产本身化妆为财产的范畴;另一方面,施蒂纳夸大了"财产"同"自有的"二者在词源中的表面关系,将财产本身看作是"自有的"事物,所以其认为这是主体本身永恒附属的东西。于是,他就将私有财产看作是无法终结、伴随整个人类历史的事物。他著作中的反动实质在此处业已充分体现出来。

马克思在著作中分析施蒂纳的各种错误论调时,对于以上两种事物做了界限分明的厘定,马克思说:"我只有在有可以出卖的东西的时候才有私有财产,而我固有的独自性却是根本不能出卖的物品。我的大礼服……任何经济学家不会想到把这件大礼服列为我的私有财产,因为它不能使我支配任何甚至是最少量的他人劳动。"③由此看出,私有财产本质上是特定的经济学概念,我们不可以把它与那种所谓"自有的"事物相并列,这种东西存在着可以掌握别人劳动的"魔法",所以它本质上是特定的社会关系。④

倘若讲在马克思的唯物史观尚未成熟、相关范畴没有出现之时,关于"Eigentum"的运用并非体现得十分显著的话,那么在之后的理论探索中,这

① 《陈先达文集》第 2 卷,中国人民大学出版社 2006 年版,第 163—165 页。
② 《陈先达文集》第 2 卷,中国人民大学出版社 2006 年版,第 163—165 页。
③ 《马克思恩格斯全集》第 3 卷,人民出版社 1960 年版,第 253—254 页。
④ 参见《陈先达文集》第 2 卷,中国人民大学出版社 2006 年版,第 163—165 页。

个用法便比较显著的展现出来了。① 正如黄和新与林岗所认为的,《德意志意识形态》对资本主义法律里,运用私人财产权范畴贯穿其中的私法同经济学意义上的所有制范畴进行厘定,特别安排一个部分阐释该问题。其中,二人认为,资本主义国家以及它所出台的法律,事实上"只是为了私有制才存在的……一切共同的规章都是以国家为中介的……由此便产生了一种错觉,好像法律是以意志为基础的,而且是以脱离其现实基础的意志即自由意志为基础的。在私法中,现存的所有制关系是作为普遍意志的结果来表达的。仅仅使用和滥用的权利[jus utendi et abutendi]就一方面表明私有制已经完全不依赖于共同体,另一方面表明了一个错觉,仿佛私有制本身仅仅以个人意志即以对物的任意支配为基础。实际上,滥用[abuti]对于私有者具有极为明确的经济界限……因为仅仅从私有者的意志方面来考察的物,根本不是物;物只有在交往中并且不以权利为转移时,才成为物,即成为真正的财产"②。在马克思看来,资本主义的财产权无疑是一股将各种权利转变成单纯意志的理论幻想。民众对于劳动资料的占有最早只是他们开展活动的前提,在此之后,物质生产力以及劳动分工的进步让以往的"占有"转化为社会前进的障碍,这一系列相互作用在全部人类历史里形成各个彼此相连的逻辑线索。在著述里,二人不但将经济学意义上的所有制与法学意义上的财产权利显著的厘定出来,进而阐述出获取财产的途径,③资产阶级关于物质财富的所有权、支配权等一系列对于产品的自由掌控的权利无非是交往关系在资本主义法律中的体现。在研究得到极大深化之后,马克思又一次致函拉萨尔,他十分肯定地说:"一定所有制关系所特有的法的观念是从这种关系中产生出来的"④。

---

① 参见林岗:《并存与竞争中的协调发展——公有制为主体的多种经济成分并存》,陕西人民出版社 1991 年版,第 11—15 页。

② 《马克思恩格斯文集》第 1 卷,人民出版社 2009 年版,第 584—585 页。

③ 参见黄和新:《马克思所有权思想研究》,南京师范大学出版社 2004 年版,第 83—86 页。

④ 《马克思恩格斯全集》第 30 卷,人民出版社 1975 年版,第 608 页。

（二）《共产党宣言》

在德文版《马克思恩格斯著作集》（*Karl Marx Friedrich Engels Werke*）中，《共产党宣言》单独使用 Eigentum 一词共有 17 处，如果将复合词中的词根加上，则有 50 处，这些复合词主要有 Eigentumsverhältnisse、eigentumslos、Feudaleigentum 等。其中，马克思在关于"消灭私有制"问题的论述中，大量运用了 Eigentum 一词，他说："Sie sind nur allgemeine Ausdrücke tatsächlicher Verhältnisse eines existierenden Klassenkampfes, einer unter unseren Augen vor sich gehenden geschichtlichen Bewegung. Die Abschaffung bisheriger Eigentumsverhältnisse ist nichts den Kommunismus eigentümlich Bezeichnendes. Alle Eigentumsverhältnisse waren einem beständigen geschichtlichen Wandel, einer beständigen geschichtlichen Veränderung unterworfen. Die Französische Revolution z.B. schaffte das Feudaleigentum zugunsten des bürgerlichen ab. Was den Kommunismus auszeichnet, ist nicht die Abschaffung des Eigentums überhaupt, sondern die Abschaffung des bürgerlichen Eigentums. Aber das moderne bürgerliche Privateigentum ist der letzte und vollendetste Ausdruck der Erzeugung und Aneignung der Produkte, die auf Klassengegensätzen, auf der Ausbeutung der einen durch die andern beruht. In diesem Sinn können die Kommunisten ihre Theorie in dem einen Ausdruck: Aufhebung des Privateigentums, zusammenfassen"①，《马克思恩格斯文集》将其翻译为："这些原理不过是现存的阶级斗争、我们眼前的历史运动的真实关系的一般表述。废除先前存在的所有制关系，并不是共产主义所独具的特征。一切所有制关系都经历了经常的历史更替、经常的历史变更。例如，法国革命废除了封建的所有制，代之以资产阶级的所有制。共产主义的特征并不是要废除一般的所有制，而是要废除资产阶级的所有制。但是，现代的资产阶级私有制是建立在阶级对立上面、建立在一些人对另一些人的剥削上面的产品生产和占有的最后而又最完备的表现。从这个意义上说，共产党人可以把

---

① *Karl Marx/Friedrich Engels-Werke Band* 4, Berlin: Dietz Verlag, 1972, S.475.

自己的理论概括为一句话：消灭私有制。"① 而在英文版《共产党宣言》中，具体的表述为："They merely express, in general terms, actual relations springing from an existing class struggle, from a historical movement going on under our very eyes. The abolition of existing property relations is not at all a distinctive feature of Communism. All property relations in the past have continually been subject to historical change consequent upon the change in historical conditions. The French Revolution, for example, abolished feudal property in favour of bourgeois property. The distinguishing feature of Communism is not the abolition of property generally, but the abolition of bourgeois property. But modern bourgeois private property is the final and most complete expression of the system of producing and appropriating products, that is based on class antagonisms, on the exploitation of the many by the few. In this sense, the theory of the Communists may be summed up in the single sentence: Abolition of private property"②，而在法文版中，这段话表述为："Elles ne sont que l'expression générale des conditions réelles d'une lutte de classes existante, d'un mouvement historique qui s'opère sous nos yeux. L'abolition des rapports de propriété qui ont existé jusqu'ici n'est pas le caractère distinctif du communisme. Le régime de la propriété a subi de continuels changements, de continuelles transformations historiques. La Révolution française, par exemple, a aboli la propriété féodale au profit de la propriété bourgeoiseCe qui caractérise le communisme, ce n'est pas l'abolition de la propriété en général, mais l'abolition de la propriété bourgeoise. Or, la propriété privée d'aujourd'hui, la propriété bourgeoise, est la dernière et la plus parfaite expression du mode production et d'appropriation basé sur des antagonismes de classes, sur l'exploitation des uns par les autres. En ce sens, les communistes peuvent résumer leur théorie dans cette

---

① 《马克思恩格斯文集》第 2 卷，人民出版社 2009 年版，第 45 页。

② Karl Marx, Frederick Engels, *Manifesto of the Communist Party*, Beijing: Foreign languages press, 1970, pp.48-49.

formule unique : abolition de la propriété privée"①。从这里可以看出,中文译者在此处主要把 Eigentum 翻译为"所有制",因为如前所述,此处 Eigentum 主要是在经济学意义上使用的,所以采用该译法,但是不容忽略的是,尽管译法有所取舍,这段话中的 Eigentum 在含义上却仍然包含有"财产权"的含义,比如"消灭私有制"的另一种译法可以是"消灭私有财产权",因为这里使用了"Privateigentums"一词。在《共产党宣言》英文版和法文版里,其分别使用了"private property"和"propriété privée"两个词汇,从一个侧面印证了这样的含义。

《共产党宣言》是马克思主义理论问世的宣言,同时也是一个"详细的理论和实践的党纲"②,它喊出了十分响亮的先进口号——"消灭私有制"③,这部著作在历史上的任务,"是宣告现代资产阶级所有制必然灭亡"④。这样的一个先进口号巨大的激励了人民大众,由此,共产主义革命席卷了全球。值得注意的是,我们必须全面、精确地看待资产阶级私有制以及在他之下的社会制度。正如姜喜咏所指出的,只有我们全面精确地看待了这个历史产物,才可以较为彻底的获知如何废除(手段以及过程)这样的私有制。⑤ 马克思在著作中尤其突出的是社会主义直接力图废除的是资产主义所有制,而不是资产主义所宣称的全部私有制,也被称作一般意义上的所有制,这里面便涵盖着同资本主义私有制并存并且将会被其所废除的劳动者的私有制。就此而言,《共产宣言》中所要消灭的制度就是现代的资本主义私有制,并不是指的一切私有制,此种所有制在本质上不同于前资本主义的各种所有制。前资本主义的各种所有制并非对于全体社会有本质上的

---

① Karl Marx, Frederick Engels, *Le manifeste du Parti communiste*, 2021 年 7 月 8 日,见 https://www.marxists.org/francais/marx/works/1847/00/kmfe18470000b.htm。
② 《马克思恩格斯文集》第 2 卷,人民出版社 2009 年版,第 5 页。
③ 《马克思恩格斯文集》第 2 卷,人民出版社 2009 年版,第 45 页。
④ 《马克思恩格斯文集》第 2 卷,人民出版社 2009 年版,第 18 页。
⑤ 参见姜喜咏:《理论的整体性:马克思哲学视野中的所有制思想研究》,陕西人民出版社 2006 年版,第 2—11 页。

决定作用,而且它自己仍然被"封建的、宗法的和田园诗般的关系"①所笼罩着,此种所有制仅仅具备自然和等级的内涵。封建性质的农业以及工业无疑是建构于自然前提之下的,是没有真正分化出来的事物,所以人与人之间的联系在这里体现为一种宗法上的联系,不体现为现代的生产关系或是交换关系性质的联系,这一财产权制度的进步并非完整,它并没有得到完成。在此之后,资产阶级私有制构成了私有制度的"升级"形态,它业已拓展至生产领域、交换领域,还有产品领域的一切过程与层面,进一步演化为一切工业生产的基石,其不但直接与间接性地支配以及管理着全部物质生产、商品交换以及产品消费,并且整体性地拓展与延伸至世界的阶级统治、民族文化、精神享受、道德判断等领域,从而建构起资本主义制度自身。社会主义所要消灭的无疑是此种私有制度。"从这个意义说,共产党人可以把自己的理论概括为一句话:消灭私有制。"②这么论述的原因在哪里? 是因为现代资本主义社会的一切社会关系都是由现代的资本主义私有制决定的或者直接就是现代的资本主义私有制关系本身,现代的资本主义私有制在此种层中能够相当于资产阶级社会自身,也就是当时的资产阶级统治下的生产方式、物质生产力、人与人之间的生产关系,以及经济基础与上层建筑等事物的整体。③ 马克思和恩格斯为了让人们认知起来更为方便,按照人们尤其是统治阶级对于社会主义废除现代私有制的攻击,对此着重展开了重要阐述,并且提出"我们决不打算消灭这种供直接生命再生产用的劳动产品的个人占有,这种占有并不会留下任何剩余的东西使人们有可能支配别人的劳动"④。对于这个论点,经济学的研究者事实上总体形成一致观点,这同时是当代研究者反思以往所有制变革的一种重要思路。

对于废除资本主义私有制而言,比较以上难题更加难以回答的是怎样

---

① 《马克思恩格斯文集》第 2 卷,人民出版社 2009 年版,第 33—34 页。
② 《马克思恩格斯文集》第 2 卷,人民出版社 2009 年版,第 45 页。
③ 参见姜喜咏:《理论的整体性:马克思哲学视野中的所有制思想研究》,陕西人民出版社 2006 年版,第 2—11 页。
④ 《马克思恩格斯文集》第 2 卷,人民出版社 2009 年版,第 46 页。

废除资本主义私有制,运用怎样的工具,此进程怎样? 这一难题无疑是当代研究者反思所有制变革必须面对的论题之一。这一难题尚未引起较多人的关注。马克思和恩格斯在《共产党宣言》的前几个部分涉及了该难题,如果将二人关于该难题的阐释划成两个层面进行阐释,那就是:一是比较实际的政策,例如工人阶级第一步一定要获取政权,并以这种统治为基础,不断剥夺资本主义的所有资本,将所有劳动资料回收于工人阶级政府,同时极力提升物质生产力的规模与水平。要形成这样一种状况,事实上一定要对财产权以及资本主义生产关系展开直接的"进攻",出台一系列政策,以在物质生产领域产生足够的推动力,为此,文中认为要展开十个重要政策。社会主义运动不但要废除全部资本主义以往的经济基础,并且还要消灭建构在如此经济基础之上的各种思想观念。"共产主义革命就是同传统的所有制关系实行最彻底的决裂;毫不奇怪,它在自己的发展进程中要同传统的观念实行最彻底的决裂。"[1]马克思和恩格斯此后谈及在社会进程里阶级(涵盖工人阶级自身)将会消亡的问题,社会公众的各种权力将会丧失其政治因素问题等事物。"代替那存在着阶级和阶级对立的资产阶级旧社会的,将是这样一个联合体,在那里,每个人的自由发展是一切人的自由发展的条件。"[2]从这里可见,在马克思和恩格斯那里,废除资本主义私有制无疑等同于废除资本主义社会自身。

　　二是《共产党宣言》的首部分对于资产者以及无产者的论述重点是在理论层面阐释的。就其阐释而言,最为重要的是证明资本主义社会一定会灭亡。在此之中,详尽阐释了资本主义生产方式的发展进程,此生产方式本身的发展进程造成了较为社会化的物质生产力以及一名掘墓者——工人阶级。物质生产力事实上是统治阶级制成的"置自身于死地的武器"[3],而工人阶级则是"将要运用这种武器的人"[4],这二者主要形成了现代资本主义

---

① 《马克思恩格斯文集》第2卷,人民出版社2009年版,第52页。
② 《马克思恩格斯文集》第2卷,人民出版社2009年版,第53页。
③ 《马克思恩格斯文集》第2卷,人民出版社2009年版,第38页。
④ 《马克思恩格斯文集》第2卷,人民出版社2009年版,第38页。

消亡的主导因素。这样,统治阶级常常不得不极力废除生产力,而与此同时又必须进一步拓展市场,运用更加领先的科技产品以及经营方法,提升更好、更大、更加社会化的物质生产方式;他们力图攻击工人阶级,同时又由于更为依靠工人阶级来生产价值,而必须让它不断成长(体现为工人阶级规模的不但扩大、工人阶级组织发展成各种政党形式等)。全部的政策都变得自我冲突,所以统治阶级无法阻止现代工业的诞生以及物质生产力的提升,也就是"工人阶级数量和质量的提高,资产阶级本身的消亡与工人阶级的最终胜利无疑同样无法避免"①。所以,资本主义制度的最终消亡是世界历史发展的必然,这一消亡的进程首先是世界发展的一贯历史进程所致,也是现代历史的主人——工人阶级的运动进程,它是两种因素的结合。工人阶级与社会化大生产的彼此结合,促使其掌控了社会化的物质生产力,而想获得物质生产力,必须废除自身的、当前的占有手段,并废除一切当前的占有工具,整体上废除剥削阶级生存与统治的基础前提——资本因素的发展及壮大。② 由《共产党宣言》的这个首部分的主要内涵可知,废除资本主义私有制通常等同于废除资本主义制度自身。换句话说,马克思是把资本主义私有制等同于资本主义制度的,此两种事物是基本同义的。此种说法应当就是废除资本主义私有制的原有含义。

三、马克思财产权理论成熟时期的文献

《1857—1858 年经济学手稿》和《资本论》是马克思财产权理论成熟时期的文献。在《1857—1858 年经济学手稿》中,财产权范畴有广义和狭义之分。广义的财产权是经济主体对客体对象的占有关系,而狭义的财产权是指对生产资料的占有。在《资本论》中,马克思财产权范畴的内涵得到进一步明确,它是"占有"与"法权形式"的统一。换句话说,财产权范畴的界定

---

① 姜喜咏:《理论的整体性:马克思哲学视野中的所有制思想研究》,陕西人民出版社2006 年版,第 2—11 页。

② 参见姜喜咏:《理论的整体性:马克思哲学视野中的所有制思想研究》,陕西人民出版社 2006 年版,第 2—11 页。

存在两个方面:一是财产权的基础或物质内容是占有;二是其本质是对这种占有所赋予的法律规定而显示出来的一种社会权利。于是我们可以说,只有对物质的自然占有,没有社会所赋予其法律内容的社会形式不能称为财产权;但只有法律上的表面化的法权形式,而缺乏自然占有的物质内容,同样也不是财产权。财产权必须是占有与赋予这种法权形式的统一。

(一)《1857—1858 年经济学手稿》

财产权是马克思主义理论里经济学说与法学里一个常常运用以及非常重要的概念。根据刘诗白等学者的研究,当马克思力图在"经济关系"的层面表述"财产权"概念时,常常运用"所有制关系"或者是"所有关系"如此的用法。① 应当这样说,在马克思的各种经济学文献,尤其是《1857—1858 年经济学手稿》里,财产权具有广义与狭义之分。所谓的"广义财产权",其内涵理应是社会经济主体对于客观对象的特定占有关系,其不但涵盖对于自身周边的物质经济条件的特定占有关系,还涵盖对于特定劳动产品(蕴涵物质产品以及精神产品)的一系列特定占有关系,同时还涵盖对于主体的物质生产前提,也就是人的劳动能力的特定占有关系。所谓"狭义的财产权"是指对于物质生产资料的特定占有,它所表现的无非是社会主体对于客体生产前提的特定占有关系。

人们想开展生产活动,就必须达到主体同生产工具的统一,作为社会主体的劳动阶级便须根据自身的观念以及特定的预期目标来运用、管理以及支配劳动手段,对劳动对象展开加工与制作。所以,一切活动都无疑有着劳动主体和劳动客体之分,也就是人们劳动的客观前提的特定占有关系或是从属联系。此种劳动主体同特定劳动客观前提的联系也就是所有关系,它是人们生产行为里所常有的事实上的社会关系。马克思在他的《1857—1858 年经济学手稿》中指出:"一切生产都是个人在一定社会形式中并借这种社会形式而进行的对自然的占有。"②比如原始社会当中的人们想进行农

---

① 参见《刘诗白文集》第 4 卷,西南财经大学出版社 1999 年版,第 158—164 页。
② 《马克思恩格斯文集》第 8 卷,人民出版社 2009 年版,第 11 页。

业开拓,就必须首先占有特定土地;想开展狩猎,便需要首先占有特定森林;要开展捕鱼,就首先必须占有特定河流或者湖泊。在这样的阶级社会里,全部生产都必须在特定的统治和附属模式之下,经济剥削人对生产前提进行占有,这甚至涵盖到对生产者的特定占有。关于社会主义的物质生产,就是消解了人对于人的剥削以及压迫的联合起来的劳动者对于劳动资料的公共性质的占有。财产权制度不但在经济生产当中发挥作用,并且是经济生产的前提条件。马克思在这里突出经济生产的特点在于主体首先必须是劳动前提的占有人,他在《哥达纲领批判》中说:"只有一个人一开始就以所有者的身份来对待自然界这个一切劳动资料和劳动对象的第一源泉,把自然界当做属于他的东西来处置,他的劳动才成为使用价值的源泉"①。马克思提出,不但奴隶主阶级的物质生产、地主阶级的物质生产和资产阶级的物质生产是将劳动当事者拥有劳动资料为特定条件的,还有原始经济状况下的劳动也是将特定的所有制度作为特定条件的。他在《1857—1858 年经济学手稿》中说:"对劳动的自然条件的占有,即对土地这种最初的劳动工具、实验场和原料贮藏所的占有,不是通过劳动进行的,而是劳动的前提。个人把劳动的客观条件简单地看做是自己的东西,看做是使自己的主体性得到自我实现的无机自然。劳动的主要客观条件本身并不是劳动的产物,而是已经存在的自然。"②又说:"土地财产潜在地包含着对原料,对原始的工具即土地本身,以及对土地上自然生长出来的果实的所有权。在最原始的形式中,这意味着把土地当做自己的财产,在土地中找到原料、工具以及不是由劳动所创造而是由土地本身所提供的生活资料。"③

基于上面的阐释,研究者能够得知,马克思将财产权关系看作是劳动主体对于劳动客体以及产品的一种具有排它性质的、最高等级的决定性使用关系,看作是占有的主体对于其被占有的特定对象能够满足它的自由愿望也就是自由管理、掌控以及运用的关系,也就是以往人们所论述的劳动资料

---

① 《马克思恩格斯文集》第 3 卷,人民出版社 2009 年版,第 428 页。
② 《马克思恩格斯文集》第 8 卷,人民出版社 2009 年版,第 134 页。
③ 《马克思恩格斯文集》第 8 卷,人民出版社 2009 年版,第 150 页。

的归谁所有的关系。可是不能将这种归属关系十分直白地理解为人同物的直接关系,理解为劳动者同物质生产条件相统一的方式。那种将劳动资料、产品、科学技术归何者所有,也就是以往的归属难题,视作人同物的特定关系,由此排除在生产关系领域以外的观点,无疑是对马克思财产权范畴的歪曲阐释。

就形式而言,财产权是人类对于物品可以行使他的自由愿望,也就是对特定劳动资料的自由运用、处置与管理的关系,所以它体现成主体对于社会"生产条件的特定关系"。然而,此种主体对于社会生产条件的特定占有在实质层面是人同人之间的联系,是经过主体对于客体的特定占有来表现的社会生产里的人同人的联系。在特定阶级社会里,它表现了一种阶级关系。由于人们的经济活动并不是独自开展的,它向来便是整个社会的物质生产行为,所以人们占有特定生产资料的各种关系也便体现成一种人同人的关系。例如,存在于原始社会当中的土地公共所有制,对于其共同体自身而言,其体现成共同体成员一起占有自身土地以及拥有各种劳动成果;对共同体以外的人而言,它体现成土地对于其他共同体的特定的、非所有的联系。与此不同,后来的私有制则体现成劳动资料的物质占有者同与其处于一个层面的非占有者的联系——涵盖垄断劳动资料的私有者之间的联系,同时也有私有主以及无产者二人的联系。历史中的各个相异种类的劳动资料私有制各自体现成各种种类的私人占有人之间以及剥削人与被剥削人之间的联系。由此可知,根据马克思的阐释,所谓"所有"向来同"非所有"同在,"财产"向来同"丧失财产"同在。马克思在《1857—1858年经济学手稿》中认为:"以部落体(共同体最初就归结为部落体)为基础的财产的基本条件就是:必须是部落的一个成员。这就使被这个部落所征服或制服的其他部落丧失财产"①。对于劳动资料的占有向来归结成人同人之间的特定联系,这种关系或者为一起占有的联系,或为所有者同所谓"非所有者"同在的联系,也就是拥有物质财产的占有者这个层面同非占有财产这个层面的直接

---

① 《马克思恩格斯文集》第8卷,人民出版社2009年版,第143页。

劳动者的同在联系。所以说,劳动资料所有制度是劳动前提的归属联系同这样的所有制是劳动前提占有里的人类之间的彼此关系是一样的。由此,根据马克思的阐释,应当将财产权关系看作是一种劳动条件同产物占有里的人同人的联系,并且它为一个历史性的,也就是伴随社会生产力演变的联系,这便是马克思主义理论财产权范畴的要义。

对于财产权范畴,西方理论里有着错误见解。其关键之点是不将财产权联系作为人同人之间的一种社会联系。比如,部分西方学者认为动物比如猴子也可以占有其手与足如此的所谓"自然的工具",就连考茨基也同样提出过如此的观点。比如其认为,海狸也可以占有其巢穴以及堤坝。这一否定财产权是一种社会性概念的论调是非常错误与非常荒诞的。

马克思总是将财产权作为经济生产里生产主体占有与支配经济生产前提的社会样式。他在《1857—1858 年经济学手稿》中认为:"财产最初无非意味着这样一种关系:人把他的生产的自然条件看做是属于他的、看做是自己的、看做是与他自身的存在一起产生的前提;把它们看做是他本身的自然前提,这种前提可以说仅仅是他身体的延伸。其实,人不是同自己的生产条件发生关系,而是人双重地存在着:从主体上说作为他自身而存在着,从客体上说又存在于自己生存的这些自然无机条件之中。"①"这些自然生产条件的形式是双重的:(1)人作为某个共同体的成员而存在;因而,也就是这个共同体的存在,其原始形式是部落体,是或多或少发生变化的部落体;(2)以共同体为中介,把土地看做自己的土地……"②马克思多次阐释了以下的各个论点:只有在特定的社会生产关系里才可以存在所有,倘若尚无人同人之间的特定联系,就无法有人对于物质产品的一切占有联系。马克思十分反对将财产权当作是主体利用经济前提的自然模式的论调,他认为:"孤立的个人是完全不可能有土地财产的,就像他不可能会说话一样。诚然,他能够像动物一样,把土地作为实体来维持自己的生存。"③马克思还将

① 《马克思恩格斯文集》第 8 卷,人民出版社 2009 年版,第 142 页。
② 《马克思恩格斯文集》第 8 卷,人民出版社 2009 年版,第 142 页。
③ 《马克思恩格斯文集》第 8 卷,人民出版社 2009 年版,第 135 页。

财产权联系同语言类比,认为其是特定社会联系的产品:"把语言看做单个人的产物,这是荒谬绝伦的。同样,财产也是如此。"①他还论及主体只有在参与社会的经济生产里,"通过劳动过程而实现的实际占有"②。换句话说,只有在经济生产里,在从中创生出来的人们之间的彼此联系里,才会有对于劳动前提的财产权关系。

由此可知,一定要科学理解作为人对于客观"生产前提的关系"的财产权范畴的内涵。财产权并非生产主体运用劳动条件的自然模式同人及物的简单统一,而是劳动主体支配物质劳动条件的社会化模式。它表现的无疑是人同人的联系,是经济主体占有自活动或者他人活动的关系。财产权从根本上说表现了物质经济利益的联系。所有者向来是生产进程里的经济主体。我们认为劳动资料从属于整个共同体公共占有,这便是表示作为劳作主体的人类共同拥有其劳作的产品,也就人类占有自己的对象性质的劳作。以往所说的生产资料归于个人所有,无非是表示着私有的经济主体对于尚无劳动资料所有权的直接生产人的劳动的拥有:"劳动资料奴隶主私有制也就表示着奴隶主对于奴隶劳动的特定占有联系,生产资料地主私有制表示着封建主对于农奴劳动的占有关系,生产资料资本家所有制意味着资本家对于雇佣劳动的占有关系。所以,在马克思的财产权思想中,作为财产权内涵的,对于物(生产资料和劳动产品)的支配是形式,对于人的劳动的支配则是内容和实质"③。倘若说资本主义学者在阐述财产权问题时,常常停顿于人同社会生产前提的联系的表面时,那么,马克思则是想用人同物的联系来突出人同人联系的本质。这表明其将财产权作为分析指向,这种指向并非研究人同物的相互关系,而是通过二者的占有方式来分析与强调经济生产进程里主体之间的彼此联系。

(二)《资本论》

在德文版《马克思恩格斯著作集》(*Karl Marx Friedrich Engels Werke*)

---

①　《马克思恩格斯文集》第 8 卷,人民出版社 2009 年版,第 140 页。
②　《马克思恩格斯文集》第 8 卷,人民出版社 2009 年版,第 124 页。
③　《刘诗白文集》第 4 卷,西南财经大学出版社 1999 年版,第 158—164 页。

中,《资本论》第一卷单独使用 Eigentum 一词共有 49 处,如果将复合词中的词根加上,则有 138 处,这些复合词主要有 Gemeineigentums、Eigentumsrecht、Grundeigentums 等。马克思在《分工和工场手工业》这一章里论述了资产阶级把生产的社会调节污蔑为侵犯自己财产权的现象:"Dasselbe bürgerliche Bewußtsein, das die manufakturmäßige Teilung der Arbeit, die lebenslängliche Annexation des Arbeiters an eine Detailverrichtung und die unbedingte Unterordnung der Teilarbeiter unter das Kapital als eine Organisation der Arbeit feiert, welche ihre Produktivkraft steigre, denunziert daher ebenso laut jede bewußte gesellschaftliche Kontrolle und Reglung des gesellschaftliche Produktionsprozesses als einen Eingriff in die unveretzlichen Eigentumsrechte, Freiheit und sich selbst bestimmende "Genialität" des individuellen Kapitalisten"[1]。在《资本论》第一卷英文版中,这段话翻译为:"The same bourgeois mind which praises division of labour in the workshop, life-long annexation of the labourer to a partial operation, and his complete subjection to capital, as being an organisation of labour that increases its productiveness that same bourgeois mind denounces with equal vigour every conscious attempt to socially control and regulate the process of production, as an inroad upon such sacred things as the rights of property, freedom and unrestricted play for the bent of the individual capitalist"[2]。在《资本论》法文版中,这段话相应地翻译为:"Et cette conscience bourgeoise qui exalte la division manufacturière du travail, la condamnation à perpétuité du travailleur à une opération de détail et sa subordination passive au capitaliste, elle pousse des hauts cris et se pâme quand on parle de contrôle, de réglementation sociale du procès de production! Elle dénonce toute tentative de ce genre comme une

---

[1] *Karl Marx/Friedrich Engels-Werke Band* 23, Berlin: Dietz Verlag, 1962, S.377.

[2] Karl Marx, *Capital: Volume* 1, Moscow: Progress Publishers, 1965, pp.242-243.

attaque contre les droits de la Propriété, de la Liberté, du Génie du capitaliste"①。中文版《马克思恩格斯文集》将其翻译为:"因此,资产阶级意识一方面称颂工场手工业分工,工人终生固定从事某种局部操作,局部工人绝对服从资本,把这些说成是为提高劳动生产力的劳动组织,同时又同样高声责骂对社会生产过程的任何有意识的社会监督和调节,把这说成是侵犯资本家个人的不可侵犯的财产权、自由和自决的'独创性'。"②在这里,"财产权"的德文表述是"Eigentumsrechte",意在突出"权利"意蕴,所以在"Eigentums"之后加上了"rechte"作为词根。同时,英文版翻译为"the rights of property",法文版的表述为"les droits de la Propriété",在一定程度上印证了这样的理解方式。此外,马克思在《所谓原始积累》这一章中写道:"Die Kelten Hochschottlands bestanden aus Clans, deren jeder Eigentümer des von ihm besiedelten Bodens war. Der Repräsentant des Clans, sein Chef oder "großer Mann", war nur Titulareigentümer dieses Bodens, ganz wie die Königin von England Titulareigentümerin des nationalen Gesamtbodens ist. Als der englischen Regierung gelungen war, die inneren Kriege dieser "großen Männer" und ihre fortwährenden Einfälle in die niederschottischen Ebenen zu unterdrücken, gaben die Clanchefs ihr altes Räuberhandwerk keineswegs auf; sie änderten nur die Form. Aus eigner Autorität verwandelten sie ihr Titular – Eigentumsrecht in Privateigentumsrecht, und da sie bei den Clanleuten auf Widerstand stießen, beschlossen sie, diese mit offner Gewalt zu vertreiben"③,在《资本论》第一卷英文版中,这段话翻译为:"The Highland Celts were organised in clans, each of which was the owner of the land on which it was settled. The representative of the clan, its chief or "great man," was only the titular owner of this property, just as the Queen of England is the titular owner of all the national soil. When the

---

① Karl Marx: *Le Capital-Livre premier*, 2021 年 6 月 22 日,见 https://www.marxists.org/francais/marx/works/1867/Capital-I/kmcapI-14-4.htm。
② 《马克思恩格斯文集》第 5 卷,人民出版社 2009 年版,第 412—413 页。
③ *Karl Marx/Friedrich Engels-Werke Band* 23, Berlin: Dietz Verlag, 1962, S.756-757.

English government succeeded in suppressing the intestine wars of these "great men," and their constant incursions into the Lowland plains, the chiefs of the clans by no means gave up their time-honored trade as robbers; they only changed its form. On their own authority they transformed their nominal right into a right of private property, and as this brought them into collision with their clansmen, resolved to drive them out by open force". 在法文版中，这段话表述为："Le peuple des Highlands se composait de clans dont chacun possédait en propre le sol sur lequel il s'était établi. Le représentant du clan, son chef ou《grand homme》, n'était que le propriétaire titulaire de ce sol, de même que la reine d'Angleterre est propriétaire titulaire du sol national. Lorsque le gouvernement anglais parvint à supprimer définitivement les guerres intestines de ces grands hommes et leurs incursions continuelles dans les plaines limitrophes de la basse Écosse, ils n'abandonnèrent point leur ancien métier de brigand; ils n'en changèrent que la forme. De leur propre autorité ils convertirent leur droit de propriété titulaire en droit de propriété privée, et, ayant trouvé que les gens du clan dont ils n'avaient plus à répandre le sang faisaient obstacle à leurs projets d'enrichissement, ils résolurent de les chasser de vive force". 在中文版《马克思恩格斯文集》中，这段话的译文为："苏格兰高地的凯尔特人由克兰组成，每一克兰是该克兰所居住的土地的所有者。克兰的代表，即克兰的首领或'大人'，只是这块土地名义上的所有者，就像英国女王是全国土地名义上的所有者完全一样。英国政府虽然成功地镇压了这些'大人'之间的内部战争，制止了他们对苏格兰低地的不断侵袭，但是克兰首领们丝毫没有放弃自己原来的劫掠行径；他们只不过改变了形式而已。他们依靠自己的权威，把他们名义上的所有权转化为私有财产权，由于遭到克兰成员的反抗，他们

---

① Karl Marx, *Capital: Volume 1*, Moscow: Progress Publishers, 1965, p.508.
② Karl Marx: *Le Capital - Livre premier*, 2021 年 7 月 1 日，见 https://www.marxists.org/francais/marx/works/1867/Capital-I/kmcapI-27.htm。

就决定公开使用暴力把克兰成员驱逐出去。"①在这里,马克思从氏族(克兰)的角度,阐述了原始积累中私有财产权的形成过程,这一过程事实上充满着暴力和血腥。此处,马克思用德文复合词"Privateigentumsrecht"表述"私有财产权"的含义,英文版翻译为"a right of private property",法文版表述为"en droit de propriété privée"。综合以上两段话可以看出,"财产权"在马克思的文本中主要有两个德文单词来表述,一个直接是 Eigentum,另一个是复合词"Eigentumsrechte"。

同时,在这部著作里,马克思不断指出,"资本"作为历史中私有制演进的现代形态,其本质上为生产关系。② 其著作中的"Eigentum"一词既用于表述生产关系的含义,又用来表示财产权,然而二者彼此的区分是显而易见的。这就像他并非由于以往的学者仅将资本看作是"物"而不是特定生产关系,便自己设计新的范畴以取代"资本"是类似的。当然,值得注意的是,其运用"Eigentum"这个范畴阐释多种含义,这种做法体现出生产关系、所有制以及财产权三者之间拥有相近的内涵。从这里出发,黄和新、马家驹、林岗等推论:所有制所表达的人们在生产里的地位和相互关系,决定了财产权一定是体现人与人相互联系的事物。③ 关于以后的共产主义阶段,《资本论》里写到:"从一个较高级的经济的社会形态的角度来看,个别人对土地的私有权,和一个人对另一个人的私有权一样,是十分荒谬的。甚至整个社会,一个民族,以至一切同时存在的社会加在一起,都不是土地的所有者。他们只是土地的占有者"④。然而,在共产主义阶段的状况中,产品的占有虽然并非用法律来表征,但也被全体社会成员所认可,它不是过去那种处在法律管辖中,但却不被法律所认可的产品占有。因此,马克思首先认为其并非法学视角中的财产权关系,其次在经济学视角中明确运用"原始所有制"

---

① 《马克思恩格斯文集》第 5 卷,人民出版社 2009 年版,第 837 页。

② 参见林岗:《并存与竞争中的协调发展——公有制为主体的多种经济成分并存》,陕西人民出版社 1991 年版,第 11—15 页。

③ 参见黄和新:《马克思所有权思想研究》,南京师范大学出版社 2004 年版,第 83—86 页。

④ 《马克思恩格斯文集》第 7 卷,人民出版社 2009 年版,第 878 页。

等概念与范畴。

值得一提的是,在以往拥有政府与法律的前提下,各种被法律所认可的产品占有,均可被称为财产。如果没有必要的法律程序,这些产品便成为所谓"非法的占有物",这种状况事实上表征了一些人对于别人的财产权利的损害。当然,在共产主义实现之前的历史阶段中,偶尔也有一些尽管不是拥有财产权,然而也是合法占有的状况。比如,著作《资本论》记述到,"农民劳作的肥沃土地尽管无疑是地主阶级的所有物,然而当地农民在某种意义中又可以像掌控自身物品一样任意的管理它"①。农民不仅能够长时间地在特定土地上生产,进而能够将自身的一定所有物,像住房这样的东西安排在自身的空地中,与此同时,真正的所有者地主却无法自由地使用这些土地。在这种状况中,当地的农民不仅承担按时按量上缴地租的任务,并且在一定程度上,那些占有着若干土地的众多农民仍然不得不隶属于当时的地主阶级。但是从另外一个角度来看,农民对于地主土地的一定程度的使用与支配,本质上不是非法地侵害地主的财产权,它在一定意义上是一种"部分所有"。准确地说,这种状况处在某种模糊的情形之中。《资本论》由此写道:"在实行货币地租时,占有并耕种一部分土地的隶属农民和土地所有者之间的传统的合乎习惯法的关系,必然转化为一种由契约规定的、按实在法的固定规则确定的纯粹的货币关系。因此,从事耕作的占有者实际上变成了单纯的租佃者。一方面,这种转化在其他方面均适宜的一般生产关系下,会被利用来逐渐剥夺旧的农民占有者,而代之以资本主义租地农场主;另一方面,这种转化又使从前的占有者得以赎免交租的义务,转化为一个对自己耕种的土地取得完全所有权的独立农民。"②换句话说,要么被社会的进步所终结,要么演变成真正的财产权,以上便是这种特殊的"占有"在历史进程中的发展趋势。

物质产品的占有在经济发展中是财产权范畴的具体体现,由此形成了

---

① 马家驹:《〈资本论〉和政治经济学社会主义部分的研究》,贵州人民出版社1984年版,第139—143页。

② 《马克思恩格斯文集》第7卷,人民出版社2009年版,第902页。

经济世界里丰富多彩的现象与状况。人们如果想开展生产活动,必须要占有必要的劳动资料,之后在特定劳动环节终结时所催生的第一事件,乃是如何占有之前劳动环节创造出来的物质产品。而在这之后,就劳动成果的分配还有交换而言,他们均是将劳动成果的占有方式作为起点的,而对消费来说,它在一定意义上是劳动成果占有的延伸。

在人类进步演化的全部进程中,劳动成果的占有均存在着某种社会形式,由此表现出这种占有方式的制度性质。如果要分析占有性质的相关表现,我们就必须既从产品占有者本人的身上寻找,也要从占有物的内在关系中去探索。比如,在资产阶级统治下,劳动工具是资本的一种形式,并非只是劳动的物质前提,并且还是可以在劳动里得以增值的价值的表现形式之一。同时,这一状况中劳动工具的占有者主要是资本家,通过分析可知,其在经济运行里本质上是作为"人格"形式的资本。

从上述这些论证可知,在财产权范畴里,蕴藏了两种内涵,也就是"作为表现形态的法的关系和借这种形态表现出来的占有形式这样两个方面"①。赵学增认为,马克思财产权概念的要义"是占有与法权形式的统一,财产权的基础或物质内容是物质产品的占有"②,其实质无非是给"占有"附加上一定的法学意义,从而形成特定的权利形式。换句话说,如果仅有针对劳动成果的单纯占有,尚无法学意义附加其上,便不可以看作是财产权;而如果仅有法学视角表面性的法权体现,同时没有单纯占有的必要前提,这也并非财产权。财产权的形成一定要是产品的占有同附加法学意义的结合。一切生产都是个人在一定社会形式中并借这种社会形式而进行的对自然的占有。什么是占有?占有就是"人自身作为一种自然力与自然物质相对立"③,"在对自身生活有用的形式上占有自然物质"④;同时是"把生产的

---

① 马家驹:《〈资本论〉和政治经济学社会主义部分的研究》,贵州人民出版社 1984 年版,第 139—143 页。

② 赵学增:《再进资本论——若干基本理论的跨世纪思考》,广东经济出版社 2001 年版,第 63—71 页。

③ 《马克思恩格斯文集》第 5 卷,人民出版社 2009 年版,第 208 页。

④ 《马克思恩格斯文集》第 5 卷,人民出版社 2009 年版,第 208 页。

客观条件当做自然存在……表现为他们对无机自然的一定的能动的关系"①。物质产品的占有体现于人同外部世界的物质变换当中,这样的占有只是体现出主体对于特定物质资料的占有,这无非是一种客观的事实,并且是特有的无法解释的事实,所以它并非权利。那么,为何物质资料的占有事实上体现成一种无法解释的事实呢? 这是由于,其只描绘着主体对于生产资料的占有关系。此种事实上的占有尚未通过一定社会因素的确认。它或许会获得若干契约的认同,可不一定会得到真正的"法的关系"的确认。换句话说,我们只有让"占有"通过法学因素的必要过滤,这种无法解释的事实才可能体现出一定的排他性特征,并且让这一权利附加上必要的法权含义,在《资本论》中,马克思针对这种观点写道:"具有契约形式的(不管这种契约是不是用法律固定下来的)法的关系,是一种反映着经济关系的意志关系。"②

马克思在论述财产权时把它的特点总结成如下四个方面:第一,财产权是同自由、生存共同存在的一种人权。"私有财产这一人权是任意地(àson gré)、同他人无关地、不受社会影响地享用和处理自己的财产的权利;这一权利是自私自利的权利。这种个人自由和对这种自由的应用构成了市民社会的基础。这种自由使每个人不是把他人看做自己自由的实现,而是看做自己自由的限制。但是,这种自由首先宣布了人权是'任意地享用和处理自己的财产、自己的收入即自己的劳动和勤奋所得的果实'。"③如果说,人权是人之权利的通常表现,那么它所表现的就是各种权利里具备一般意义和价值的那一部分,由此出发,马克思将财产权指认成主体同生产的原料、手段及产物的联系。第二,财产权是"生产关系的法律用语"④。当人类的劳动水平进步至某个时期,就与其长期生活于其中的各种特定财产关系产

---

① 《马克思恩格斯文集》第 8 卷,人民出版社 2009 年版,第 146 页。
② 《马克思恩格斯文集》第 5 卷,人民出版社 2009 年版,第 103 页。
③ 《马克思恩格斯文集》第 1 卷,人民出版社 2009 年版,第 41 页。
④ 赵学增:《再进资本论——若干基本理论的跨世纪思考》,广东经济出版社 2001 年版,第 63—71 页。

生冲突。第三,财产权是一种带有特定排他性质的、与经济发展相适应的社会关系。马克思说:"财产最初(在它的亚细亚的、斯拉夫的、古代的、日耳曼的形式中)意味着,劳动的(进行生产的)主体(或再生产自身的主体)把自己的生产或再生产的条件看做是自己的东西这样一种关系。因此,它也将依照这种生产的条件而具有种种不同的形式。生产本身的目的是在生产者的这些客观存在条件中并连同这些客观存在条件一起把生产者再生产出来。个人把劳动条件看做是自己的财产"①。人们给劳动成果的占有附加上法律内涵,让单纯的占有逐渐脱离曾经的自然关系,并且让历史进程中的各种占有方式成为有条不紊的状态与情形,由此,这种自然的关系就被一种人为的关系所取代。可以说,占有方式的秩序将财产归属的法学认可作为特征,本质上是"经济关系的意志关系"②。第四,财产权是每一个体生活条件的表现,反映在物质生产力提升进程中一定时期特定的交往途径上。马克思说:"在大工业和竞争中,各个人的一切生存条件、一切制约性、一切片面性都融合为两种最简单的形式——私有制和劳动。货币使任何交往形式和交往本身成为对个人来说是偶然的东西。因此,货币就是产生下述现象的根源:迄今为止的一切交往都只是在一定条件下个人的交往,而不是作为个人的交往。这些条件可以归结为两点:积累起来的劳动,或者说私有制,以及现实的劳动。如果二者缺一,交往就会停止。"③

为何财产权会对每个主体的生活条件变迁产生十分显著的推动作用呢? 这是由于,财产权首先是人类劳动的一般性基础,它在历史演进中的各种状况组成了每个主体的各种劳动条件,于是它也在一定程度上决定着每个主体通常加入社会交往的经济基础。人们之间的交往本质上是一定的"社会性交往",它涉及劳动的彼此交换和依赖,而其前提便是各种形式的财产权。换句话说,一定历史阶段中劳动交换所反映的交往活动,是物质财

---

① 《马克思恩格斯文集》第 8 卷,人民出版社 2009 年版,第 146 页。

② 赵学增:《再进资本论——若干基本理论的跨世纪思考》,广东经济出版社 2001 年版,第 63—71 页。

③ 《马克思恩格斯文集》第 1 卷,人民出版社 2009 年版,第 579 页。

富发展进程中的特定阶段,并且是此种进程在社会进步中的一种延续:"交换或物物交换是社会的、类的行为,社会的联系,社会的交往和人在私有权范围内的联合,因而是外部的、外化的、类的行为。"①由此可知,财产权本质上是物质生产力发展到较高水平时交往方式的表征,其表明主体的生活条件对交往持续产生着影响。

劳动本身一定要把现存的财产作为经济前提才可以开展,所以劳动状态的提升一定会体现为一定财产关系的优化。事实上的占有,在发起时便不是发生于针对前提条件的幻想而成的关系,"而是发生在对这些条件的能动的、现实的关系当中,也就是事实上把这些条件变为自己的主体活动的条件"②。并且,如下的情形也是较为显著的:作劳动条件的"占有"的状况是不断变化着的。例如,一个区域只有因为人们在此狩猎才转化成狩猎区,而另一个区域只有因为人们在此进行农业生产才转化为农业区。由此可知,主体对客体的"占有"主要体现在其对自然界的事实占有,并且达到占有目标的途径就是生产劳动,更加准确来说是所谓"具体劳动",也就是用这一"具体劳动来造就主体与客体之间的、以物质变换作为基础的占有关系。于是,占有无疑是一种趋于动态的演变进程"③,首先,已经被占有的财产体现为生产借以展开的通常条件;其次,运用劳动又会将大量财产以及财产的创造者一同再生产出来。

---

① 《马克思恩格斯全集》第42卷,人民出版社1979年版,第27页。
② 赵学增:《再进资本论——若干基本理论的跨世纪思考》,广东经济出版社2001年版,第63—71页。
③ 赵学增:《再进资本论——若干基本理论的跨世纪思考》,广东经济出版社2001年版,第63—71页。

参考文献

一、经典文献

《马克思恩格斯全集》第 3 卷，人民出版社 1960 年版。

《马克思恩格斯全集》第 4 卷，人民出版社 1958 年版。

《马克思恩格斯全集》第 23 卷，人民出版社 1972 年版。

《马克思恩格斯全集》第 30 卷，人民出版社 1974 年版。

《马克思恩格斯全集》第 38 卷，人民出版社 1972 年版。

《马克思恩格斯全集》第 42 卷，人民出版社 1979 年版。

《马克思恩格斯文集》第 1 卷，人民出版社 2009 年版。

《马克思恩格斯文集》第 2 卷，人民出版社 2009 年版。

《马克思恩格斯文集》第 3 卷，人民出版社 2009 年版。

《马克思恩格斯文集》第 5 卷，人民出版社 2009 年版。

《马克思恩格斯文集》第 7 卷，人民出版社 2009 年版。

《马克思恩格斯文集》第 8 卷，人民出版社 2009 年版。

《列宁全集》第 34 卷，人民出版社 1985 年版。

《中共中央国务院关于实施乡村振兴战略的意见》，人民出版社 2018 年版。

《中国共产党第十九次全国代表大会文件汇编》，人民出版社 2017 年版。

《乡村振兴战略规划 2018—2022 年》，人民出版社 2018 年版。

二、中文著作

于霞：《我国农业发展"黄金十年"的"三农"政策研究 2002—2012 年》，吉林文史出版社 2017 年版。

李家春等：《成县耕地质量评价》，甘肃科学技术出版社 2015 年版。

杨春峰：《西北耕作制度》，中国农业出版社 1996 年版。

徐绍史主编:《2015 中国双向投资发展报告》,机械工业出版社 2016 年版。

李伯兴等:《广西农村公共服务体制建设研究》,电子科技大学出版社 2008 年版。

杨军昌主编:《人口·社会·法制研究 2013 年卷 2》,知识产权出版社 2015 年版。

王钦敏主编:《中国民营经济发展报告 No.12》,中华工商联合出版社 2016 年版。

孙飞主编:《中国经济热点问题》,首都师范大学出版社 2015 年版。

铁卫等主编:《税收学》第 2 版,西安交通大学出版社 2013 年版。

胡乐亭主编:《财政学》,中国财政经济出版社 2002 年版。

朱平辉主编:《投资风险管理》,厦门大学出版社 2007 年版。

陆红生主编:《土地管理学总论》,中国农业出版社 2016 年版。

孙鹏等:《集体建设用地流转的风险控制与法律构造》,华中科技大学出版社 2016 年版。

李光荣主编:《中国农村土地市场发展报告 2015—2016》,社会科学文献出版社 2016 年版。

陈双梅等主编:《甘肃舆情分析与预测 2013》,社会科学文献出版社 2013 年版。

唐钧主编:《形象危机应对研究报告 2012》,社会科学文献出版社 2012 年版。

王天津等:《西藏特色经济发展研究——西藏农牧业和矿采选业》,社会科学文献出版社 2016 年版。

安文华等主编:《2018 甘肃经济发展分析与预测》,社会科学文献出版社 2018 年版。

宋瑞凤等主编:《农学专业综合改革与实践——以华南农业大学为例》,华南理工大学出版社 2014 年版。

谢耘耕等主编:《新媒体与社会》第 9 辑,社会科学文献出版社 2014 年版。

王光军等主编:《城乡生态规划学》,中国林业出版社 2015 年版。

高帆:《中国城乡要素交换关系完善的理论研究与市政分析》,上海人民出版社 2016 年版。

曹祎遐:《创新城市与智慧生活》,上海人民出版社 2015 年版。

张永红编著:《宁夏土地整治工作手册》,宁夏人民出版社 2015 年版。

孙秀玲主编:《建设项目水土保持与环境保护》,山东大学出版社 2016 年版。

曾晓东:《NGO 的积淀与发展》,海洋出版社 2016 年版。

宋俭主编:《中国梦之中国道路》,武汉大学出版社 2015 年版。

石冬梅:《基于非对称信息的农村土地流转问题研究》,中国农业出版社 2015 年版。

韦军主编:《行政执法实务》,广西人民出版社 2015 年版。

黄安永等主编:《物业管理辞典》,东南大学出版社 1999 年版。

孙家骐主编:《社会主义市场经济新概念辞典》,中华工商联合出版社 1996 年版。

刘明勇主编:《经济工作实用词解》,经济管理出版社 2008 年版。

董春利编著:《机器人应用技术》,机械工业出版社 2015 年版。

徐君主编:《企业战略管理》第 2 版,清华大学出版社 2013 年版。

李绍稳主编:《大学信息技术基础教程》,清华大学出版社 2012 年版。

万百五等编著:《控制论:概念、方法与应用》第 2 版,清华大学出版社 2014 年版。

吕贤谷主编:《中国三农工作研究》下卷,经济日报出版社 2013 年版。

郭淑敏等主编:《房山模式:国家现代农业示范区北京市房山区创新发展模式研究》,中国农业科学技术出版社 2015 年版。

张杨:《中小食品企业融资问题研究》,经济管理出版社 2012 年版。

邓保同主编:《经济法》,清华大学出版社 2015 年版。

温孚江编著:《大数据农业》,中国农业出版社 2016 年版。

孙慧英:《手机媒体与社会文化》,世界图书出版广东有限公司 2016 年版。

李炎炎:《现代农业发展与农业中小企业科技创新:以温州为例》,浙江大学出版社 2014 年版。

樊宝敏等:《城市森林基础设施建设指南:以北京市平原生态林为例》,中国林业出版社 2017 年版。

李世东主编:《中国林业信息化政策解读》,中国林业出版社 2014 年版。

赵志编著:《ARDUINO 开发实战指南:智能家居卷》,机械工业出版社 2015 年版。

张健:《区块链:定义未来金融与经济新格局》,机械工业出版社 2016 年版。

宋玲芳主编:《都市现代农业经营管理》,上海科学技术文献出版社 2016 年版。

李亿豪:《互联网+:创新 2.0 下互联网经济发展新形态》,中国财富出版社 2015 年版。

阎磊主编:《图文版企业内部控制基本规范及配套指引实施全案》,中国工人出版社 2014 年版。

章立:《科技型中小企业的投融资风险管理》,中国金融出版社 2015 年版。

张文远:《农村金融》,北京工业大学出版社 2014 年版。

李直等:《中国小额贷款公司实践与发展》,中国发展出版社 2013 年版。

严黎昀等编著:《网络金融教程》,上海人民出版社 2003 年版。

裴长洪主编:《中国金融服务理论前沿》,社会科学文献出版社 2011 年版。

王泽厚主编:《农村政策法规》,山东人民出版社 2016 年版。

邵晓琰:《支持新农村建设的财政政策研究》,上海交通大学出版社 2015 年版。

于水:《乡村治理与农村公共产品供给》,社会科学文献出版社 2008 年版。

孔祥智等:《土地流转与新型农业经营主体培育》,中国农业出版社 2015 年版。

张喜才:《互联网+背景下现代农业产业链整合管理》,中国商业出版社 2016 年版。

胡文杰等:《转型背景下中小城市的改革与创新——以慈溪市为例》,东南大学出版社 2015 年版。

滕泰等:《供给侧改革》,东方出版社 2016 年版。

朱洪革编著:《国有林权制度改革跟踪:理论与实证研究》,光明日报出版社 2013 年版。

邵晓琰:《支持新农村建设的财政政策研究》,上海交通大学出版社 2015 年版。

占茂华:《法理学前沿问题》,上海社会科学院出版社 2016 年版。

苏庆伟主编:《新视野 新对策》,山东人民出版社 2015 年版。

金鹏辉等编著:《我国粮食安全问题研究——兼论耕地保护农业现代化和对外开放》,中国金融出版社 2016 年版。

陈厚云:《计算机与社会发展》,吉林教育出版社 1990 年版。

郑雄胜主编:《渔业机械化概论》,华中科技大学出版社 2015 年版。

汪懋华主编:《中国农业机械化发展战略研究 区域农业机械化卷(上)》,中国农业出版社 2008 年版。

湖北省农业科技推广体制研究课题组:《构建湖北新型农技推广服务体系》,湖北科学技术出版社 2014 年版。

中华人民共和国农业部编:《2007 中国农业科技推广发展报告》,中国农业出版社 2007 年版。

周长春等编著:《农科教学法》,农业出版社 1990 年版。

天水市农业志编纂委员会编:《天水市农业志:1985—2008》,甘肃文化出版社 2014 年版。

王培根主编:《现代科技中介服务业理论与应用》,湖北科学技术出版社 2006 年版。

陈兴华等主编:《2017 年浙江发展报告 政治卷》,浙江人民出版社 2017 年版。

曹军:《且行且思:中学地理教育教学拾穗》,安徽师范大学出版社 2016 年版。

余茂才等编著:《中国道路:城市科学发展研究》,武汉出版社 2014 年版。

张瑞:《能源—环境—经济中的"倒逼"理论与实证:环境规制、能源生产力与中国经济增长》,西南交通大学出版社 2015 年版。

平罗县志编审委员会办公室编:《平罗年鉴 2013》,宁夏人民出版社 2013 年版。

李姣尧等主编:《经济政治·职业生活》,上海交通大学出版社 2015 年版。

王云斌编著:《乡村治理中的法律问题》,中国社会出版社 2009 年版。

刘淑莹主编:《加入 WTO 和科学技术与吉林经济发展:机遇·挑战·责任》下,吉林大学出版社 2002 年版。

三、期刊论文

张珍芳:《从"范跑跑"事件看权利实现的道德阻却及其消减》,《法学》2009 年第 6 期。

张盾、褚当阳:《从当代财富问题看马克思对蒲鲁东的批判》,《吉林大学社会科学学报》2011 年第 5 期。

刘娥苹:《农民土地财产权实现的创新路径分析——以上海市金山区为例》,《上海农村经济》2015 年第 4 期。

辛向阳:《习近平全面深化改革思想的鲜明特征》,《探索》2014 年第 5 期。

沈建新:《广西土地征收补偿机制的完善与保护失地农民利益》,《经济与社会发展》2007 年第 6 期。

陈志盛:《隆德县农牧业土地经营权流转管理服务体制的问题与建议》,《养殖技术顾问》2013 年第 4 期。

魏裕林、李雪梅:《加强地方政府债务管理之思考——以云南楚雄州为例》,《财会月刊》2012 年第 29 期。

王磊荣:《当前我国农村土地违法案件存在的原因和对策》,《农业经济问题》2007 年第 6 期。

康保苓:《家庭农场与乡村旅游协同发展研究》,《中南林业科技大学学报(社会科学版)》2014 年第 3 期。

席建超、王首琨、张瑞英:《旅游乡村聚落"生产—生活—生态"空间重构与优化——河北野三坡旅游区苟各庄村的案例实证》,《自然资源学报》2016 年第 3 期。

田希永:《农村土地制度改革及金融支持调查——以唐山市为例》,《金融经济》2013 年第 18 期。

四、数据库文献

王福生等:《西北地区经济发展报告》,2018 年 1 月 1 日,见 https://www.pishu.com.cn/skwx_ps/databasedetail? contentType = literature&subLibID = undefined&type = &SiteID = 14&contentId = 9294701&wordIndex = 2。

姜江:《2017—2018 年甘肃省农业农村经济分析与预测》,2018 年 9 月 22 日,见 https://www.pishu.com.cn/skwx_ps/multimedia/ImageDetail? type = Picture&SiteID = 14&ID = 9388054&ContentType = MultimediaImageContentType。

《高校数据查询》,2019 年 8 月 26 日,见 http://gkcx.eol.cn/schoolhtm/

schoolTemple/school332.htm。

李勇坚、王弢:《中国"三农"互联网金融发展报告》2016 版,2016 年 8 月 1 日,见 http://www. pishu. com. cn/skwx ＿ ps/databasedetail? SiteID ＝ 14&contentId ＝ 7299806&contentType ＝ literature&subLibID ＝。

张鸣鸣:《农村公共产品效率的检验与实践》,2015 年 5 月 1 日,见 http://www. pishu. com. cn/skwx ＿ ps/multimedia/ImageDetail? type ＝ Picture&SiteID ＝ 14&ID ＝ 6876064&ContentType ＝ MultimediaImageContentType。

王力等:《中国农村土地市场发展》,2016 年 3 月 1 日,见 http://www. pishu. com. cn/skwx ＿ ps/databasedetail? contentType ＝ literature&subLibID ＝ &type ＝ &SiteID ＝ 14&contentId ＝ 6701061&wordIndex ＝ 3。

潘从银:《甘肃农村土地承包经营权流转问题研究》,2015 年 1 月 1 日,见 http://www. pishu. com. cn/skwx ＿ ps/databasedetail? contentType ＝ literature&subLibID ＝ &type ＝ &SiteID ＝ 14&contentId ＝ 3484823&wordIndex ＝ 1。

廖宏斌:《集体供给型土地使用权市场利益冲突:问题、成因与对策》,2015 年 11 月 1 日, 见 http://www. pishu. com. cn/skwx ＿ ps/databasedetail? contentType ＝ literature&subLibID ＝ &type ＝ &SiteID ＝ 14&contentId ＝ 6661705&wordIndex ＝ 3。

乜琪:《土地与权利福利:承包经营权流转时期》,2016 年 12 月 1 日,见 http://www. pishu. com. cn/skwx ＿ ps/databasedetail? SiteID ＝ 14&contentId ＝ 7654201&contentType ＝ literature&subLibID ＝。

孙兆霞等:《第四只眼:世界银行贷款贵州省文化与自然遗产保护和发展项目(中期)"社区参与工作"评估以及重点社区基线调查》,2014 年 7 月 1 日,见 https://www. pishu. com. cn/skwx ＿ ps/multimedia/ImageDetail? SiteID ＝ 14&type ＝ Picture&ID ＝ 3802420&ContentType ＝ MultimediaImageContentType&isHost ＝ null&wordIndex ＝ 1。

雷晓康等:《西部地区社会治理研究报告》,2017 年 8 月 1 日,见 https://www.pishu. com. cn/skwx ＿ ps/databasedetail? contentType ＝ literature&subLibID ＝ &type ＝ &SiteID ＝ 14&contentId ＝ 8948706&wordIndex ＝ 1。

邓云斐:《宁夏:弥合城乡比增长目标测算第 8 位》,2018 年 3 月 1 日,见 https://www.pishu.com.cn/skwx_ps/databasedetail? SiteID ＝ 14&contentId ＝ 9561269&contentType ＝ literature&subLibID ＝ undefined。

胡新等:《西部大开发中区域产业转移与产业升级》,2015 年 4 月 1 日,见 https://www. pishu. com. cn/skwx ＿ ps/multimedia/ImageDetail? type ＝ Picture&SiteID ＝ 14&ID ＝ 6793192&ContentType ＝ MultimediaImageContentType。

朱钢等:《中国城乡发展一体化指数——2006—2013 年各地区排序与进展》,2015

年 10 月 1 日，见 https：//www. pishu. com. cn/skwx_ps/multimedia/ImageDetail? type = Picture&SiteID = 14&ID = 7002870&ContentType = MultimediaImageContentType。

黄群慧等：《可持续工业化与创新驱动》，2017 年 12 月 1 日，见 https：//www.pishu. com. cn/skwx_ps/multimedia/ImageDetail? type = Picture&SiteID = 14&ID = 9666651&ContentType = MultimediaImageContentType。

魏后凯等：《中国农村经济形势分析与预测 2015—2016》，2016 年 4 月 1 日，见 https：//www. pishu. com. cn/skwx_ps/multimedia/ImageDetail? type = Picture&SiteID = 14&ID = 6681045&ContentType = MultimediaImageContentType。

李周、孙若梅：《中国生态安全评论》第 1 卷，2014 年 10 月 1 日，见 https：//www. pishu. com. cn/skwx_ps/multimedia/ImageDetail? type = Picture&SiteID = 14&ID = 5372053&ContentType = MultimediaImageContentType。

李红玉等：《中国企业绿色发展报告 NO.1》，2015 年 8 月 1 日，见 https：//www. pishu. com. cn/skwx_ps/multimedia/ImageDetail? type = Picture&SiteID = 14&ID = 5833981&ContentType = MultimediaImageContentType。

张姗：《中国民族地区生态文明建设报告》，2017 年 12 月 1 日，见 https：//www. pishu. com. cn/skwx_ps/databasedetail? SiteID = 14&contentId = 9254851&contentType = literature&subLibID = undefined。

周广胜：《甘肃气象保障蓝皮书：甘肃农业对气候变化的适应与风险评估报告 No. 1》，2017 年 12 月 1 日，见 https：//www. pishu. com. cn/skwx_ps/multimedia/ImageDetail? type = Picture&SiteID = 14&ID = 9436902&ContentType = MultimediaImageContentType。

王力、于潇：《"三权"分置背景下的农地确权与纠纷化解》，2019 年 4 月 1 日，见 https：//www. pishu. com. cn/skwx_ps/databasedetail? SiteID = 14&contentId = 10855360&contentType = literature&type = &subLibID = 。

谭清香、张斌：《农村居民住房满意度及其影响因素分析——基于全国 5 省 1000 个农户的调查》，2017 年 9 月 1 日，见 https：//www. pishu. com. cn/skwx_ps/multimedia/ImageDetail? type = Picture&SiteID = 14&ID = 10297718&ContentType = MultimediaImageContentType。

五、外文文献

Karl Marx/Friedrich Engels-Werke Band 1，Berlin：Dietz Verlag，1976.

Karl Marx/Friedrich Engels-Werke Band 3，Berlin：Dietz Verlag，1969.

Karl Marx/Friedrich Engels-Werke Band 4，Berlin：Dietz Verlag，1972.

Karl Marx/Friedrich Engels-Werke Band 23，Berlin：Dietz Verlag，1962.

Karl Marx/ Friedrich Engels—Werke, Ergänzungsband, 1. Teil, Berlin：Dietz Verlag, 1968.

Karl Marx, Frederick Engels, *Manifesto of the Communist Party*, Beijing：Foreign Llanguages Press, 1970.

Karl Marx, *Capital*：*Volume* 1, Moscow：Progress Publishers, 1965.

Yao Li, "Study on Optimization of Financial Sharing Service Center", *Modern Economy*, Vol.7, No.11(2016).

Yurong Chen, Weixing Wang, "On Perfecting the Credit Guarantee System of China′s Small & Medium – Sized Enterprises", *International Business Research* (*IBR*), Vol.2, No.3 (2009).

Ping Zhang, Ying Ye, "Study on the Effective Operation Models of Credit Guarantee System for Small and Medium Enterprises in China", *International Journal of Business and Management*, Vol.5, No.9(2010).

R Kong, C Turvey, X Xu, F Liu, "Borrower attitudes, lender attitudes and agricultural lending in rural China", *International Journal of Bank Marketing*, Vol.32, No.2(2014).

Xia Li, Ying Chen, Hezhong Dong, "Trends of Project Funding in Provincial – Level Agricultural Research Institutions in China and Recommendations for Fund Management", *International Journal of Economics and Finance*, Vol.7, No.1(2014).

Jinggang Guo, Guoming Du, Yamin Li, "Defect and Perfect of Property Right Institution of Collectively–Owned Forest Rights in China", *The Open Cybernetics & Systemics Journal*, (2015).

Yao Tianchong, Song Chen, "The Predicament and Outlet of the Rule of Law in Rural Areas", *IFSRAP 2013 – THE FIRST INTERNATIONAL FORUM ON STUDIES OF RURAL AREAS AND PEASANTS*, (2014).

责任编辑：王彦波
封面设计：汪　阳

图书在版编目（CIP）数据

西部边远地区农民土地财产权的实现问题研究/莫凡 著. —北京：
人民出版社,2021.11
ISBN 978－7－01－023834－0

Ⅰ.①西…　Ⅱ.①莫…　Ⅲ.①农民-土地所有权-研究-中国
Ⅳ.①F321.1

中国版本图书馆 CIP 数据核字（2021）第 2003306 号

西部边远地区农民土地财产权的实现问题研究
XIBU BIANYUAN DIQU NONGMIN TUDI CAICHANQUAN DE SHIXIAN WENTI YANJIU

莫　凡　著

人民 出版 社 出版发行
（100706　北京市东城区隆福寺街 99 号）

北京九州迅驰传媒文化有限公司印刷　新华书店经销

2021 年 11 月第 1 版　2021 年 11 月北京第 1 次印刷
开本：710 毫米×1000 毫米 1/16　印张：15.5
字数：232 千字

ISBN 978－7－01－023834－0　定价：69.00 元

邮购地址　100706　北京市东城区隆福寺街 99 号
人民东方图书销售中心　电话（010）65250042　65289539